GONGCHENG JINGJI XUE

工程经济学

主　编　佘渝娟　陈明燕
副主编　刘洪峰

重庆大学出版社

内容提要

本教材全面系统地介绍了工程经济学的基本原理、基本方法及其在建设工程中的应用。全书共 11 章，主要内容包括：绪论、现金流量与资金时间价值、工程项目经济效果评价指标、工程项目方案的比选、不确定性分析与风险分析、项目资金来源及资金成本、工程项目财务分析及报表、工程项目经济分析、设备更新与方案比选、价值工程、项目后评价。教材中附有大量的图表、例题以及案例，以便于读者对相关内容更好地理解和掌握。另外，教材每章结束都有本章小结和课后习题，以便于读者学习巩固和实践应用。

本教材可作为高等学校工程管理、工程造价以及土木工程等专业的教学用书，也可供工程技术人员参考使用。

图书在版编目(CIP)数据

工程经济学 / 佘渝娟，陈明燕主编.--重庆：重庆大学出版社，2018.9

高等教育土建类专业规划教材.应用技术型

ISBN 978-7-5689-1086-6

Ⅰ.①工… Ⅱ.①佘… ②陈… Ⅲ.①工程经济学—高等学校—教材 Ⅳ.①F062.4

中国版本图书馆 CIP 数据核字(2018)第 104862 号

高等教育土建类专业规划教材·应用技术型

工程经济学

主　编　佘渝娟　陈明燕

副主编　刘洪峰

责任编辑：刘颖果　　版式设计：刘颖果

责任校对：关德强　　责任印制：张　策

*

重庆大学出版社出版发行

出版人：易树平

社址：重庆市沙坪坝区大学城西路 21 号

邮编：401331

电话：(023) 88617190　88617185(中小学)

传真：(023) 88617186　88617166

网址：http://www.cqup.com.cn

邮箱：fxk@cqup.com.cn (营销中心)

全国新华书店经销

重庆华林天美印务有限公司印刷

*

开本：787mm×1092mm　1/16　印张：15.5　字数：379 千

2018 年 9 月第 1 版　2018 年 9 月第 1 次印刷

印数：1—2 000

ISBN 978-7-5689-1086-6　定价：38.00 元

前 言

“工程经济学”是工程管理、工程造价以及土木工程等专业都涉及的一门基础课程,该课程也包含了一级建造师、造价工程师、咨询工程师等建筑行业执业资格考试所要求的一部分知识点。因此,本教材的编写一方面注重保持其一贯的基础性地位,另一方面适当地和执业资格考试相结合,为学生学习奠定一个较扎实的专业基础,并帮助学生树立强烈的工程意识和经济意识,为学生的执业应用技能预留出相应的提升空间。

本教材在编写时,体现了以下原则:

(1)前瞻性:紧跟工程经济学发展的最新动态、紧跟国家经济发展的最新举措。结合十九大报告就国家经济发展提出的新举措,行业发展的新规范、新标准,学科发展的新动态以及《华盛顿协议》对工程教育标准的要求,及时补充和调整教材内容,注重教材与工程、与社会的紧密结合,注重可持续发展等理念的传播。

(2)规范性:符合专业规范。本教材的编写依据了高等学校工程管理和工程造价学科专业指导委员会制定的《高等学校工程管理本科指导性专业规范》和《高等学校工程造价本科指导性专业规范》(2015 年版)对“工程经济学”教学大纲的要求。

(3)基础性:注重基本理论、基本方法的介绍和训练。作为建筑类专业一门重要的基础课程,首先保证该课程应该具备的基本理论和基本方法的介绍,因此现金流量、资金时间价值、经济效果评价指标、不确定性分析、项目资金来源及资金成本、财务评价报表、经济评价方法、设备的更新以及价值工程,这些都是工程经济学的传统知识体系,也是本教材编写的主要板块。通过这些内容的介绍,树立学生的经济意识,让学生掌握从经济角度分析、评价项目的基本方法。

(4)应用性:结合行业特征,注重行业应用性,牢固树立学生的工程意识。绪论中编写了建筑业、基本建设的概念和基本知识以及工程项目可行性研究的基本理论；编写案例的收集，主要以工程项目为背景，展现工程项目的技术经济特点和经济评价方法。

(5)执业性：适当地和执业资格考试相结合，在奠定一个较扎实的专业基础的同时，也为学生预留出执业应用技能提升的空间。案例、课后习题的编写，参考了相关执业资格考试的案例和题型；部分章节结构、内容以及知识点的深度与广度，也适当参考了相关的考试用书和大纲要求。

本教材全面系统地介绍了工程经济学的基本原理和基本方法及其在建设工程中的应用。全书共11章，具体内容如下：

第1章绪论，主要内容包括工程经济学概述、建筑业及基本建设程序、可行性研究。本章主要介绍工程经济学的基本概念及其在工程建设领域应用的相关环节。

第2章现金流量与资金时间价值，主要内容包括现金流量、资金时间价值理论、资金等值计算。本章是教材的重点章节，主要是明确资金存在时间价值、树立资金使用有偿的观念。

第3章工程项目经济效果评价指标，主要内容包括经济效果评价的内容、基准收益率、盈利能力评价指标、偿债能力评价指标。经济效果评价是工程经济分析的核心内容，因此本章也是教材的重点章节。通过经济效果评价各类指标的介绍，明确建设方案投资的经济效果水平，有助于最大限度地提高工程项目投资的综合经济效益。

第4章工程项目方案的比选，主要内容包括工程项目方案的类型、互斥方案的比选方法、独立方案的比选方法、混合方案的比选方法。本章是在第3章所介绍内容的基础上的进一步应用，从互斥方案、独立方案和混合方案3种方案关系出发，介绍了各种类型方案常见的比选方法。

第5章不确定性分析与风险分析，主要内容包括概述、盈亏平衡分析、敏感性分析、风险分析。本章阐述了项目在投资决策前的盈亏平衡分析、敏感性分析和风险分析的要点。结合定量和定性的分析方法，弥补对项目投资决策中的风险估计不足的问题，降低投资决策风险。

第6章项目资金来源及资金成本，主要内容包括项目资金来源和融资方式以及资金成本。本章主要介绍项目资金来源渠道及资金成本计算的问题，以便作出正确的融资决策和资金使用安排。

第7章工程项目财务分析及报表，主要内容包括工程项目财务分析概述、工程项目财务效益与费用的估算、财务分析与财务报表、案例分析。财务分析是工程经济分析的重点部分，是在第2章和第3章介绍的基本概念、基本方法的基础上的综合应用。本章主要围绕经营性工程项目财务分析的3个方面，即盈利能力、偿债能力和财务生存能力，重点是盈利能力进行系统介绍，以便对工程项目财务评价的整体内容，尤其是现金流量要素及现金流量表等主要报表的编制有一个系统的认识和了解。

第8章工程项目经济分析，主要内容包括概述、经济效益与费用识别、经济分析参数、经济分析指标与报表。本章简要介绍了与财务分析不同分析角度下的另一套工程经济分析的体系和方法。

第9章设备更新与方案比选，主要内容包括设备磨损与补偿、设备的寿命、设备更新方案的比选、设备租赁与购买。本章主要介绍把“设备”作为一个决策分析对象时，如何利用工程经济分析的基本原理进行设备更新或者租赁与购买等方面的决策。

第 10 章价值工程,主要内容包括价值工程概述、选择对象、功能分析、方案创造与评价。价值工程是一种管理技术,本章主要介绍了价值工程的基本概念、原理及工作程序,并通过案例展示这种技术在项目决策中的应用。

第 11 章项目后评价,主要介绍了项目后评价的概念、内容和基本方法。

本教材由重庆科技学院佘渝娟、重庆邮电大学移通学院陈明燕主编,重庆科技学院刘洪峰任副主编。全书共分 11 章,第 1.1、1.2 节,第 3、8 章,第 10.1、10.2 和 10.4 节由重庆科技学院佘渝娟编写;第 4、7、9、11 章由重庆邮电大学移通学院陈明燕编写;第 2、5、6 章由重庆科技学院刘洪峰编写;第 1.3 节和 10.3 节由重庆科技学院姜天洪编写。全书由佘渝娟统一定稿。

本书虽几经修改,但由于水平有限,难免有不当乃至错误之处,敬请读者及专家予以指正。

编　者

2018 年 5 月

目 录

1 绪论

【教学要求】

知识要点	能力要求	相关知识
工程经济学概述	(1)了解工程经济学的概念、研究对象和内容 (2)理解工程经济分析的原则 (3)了解工程经济分析的步骤	(1)工程经济学的基本概念 (2)工程经济分析的原则 (3)工程经济分析的步骤
建筑业及基本建设程序	(1)了解建筑业的定义与分类 (2)熟悉建筑业与基本建设的联系与区别 (3)熟悉基本建设程序 (4)了解建设项目各阶段对投资的影响	(1)建筑业的定义及分类 (2)基本建设与建筑业的关系 (3)基本建设程序 (4)建设项目投资
可行性研究	(1)了解可行性研究的概念、作用 (2)熟悉可行性研究的阶段 (3)了解可行性研究的编制程序和依据 (4)了解可行性研究报告的内容	(1)可行性研究 (2)机会研究、初步可行性研究和详细可行性研究

【关键术语】

工程经济学,工程经济分析,建筑业,基本建设程序,可行性研究,机会研究,初步可行性研究,详细可行性研究

1.1 工程经济学概述

1.1.1 工程经济学的概念

工程经济学是一门研究如何根据既定的活动目标,分析活动的代价及其对目标实现的贡献,并在此基础上设计、评价、选择以最低的代价可靠地实现目标的最佳或满意活动方案的学科。工程经济学的核心内容是一套工程经济分析的思想和方法,是人类提高工程经济活动效率的基本工具。

工程经济学是介于自然科学和社会科学之间的边缘学科,是根据现代科学技术和社会经济发展的需要,在自然科学和社会科学的发展过程中,各学科互相渗透、互相促进、互动交叉,逐渐形成和发展起来的。在这门学科中,经济学处于支配地位,因此工程经济学属于应用经济学的一个分支。

1.1.2 工程经济学的研究对象和研究内容

1)工程经济学的研究对象

20 世纪初,纽约电话公司总工程师 John J.Garty 在审查提交给他的许多工程建议书时,总要问以下 3 个问题:

①究竟为什么要干这个工程?

②为什么要现在干这个工程?

③为什么要以这种方式干这个工程?

第一个问题可以延伸为:是否可以执行另一个新的工程建设方案?现在工程是否应扩大、缩小或报废?现行标准和生产流程是否应加以修改?第二个问题可以延伸为:现在工程是按超过要求的更高生产能力来建设,还是仅用足够的生产能力来及时满足预期的需要?投资的费用及其他条件是否有利于现在做这个工程?第三个问题可以延伸为:有没有其他的可行方式?这些方式中哪些更经济?

他所提到的问题是人们在工程技术活动中经常遇到的一些问题,工程经济学研究的对象就是解决这类问题的方案和途径。传统工程经济学面对的主要是这类微观技术经济问题,如某项工程的建设问题、某企业的技术改造问题、某技术措施的评价问题、多种技术方案的选择问题等。随着社会和经济的发展,现代工程经济学面对的问题越来越广泛,从微观的技术经济问题延伸到宏观的技术经济问题,如能源问题、环境问题、资源开发利用问题、国家经济制度与政策问题。工程经济学解决问题的延伸产生了新的工程经济分析方法,丰富了工程经济学的内容,但不应将工程经济学研究的对象与这些经济问题的研究对象完全等同起来,工程经济学也无法解释这些问题所有的经济现象,它着重解决的是如何对这些问题进行经济评价和分析。

2)工程经济学的研究内容

工程经济学的研究内容包括方案的评价指标和多方案的比选问题、建设项目的不确定性和风险分析、建设项目的经济评价方法以及价值工程等内容。

①方案的评价指标:主要研究投资回收期、净现值(净年值)和内部收益率3类指标。

②多方案的比选:根据项目之间的关系有互斥方案、独立方案和混合方案,由于独立方案和混合方案可以通过一定的分析方法转化为互斥方案,故本书重点研究互斥方案的比选,包括寿命期相等的互斥方案和寿命期不等的互斥方案的比选,而寿命期相等情况下的互斥方案又可分为收益已知和收益未知这两种情况,然后分别对不同类别、不同情况下的互斥方案采用相应的比选方法进行最优方案选择。

③建设项目的不确定性和风险分析:主要研究盈亏平衡分析、敏感性分析、概率分析和蒙特卡洛模拟法这4类方法。

④建设项目的经济评价方法:主要从财务评价、国民经济评价和社会评价3个方面对项目的可行性进行评价。

⑤价值工程:主要研究选择价值工程的分析对象、功能分析以及方案的创造与方案的评价等内容。

▶ 1.1.3 工程经济分析的基本原则

在进行工程经济分析时,总体上来讲有以下几条原则应予以注意。

1)技术分析与经济分析相结合的原则

工程经济分析的具体对象是一个有机联系的整体,必须全面、联系、动态地观察问题、研究问题、解决问题;既要考虑技术的先进性,又要考虑加工制作的合理性、可操作性,还要考虑其效果,即经济性。一个项目的优劣不仅要看其技术是否先进、可靠,同时还要看其经济是否合理,要达到技术与经济的统一和最佳匹配。有些项目还要研究资源的使用效率和效益,研究可持续发展问题,研究社会效益、环境效益等。

2)定性分析与定量分析相结合的原则

工程经济分析以定量分析为重点,力求将效益货币量化,以增强评价结论的科学性和说服力;但并不排斥、忽略定性分析,在进行量化计算之前,首先要对问题进行定性描述,以把握问题的全貌,使工程经济分析更全面。因为只有这样才更有说服力,才能对项目作出更准确的评价。另外,我们所考察的项目与科学技术、经济、社会、生态、文化价值等系统相联系,有些内容是很难(或不能)量化的,有必要进行定性分析,作为定量分析的补充。因此,在对项目进行评价时,应采用定性分析和定量分析相结合的原则,并以定量分析为主。

3)项目财务评价与项目经济分析相结合的原则

工程经济评价要遵循项目财务评价与项目经济分析相结合的原则,以项目经济分析为主。评价结果具体分以下4种情况:

①财务评价可行,经济分析可行,项目可行;

②财务评价可行,经济分析不可行,项目不可行;

③财务评价不可行,经济分析可行,项目可行;

④财务评价不可行,经济分析不可行,项目不可行。

4)可比性原则

①满足需要的可比性(产品品种可比、产量可比、质量可比)。备选方案应满足同样的需

求,都能达到预定的经济目标,这样方案之间才有相互替代性,才存在选择问题。需求的满足是以产品为特征的,需求可比就是要求各方案的产品具有可比性,这就要求方案在一定程度上是同质的。例如,住宅项目和商用项目都是建设项目,但它们之间不具备可比性,因为前者是满足居住需要,后者是满足商业经营需要。各方案在满足需要的可比性这一点,具体表现在项目本身的产量、品种、质量、性能等方面,若存在差异因素应进行修正和调整。

②消耗费用的可比性。如果对项目的未来不可预测,但对项目未来可能发生的成本费用可准确地估计计算,则可以比较各方案的消耗费用,费用最小的方案即为最佳方案,如费用限值法和费用年值法。

③时间的可比性。时间上可比包括两个方面:一方面是考虑资金的时间价值问题,方案在不同时间点发生的费用和收益不能直接进行代数运算,必须进行时间价值换算后,在同一时间点上进行比较,才能得出正确结论;另一方面应采用相同的计算期作为比较基础,如果相互比较的方案寿命期不同,两方案就不能直接进行比较,可以通过一定的处理使方案之间的寿命期变为相等,然后再进行比较。

④价格的可比性。价格是工程经济分析中一个十分重要的参数,它可以综合反映产品的各种信息,如供求、质量、价值等。在市场经济条件下,以市场价格作为计价基础,可以满足价格可比原则的要求。但由于目前我国市场经济还不成熟或不完善,有些领域的价格体系还没有理顺,价格作为资源配置的指导信号还有一定的问题,这时如果按照现行价格进行方案的经济评价,可能会虚增或虚减项目的经济效益,误导决策。因此,必要时应以计算价格或理论价格作为市场价格的补充和替代,以避免因价格"失真"而影响计算结果。

5)静态与动态分析相结合的原则

静态与动态分析的区别在于考不考虑资金的时间价值。对项目不考虑资金时间价值的评价称为静态评价,适用于项目的粗略评价。考虑资金时间价值的评价称为动态评价,它反映了资金的时间规律和项目的经济效益水平,常用于对项目的详细评价。在确定投资机会和对项目进行初步选择时一般只进行静态评价,但为了更科学、更准确地反映项目的经济情况,则必须对其进行动态评价。因此,对工程项目进行评价时应静态与动态相结合,并以动态评价为主。

6)预测和不确定性分析相结合的原则

工程经济分析通常是针对拟建项目决策阶段进行的。因此,评价必须建立在科学预测的基础上,恰当地选择预测方法,以提高项目决策的科学性、准确性。尽管在预测和统计的方法选择上力求完善和科学,但由于事物发展存在不确定性,使得评价本身就存在各种各样的不确定因素,进而影响决策的有效性。因此,在进行工程经济确定性分析的基础上,还要进行不确定性分析,以适应市场的变化能力,提高项目的安全性。

▶ 1.1.4 工程经济分析的步骤

工程经济分析可大致概括为以下5个步骤:确定目标→寻找关键要素→穷举方案→评价方案→决策。5个步骤之间的关系如图1.1所示。

1)确定目标

工程经济分析的第一步就是通过调查研究寻找经济环境中显在和潜在的需求,确立工作

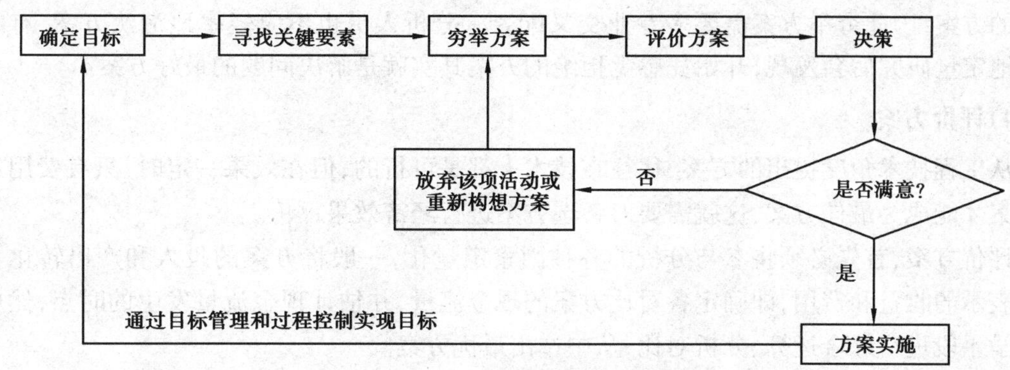

图 1.1 工程经济分析的基本思路

目标。无数事实说明,工程项目成功与否,不仅取决于系统本身效率的高低,也与系统是否能满足人们的需求有密切关系。因此,只有通过市场调查,明确了目标,才能谈得上技术可行性和经济合理性。

2) 寻找关键要素

关键要素也就是实现目标的制约因素,确定关键要素是工程经济分析的重要环节。只有找出主要矛盾,确定了系统的各种关键要素,才能集中力量,采取最有效的措施,为目标的实现扫清障碍。

寻找关键要素,实际上是一个系统分析的过程,需要树立系统的思想方法,综合运用各种相关学科的知识和技能。例如,美国在 20 世纪 30 年代开发田纳西河流域时,就采用了系统分析的方法来确定项目的关键要素。1933 年以前的田纳西河不仅不能给两岸人民造福,而且经常泛滥成灾,洪水淹没大片农田,卷走牲畜,毁坏家园,造成水土流失、瘟疫流行,人民生活水平远比其他地区低。1933 年成立的田纳西河流域管理局,一开始就认识到不能片面地从某一个方面对田纳西河进行开发,如果仅建设治洪系统,那么被洪水冲下山的泥沙很快会堵塞系统;如果两岸人民的收入低到连电都用不起,那么水力发电的效果就无法体现;如果生产不发展,没有货物可运,航运就无法发挥效益。因此,管理局决定运用系统工程的分析方法,对整个流域进行综合治理。他们经过论证确定了整个开发系统的 6 个关键要素:控制水患;改善通航条件;发展水电;通过绿化进行水土保持;改变沿岸的耕作方式;不断提高两岸人民的生产和生活水平。

3) 穷举方案

关键要素找到后,紧接着要做的工作就是制订各种备选方案。很显然,一个问题可采用多种方法来解决,因而可以制订出许多不同的方案。例如,降低人工费可采用新设备,也可采用简化操作的方法;降低产品废品率,可通过更新设备实现,也可通过质量控制方法实现。工程经济分析过程本身就是多方案选优,如果只有一个方案,决策的意义就不大了。因此,穷举方案就是要尽可能多地提出潜在方案,包括什么都不做的方案,也就是维持现状的方案。实际工作中往往有这样的情况,虽然在分析时考虑了若干方案,但是由于没有考虑更为合理的某个方案,导致了不明智的决策结果。很明显,一个较差的方案与一个更差的方案比较,自然会变得有吸引力。

工程技术人员不应仅凭自己的直觉提出方案,最合理的方案不一定是工程技术人员认为最好的方案,因此穷举方案需要多专业交叉配合。分析人员也不应轻率地淘汰方案,有时经仔细地定量研究后会发现,开始凭感觉拒绝的方案其实就是解决问题的最好方案。

4)评价方案

从工程技术角度提出的方案,往往在技术上都是可行的,但在效果一定时,只有费用最低的方案才能成为最佳方案,这就需要对备选方案进行经济效果评价。

评价方案,首先必须将参与分析的各种因素定量化,一般将方案的投入和产出转化为用货币表示的收益和费用,即确定各对比方案的现金流量,并估计现金流量发生的时点,然后运用数学手段进行综合运算、分析对比,从中选出最优方案。

5)决策

决策即从若干行动方案中选择满意的实施方案,它对工程项目建设的效果有决定性的影响。在决策时,工程技术人员、经济分析人员和决策人员应特别注重信息交流和沟通,减少由于信息不对称产生的分歧,使各方人员充分了解各方案的工程经济特点和各方面的效果,提高决策的科学性和有效性。

1.2 建筑业及基本建设程序

▶ 1.2.1 建筑业

1)建筑业的定义

广义的建筑业是指围绕建筑工程产品生产过程这一中心环节,向前延伸到对建筑产品的规划和计划,向后延伸到运行和维护,包括工程勘察、设计、建筑材料的生产与供应、构配件加工与组装、土木与建筑工程施工、设备仪器以及管道安装、项目运营期间的维护、工程管理服务,以及与这些过程有关的教学、咨询、科研、行业组织等机构的服务。从其定义来看,建筑业实质上是以建筑产品生产过程为主导,以相关工程服务为辅助,以与建筑业有关的科研、教育及相关工业生产为依托的、功能完善的产业,它并不局限于施工活动中。

狭义的建筑业是指国民经济中直接从事建筑产品加工生产活动的行业。它的基本特征是通过物化劳动,将建筑材料、构配件和工艺设备组合,使之产生一系列的物理和化学变化,最终形成建筑工程产品。

2)建筑业内部划分

根据国家标准《国民经济行业分类》(GB/T 4754—2017),将建筑业进一步划分为以下4类:

①房屋建筑业。房屋建筑业是指房屋主体工程的施工活动,不包括主体施工前的工程准备活动。房屋建筑具体分为住宅房屋建筑、体育场馆建筑和其他房屋建筑。

②土木工程建筑业。土木工程建筑业是指土木工程主体的施工活动,不包括施工前的工程准备活动。土木工程建筑具体包括铁路、道路、隧道和桥梁工程建筑,水利和水运工程建

筑,海洋工程建筑,工矿工程建筑,架线和管道工程建筑,节能环保工程施工,电力工程施工以及其他土木工程建筑。

③建筑安装业。建筑安装业是指建筑物主体工程竣工后,建筑物内各种设备的安装活动,以及施工中的线路敷设和管道安装;不包括工程收尾的装饰,如对墙面、地板、天花板、门窗等的处理活动。建筑安装具体分为电气安装、管道和设备安装及其他建筑安装。

④建筑装饰、装修和其他建筑业。这一类具体分为建筑装饰和装修业,建筑物拆除和场地准备活动,提供施工设备服务以及其他未列明建筑业。建筑装饰和装修业是指对建筑工程后期的装饰、装修、维护和清理活动,以及对居室的装修活动。建筑物拆除和场地准备活动是指房屋、土木工程建筑施工前的准备活动。提供施工设备服务是指为建筑工程提供配有操作人员的施工设备的服务。

3)建筑业在国民经济中的作用

建筑业在国民经济中的作用主要包括:为发展生产及改善人民生活提供物质技术基础;为社会创造新的财富,给国家提供巨额国民收入;促进就业和其他产业部门的发展。

▶ 1.2.2 基本建设与建筑业的关系

1)基本建设的概念

基本建设是国民经济各部门为了扩大再生产而进行的固定资产的建设工作,也就是指建造、购置和安装固定资产的活动以及与此有关的其他工作。基本建设在国民经济中具有十分重要的作用,它是发展社会生产力、推动国民经济、满足人民日益增长的美好生活需要以及增强综合国力的重要手段。同时,通过基本建设还可以调整社会的产业结构,合理分配社会生产力。基本建设的每个建设项目都是从酝酿、构思开始,通过可行性研究之后,进入项目设计和施工阶段,直至竣工验收、交付使用和生产运营。

2)基本建设与建筑业的联系

①基本建设的主要内容由建筑业来完成。建筑安装工作量在基本建设投资中占有相当大的比重,一般为60%左右。建筑业技术的进步和生产效率的提高,直接关系着基本建设工作的进程和效果。事实证明,没有强大的建筑业,就无法进行大规模的基本建设。

②基本建设投资是促进建筑业发展的客观需要。基本建设投资的多少直接影响着建筑业工程任务的多少,如果基本建设投资忽高忽低,建筑业的发展就时好时坏。因此,只有基本建设规模得到健康发展,才能促进建筑业的发展。

3)基本建设与建筑业的区别

①性质不同。基本建设是一种投资行为,是一种综合的经济活动;而建筑业是一个物质生产部门,主要从事建筑安装等物质生产活动。

②内容不同。基本建设除了包括建筑业完成的建筑安装工程内容外,还包括对设备的购置;而建筑业的生产任务除了基本建设投资形成的建筑安装任务外,还有更新改造和维修活动形成的建筑安装生产任务。

③任务不同。基本建设的主要任务是在一定期限和资金限额内完成投资活动,得到足够满

足需要的固定资产;而建筑业的主要任务是为社会提供更多、更好、更经济的建筑产品并获取收益。

▶ 1.2.3 基本建设程序

可行性研究的对象是项目。任何一个项目,按照自身运行的规律,从项目设想、立项,直到竣工投产、收回投资,达到预期目标,往往要经历一个相当长的过程。我们把这一过程称为项目发展周期,也称为项目周期。对于一般工业项目,这个过程通常要持续10~30年不等。

项目通常要经历3个时期:投资前期、投资时期和运营期。在联合国工业发展组织编写的《工业可行性研究编制手册》中,总结了项目发展周期内各时期的工作重点及投资支出的一般规律。

投资前期指从投资设想到评估决策这一时期。这一时期的中心任务是对项目进行科学研究论证和评估决策。项目成立与否、规模大小、资金来源及其利用方式、技术与设备选择等项目的重大问题都在决策时期完成。投资前期由以下几个阶段构成:一是机会研究阶段,对项目投资方向提出设想,并形成项目建议书(项目建议书是投资机会的具体化,是项目得以成立的书面文件);二是初步可行性研究阶段,针对提出的项目设想进行粗线条的论证,旨在删除不可行的方案;三是详细可行性研究阶段,详细可行性研究是投资前期工作的中心环节,在项目建议书审查通过后,就需要组织各方面专家对项目进行科学、详细的研究论证,提出项目的可行性研究报告;四是决策阶段,项目决策是以可行性研究报告为基础,对项目成立与否及其他主要问题作出决策。

投资期即项目决策后从建设到竣工验收、交付使用这一时期。这一时期的主要任务是实现投资期的目标,把设计构思变为现实。投资期包括谈判和签订合同、工程设计、施工准备与施工、试运转等阶段。

运营期的主要任务是实现项目的战略目标,收回投资。这一时期包括实现生产经营目标、资金回收、项目后评价3个环节。项目后评价的主要工作:第一影响评估,通过项目建成投产使用后对社会经济、政治、技术和环境等方面产生的影响,来评估项目决策的正确性;第二经济效益评价,通过产生的实际经济效益与可行性研究所确定的经济效益相比较,来评价项目投资是否值得、市场调查是否准确、经营管理是否得当。

▶ 1.2.4 建设项目各阶段对投资的影响

大多数建设项目周期有共同的人力和费用投入模式:开始少、后来多,而当建设项目建成时又迅速减缓。

(1)建设项目投资前期的决策阶段对投资的影响

建设项目投资前期的决策阶段的基本特征是智力化(或称为知识密集性)。其主要投入是投资机会分析费、市场调查分析费和可行性研究费等,一般工业建设项目的这类费用约为投资的1%。在没有得出项目决策结果之前,一般不会进行土地、材料、设备等要素的投入。这表明在项目决策阶段,工作成本对投资影响极小,对要素成本不构成影响。

建设项目投资前期的决策阶段的产出是决策结果,它是对投资活动的成果目标(使用功能)、基本实施方案和主要投入要素(品种、数量、质量、价格、取得形式)作出的总体策划。这个阶段的产出对总投资的影响,一般工业建设项目的经验数据为60%~70%;产出对项目使用功能的影响,经验数据为70%~80%。这表明项目决策阶段对项目总投资和使用功能具有决定性的影响。

(2)建设项目投资期的设计阶段对投资的影响

建设项目投资期的设计阶段的基本特征是智力和技术的双重性。这个阶段的投入包括两个方面:一是设计人员的工作报酬,一般工业建设项目的经验数据为2%~10%;二是某些重要建设要素的预定和购置,一般工业建设项目的经验数据为10%~20%,主要订购的是土地和特殊材料设备。这表明在项目设计阶段,工作成本对投资影响较小,要素成本是一个重要控制因素。

建设项目投资期的设计阶段的产出一般是用图纸表示的具体设计方案。在这个阶段,项目成果的功能、基本实施方案和主要投入要素(品种、数量、质量和取得形式)就基本确定了。这个阶段的产出对总投资的影响,一般工业建设项目的经验数据为20%~30%;产出对项目使用功能的影响,经验数据为10%~20%。这表明项目设计阶段对项目总投资和使用功能具有重要影响。

(3)建设项目投资期的施工阶段对投资的影响

建设项目投资期的施工阶段的基本特征是资金和劳动的双重性。这个阶段的投入包括两个方面:一是建筑施工人员的工作报酬,一般工业建设项目的经验数据为10%~20%;二是建筑施工要素的投入,一般工业建设项目的经验数据为50%~60%。这表明在项目施工阶段,成本已经成为项目投资的重要影响因素。

建设项目投资期的施工阶段的产出就是投资活动的最终成果——投资产品。由于投资的主要因素在此之前已基本确定下来,因此这个阶段的产出对总投资的影响,一般工业建设项目的经验数据为10%~15%;产出对项目使用功能的影响,经验数据为5%~10%。

(4)建设项目运营期的后评价阶段对投资的影响

这一阶段,从一般意义上讲只是一种探索项目投资的事后控制和检验评估规律的方法。

从以上分析不难看到,随着项目周期的阶段性变化,影响项目投资的前3种因素有一定的变化规律:工作费用是从小到大的变化趋势,变化程度很大;项目要素费用也是从小到大的变化趋势,变化程度居中;产出对项目总投资和使用功能的影响是从大到小的变化趋势,变化程度很大。

由此可见,建设项目最后实现的经济效果,在很大程度上是由设计工作决定的,而设计工作又是体现和贯彻项目决策意图的,因此在项目决策和设计上的失误是重大失误。相反,在项目决策和设计上的节约也是重大节约。为此,必须重视和加强建设项目的决策和设计工作,这对提高建设项目的经济效益起着极其重要的作用。此外,为了缩短项目周期,尽早实现建设项目投资的经济效益,应该着眼于建设项目各阶段所需时间的缩短和建设项目各阶段工作质量的提高。

从基本建设特点和建设项目周期可知,基本建设是横跨于国民经济各部门、各地区、各行业和各投资者之间综合性较强的经济活动,是社会化大生产。其工程浩繁,牵涉面广,环节甚多,要求在广阔的范围内紧密配合。基本建设全过程的各项工作又必须集中在一定的建设地点实施,于是空间上的活动范围互相牵制,纵向和横向、内部和外部的协作关系错综复杂,因此其工作必有先有后,循序渐进。这就要求基本建设必须有组织、有计划、按顺序地进行。

1.3 可行性研究

▶ 1.3.1 可行性研究的概念

可行性通常有“可能的,行得通的,可以实现或可以成功的”等含义。因此,任何一个决策者,在其决策行动之前,都应有一个“可行性”研究的问题。

可行性研究是关于项目是否可行的研究。一个项目是否可行通常包含 4 个问题:项目是否必要?项目能否实现?实现后的效果如何?项目实施的风险大小?任何项目首先要有客观的需求,在当今日益复杂的经济、技术和社会环境中,有些项目表面上似乎是必要的,实际上也许根本不存在使其成立的条件。同样,项目可行性也是一个需要详细研究才能知晓的问题。只有项目在技术上可行,才有可能实现。一个项目除了能实现,还必须有良好的经济和社会效果,还应分析项目实施的不确定性因素和减少风险的措施。

在项目建议书批准之后,要依据批复的项目建议书对项目进行更深入、更全面的可行性研究,并编制可行性研究报告。

可行性研究是目前国内外在工程建设中广泛采用的一种技术经济论证方法。它是指工程项目在作出投资决策前,先对与该项目相关的技术、经济、社会、环境等所有方面进行调查研究,对项目各种可能的拟建方案进行技术经济分析和论证,研究项目在技术上的先进性、经济上的合理性以及建设上的可行性,并对项目建成后的经济效益、社会效益、环境效益等内容进行科学预测和评价,据此提出该项目是否应该投资建设以及选定哪种投资建设方案等结论性意见,为项目投资决策提供依据。

▶ 1.3.2 可行性研究的阶段和作用

1)可行性研究的阶段划分

可行性研究工作一般分为机会研究、初步可行性研究、详细可行性研究。投资前期的机会研究、初步可行性研究、详细可行性研究的目的、任务、要求以及所需费用和时间各不相同,其研究的深度和可靠程度也不同,见表 1.1。

表 1.1 可行性研究的内容

研究阶段	机会研究	初步可行性研究	详细可行性研究
研究性质	项目设想	项目初选	项目拟订
研究目的和内容	鉴别投资方向,寻求投资机会,选择项目,提出项目投资建议	对项目作初步评价,进行专题辅助研究,广泛分析、筛选方案,确定项目的初步可行性	对项目进行深入细致的技术经济论证,重点对项目的技术方案和经济效益进行分析评价,进行多方案比选,提出结论性意见

续表

研究阶段	机会研究	初步可行性研究	详细可行性研究
研究要求	编制项目建议书	编制初步可行性研究报告	编制详细可行性研究报告
研究作用	为初步选择战略投资项目提出依据,批准后列入建设前期工作计划,作为企业对战略投资项目的初步决策	判定是否有必要进行详细可行性研究,进一步判明建设项目的生命力	作为项目投资决策的基础和重要依据
估算精度	±30%	±20%	±10%
研究费用(占总投资的百分比)	0.2~1.0	0.3~1.5	大型项目0.2~1.0 中小型项目1.0~3.0

(1)机会研究

机会研究主要是为项目主体(项目的主要组织、投资及负责者)寻求具有良好发展前景,对经济发展有较大贡献,并具有较大成功可能性的投资机会。通过机会研究形成项目设想,因此机会研究是项目产生的摇篮。机会研究的一般方法是从经济、技术、社会及自然等大的方面发生的变化中挖掘潜在的发展机会,通过创造性的思维提出项目设想。

(2)初步可行性研究

在机会研究之后,虽然形成了项目设想,但还需要对项目设想作进一步的分析和细化,要从产品的市场需求、经济、政策、法律、资源、能源、交通运输、技术、工艺及设备等大的方面对项目的可行性进行系统分析。初步可行性研究主要对项目在市场、技术、环境、选点、效率、资金等方面的可行性进行初步分析,同时为项目设计出主要的实施方案或方案纲要。

(3)详细可行性研究

通过初步可行性研究后,对项目的具体实施方案和计划还需要经过详细可行性研究来确定。详细可行性研究一般要对项目的纲要、技术、工艺及设备、厂址选择及厂区规划、资金筹措、建设计划及项目的经济效果等方面进行全面、系统的分析、论证、计划和规划。虽然研究范围没有超过初步可行性研究的范围,但其详细程度却大大提高。

2)可行性研究的作用

可行性研究的主要作用有:

①作为工程建设项目投资决策的依据;

②作为编制设计任务书的依据;

③作为筹集资金和申请银行贷款的依据;

④作为与有关方签署合同和协议的依据;

⑤作为工程项目建设的基础资料;

⑥作为向当地建设主管部门申请开工建设手续的依据;

⑦作为环保部门审查项目对环境影响的依据;

⑧作为项目建成后企业组织管理、机构设置、职工培训等工作的依据。

▶ 1.3.3 可行性研究报告的编制程序和依据

1)建设项目可行性研究报告的编制程序

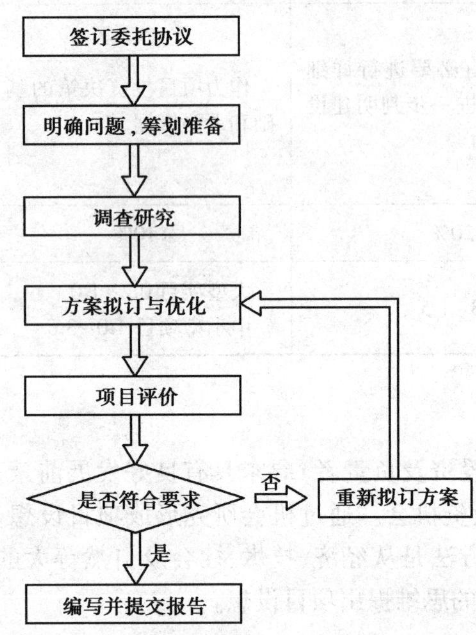

图 1.2 可行性研究报告的编制工作流程

可行性研究报告的编制程序如图 1.2 所示。

(1)筹划准备

项目建议书被批准后,建设单位即可组织或委托有资质的工程咨询单位对拟建项目进行可行性研究,双方应当签订委托协议,协议中应明确规定可行性研究的工作范围、目标、前提条件、进度安排、费用支付方法和协作方式等内容。建设单位应当提供项目建议书和与项目有关的背景材料、基本参数等资料,协调、检查、监督可行性研究工作。可行性研究的承担者在接受委托时,应了解委托者的目标、意见和具体的要求,收集与项目有关的基础资料、基本参数、技术标准等基本依据。

(2)调查研究

调查研究包括市场、技术和经济三方面的内容,如市场需求与市场机会,产品选择、需要量、价格与市场竞争,工艺路线与设备选择,原材料、能源动力供应与运输,建厂地址的选择,建设条件与生产条件等。对这些方面都要进行深入调查,全面收集资料,并进行详细的分析研究和评价。

(3)方案的制订和优化

这是可行性研究的一个重要步骤。在充分的调查研究的基础上制订出技术方案和建设方案,经过分析比较,选出最佳方案。在这个过程中,有时需要进行专题性辅助研究,有时要把不同的方案进行组合,设计成若干个可供选择的方案,这些方案包括产品、生产经济规模、工艺流程、设备选型、车间组成、组织机构和人员配备等。

(4)项目评价

对选出的方案进行详细研究,重点是在对选定的方案进行财务预测的基础上,再进行项目的财务效益分析和国民经济分析。在估算和预测工程项目的总投资、总成本费用、税金及附加、销售收入和利润的基础上,进行项目的盈利能力分析、清偿能力分析、费用效益分析、敏感性分析、盈亏分析和风险分析,论证项目在经济上的合理性。

(5)编制可行性研究报告

在对工程项目进行技术经济分析论证,证明项目建设的必要性、实现条件的可能性、技术上的先进性和经济上的合理性后,即可编制可行性研究报告,推荐一个及以上的项目建设方案和实施计划,提出结论性意见和重大措施建议供决策单位作为决策的依据。

2)可行性研究报告的编制依据

可行性研究需要进行评价和论证,而评价和论证的结果都是以大量数据资料为基础,通过对各种资料进行综合分析和比较而得到的。因此,进行可行性研究时,广泛收集各种有关基础资料是工作顺利开展的前提条件。这些资料包括:

①国民经济建设的长远规划,地区和部门的规划;

②国家有关方针、政策和法规;

③经国家有关部门批准的资源报告;

④项目建议书和委托单位关于拟建项目设想的文字说明;

⑤可靠的自然、地理、气象、地质、经济和社会等基础资料;

⑥水电、交通、原料及燃料等外部条件资料;

⑦有关技术标准、规范、参考指标等;

⑧国家颁布的有关项目评价的方法和参数。

▶ 1.3.4 可行性研究报告的内容

①总论:主要包括项目提出的背景与依据、项目概况、投资者概况、可行性研究报告编制的依据、建设单位和可行性研究报告的编制单位及编制人员等。

其中,项目提出的背景是指项目是在什么背景下提出的,包括宏观背景与微观背景等。项目提出的依据是指项目依据哪些文件提出,一般包括批复的项目建议书、选址意见书及其他有关部门的批复文件和协议等,以考察该项目是否符合规定的投资决策程序。

项目概况包括项目的名称、性质、地址、占地面积、建筑面积、建设内容、投资和收益情况等,使有关部门和人员对拟建项目有一个充分的了解。

投资者概况包括投资者的名称、地址、法人代表、注册资本、资产和负债情况、经营范围和经营概况、建设和管理拟建项目的经验等,以考察投资者是否具备实施拟建项目的经济技术实力。

②市场预测:是指对项目产品供求的分析。通过科学的方法预测项目产品在一定时期的供给量与需求量,并对其关系进行定量和定性分析,最后得出项目产品是否有市场的结论。市场预测主要包括市场现状调查、产品供需预测、价格预测、竞争力与营销策略、市场风险分析等。

③资源条件评价:主要包括对生产原材料、辅助生产材料的供应情况,即对资源可利用量、资源品质情况、资源赋存条件、资源开发价值等的评价。

④建设规模与产品方案:主要包括建设规模与产品方案的构成、建设规模与产品方案的比选、推荐的建设规模与产品方案、技术改造项目推荐方案与原企业设施利用的合理性等内容。

⑤场(厂)址选择:主要包括场(厂)址现状及建设条件描述、场(厂)址方案比选、周边环境状况等内容。

⑥技术设备工程方案:主要包括工艺技术方案选择、主要设备方案选择、工程方案选择、技术改造项目技术设备方案与改造前的比较等内容。

⑦原材料、燃料供应:主要包括主要原材料供应方案选择、燃料供应方案选择等内容。

⑧总图运输与公共辅助工程:主要包括总图布置方案、场(厂)内外运输方案、公用工程与辅助工程方案、技术改造项目与原企业设施的协作配套等内容。

⑨节能措施:主要包括节能措施、能耗指标分析等内容。

⑩节水措施:主要包括节水措施、水耗指标分析等内容。

⑪环境影响评估:在投资项目实施前,要进行环境影响评估,充分调查所涉及的各种环境因素,据此识别、预测和评价该项目可能对环境带来的影响,并按照社会经济发展与环境保护相协调的原则,提出预防或减轻给环境带来不良影响的措施。环境影响评估主要包括环境条件调查、影响环境因素分析、环境保护措施等。

⑫劳动安全、卫生与消防设计:是在已确定的技术方案和工程方案的基础上,分析研究建设和生产过程中可能发生工伤、职业病、火灾等隐患,提出相应的防范措施,并对项目职业安全健康管理体系的建设提出相应建议,主要包括危险因素和危害程度分析、安全防范措施、卫生保健措施、消防设施等。

⑬组织机构与人力资源配置:主要包括组织机构设置及其适应性分析、人力资源配置、员工培训等内容。

⑭项目实施进度:项目工程建设方案确定后,应研究提出项目进度计划,主要包括建设工期、实施进度安排、技术改造项目的建设与生产的衔接等内容。

⑮投资估算:是在对项目建设规模、技术方案、设备方案、工程方案及项目进度计划等进行研究并初步确定的基础上,估计项目总投入资金(包括建设投资和流动资金),并测算建设期内每年资金的需要量。投资估算内容主要包括投资估算范围与依据、建设投资估算、流动资金估算、总投资额及分年投资计划。

⑯融资方案研究:通过对拟建项目的资金来源渠道、融资模式、融资方式、融资组织形式选择、融资结构、融资成本、融资风险的研究及对拟订的融资方案进行对比,优化融资方案。项目融资通常需要在投资估算的基础上进行。

⑰财务评价:是指根据现行价格条件下投资成本、产品成本费用、销售收入、税金及附加、利润及利润分配等财务数据,计算出一系列技术经济指标,对拟建项目的财务效益进行的分析和评价。财务评价主要包括财务评价基础数据与参数选取、销售收入与成本费用估算、编制财务评价报表、盈利能力分析、偿债能力分析、不确定性分析、财务评价结论等。

⑱国民经济评价:国民经济评价是站在整个国民经济角度来考察和分析拟建项目的可行性。一般来说,凡是影响国民经济宏观布局、产业政策实施和生产有关国计民生产品的大中型投资项目,都要求进行国民经济效益评价。其内容主要包括影子价格及评价参数的选取、效益费用范围调整、效益费用数值调整、编制国民经济评价报表、计算国民经济评价指标、得出国民经济评价结论等。

⑲社会评价:是在国民经济评价基础上更进一步的分析与评价。它不仅考虑经济增长因素,而且还考虑收入公平分配因素。它是站在整个社会的角度分析、评价投资对实现社会目标的贡献。社会评价主要包括项目对社会影响分析、项目与所在地互适性分析、社会风险分析、社会评价结论等。

⑳风险分析:主要是对项目实施过程中可能会遇到的风险进行分析与评价,以降低风险,同时提高项目的抗风险能力。风险分析的内容主要包括项目主要风险、风险程度分析、防范与降低风险对策。

㉑综合评价结论:运用各项数据,从技术、经济、社会、财务等各个方面论述工程项目的可行性,推荐一个或几个可行性方案。

总之,可行性研究报告的基本内容可概括为三大部分:市场研究、技术研究、经济评价。

这三部分构成了可行性研究的三大支柱。首先是市场研究,包括产品的市场调查与预测研究,这是建设项目成立的重要前提,其主要任务是解决工程项目建设的“必要性”问题;其次是技术研究,即技术方案和建设条件研究,从资源投入、厂址、技术、设备和生产组织等问题入手,对工程项目的技术方案和建设条件进行研究,这是可行性研究的技术基础,它要解决建设项目在技术上的“可行性”问题;最后是效益研究,即经济评价,这是决定项目投资命运的关键环节,是项目可行性研究的核心部分,它要解决工程项目在经济上的“合理性”问题。

本章小结

本章主要对工程经济学的基本概念及相关内容进行讲解。通过本章的学习,应建立工程经济学及相关内容的基本概念,熟悉基本建设程序及可行性研究的阶段。

工程经济学是一门研究如何根据既定的活动目标,分析活动的代价及其对目标实现的贡献,并在此基础上设计、评价、选择以最低的代价可靠地实现目标的最佳或满意活动方案的学科。

广义的建筑业是指围绕土木建筑工程产品生产过程这一中心环节,向前延伸到对建筑产品的规划和计划,向后延伸到运行和维护,包括工程勘察、设计、建筑材料的生产与供应、构配件加工与组装、土木与建筑工程施工、设备仪器以及管道安装、项目运营期间的维护、工程管理服务,以及与这些过程有关的教学、咨询、科研、行业组织等机构的服务。狭义的建筑业是指国民经济中直接从事建筑产品加工生产活动的行业。它的基本特征是通过物化劳动,将建筑材料、构配件和工艺设备组合,使之产生一系列的物理和化学变化,最终形成土木建筑工程产品。

基本建设是国民经济各部门为了扩大再生产而进行的固定资产的建设工作,也就是指建造、购置和安装固定资产的活动以及与此有关的其他工作。

项目通常要经历三个时期:投资前期、投资时期和运营期。

可行性研究是指工程项目在作出投资决策前,先对与该项目相关的技术、经济、社会、环境等所有方面进行调查研究,对项目各种可能的拟建方案进行技术经济分析和论证,研究项目在技术上的先进性、经济上的合理性以及建设上的可行性,并对项目建成后的经济效益、社会效益、环境效益等内容进行科学预测和评价,据此提出该项目是否应该投资建设以及选定哪种投资建设方案等结论性意见,为项目投资决策提供依据。

可行性研究工作一般分为机会研究、初步可行性研究、详细可行性研究。

课后练习题

1.工程经济分析的基本原则有哪些?

2.工程经济分析的基本步骤有哪些?

3.基本建设的含义、程序以及与建筑业的区别是什么?

4.简述可行性研究的作用和可行性研究报告的编制程序。

5.可行性研究报告的内容包括哪些?

现金流量与资金时间价值

【教学要求】

知识要点	能力要求	相关知识
现金流量	(1)理解现金流量的概念、现金流量的要素 (2)理解现金流量图原理 (3)了解现金流量表	(1)现金流量的基本概念 (2)现金流量图绘制 (3)现金流量表
资金时间价值理论	(1)理解资金时间价值的概念 (2)熟悉资金等值 (3)熟悉单利计算原理 (4)掌握复利计算原理	(1)资金时间价值 (2)利息、利率 (3)单利 (4)复利
资金等值计算	(1)掌握资金等值计算公式 (2)掌握名义利率的含义 (3)掌握实际利率的计算	(1)资金终值、现值、年值的计算公式 (2)名义利率与实际利率

【关键术语】

现金流量,现金流量图,现金流量表,资金时间价值,单利,复利,资金等值,资金等值公式,名义利率,实际利率

2.1 现金流量

▶ 2.1.1 现金流量的概念

在工程经济评价中,将所评价的对象视为一个独立的经济系统,为这个系统投入的资金、花费的成本、获取的收入都可以看成是该系统以货币形式体现的资金流出或资金流入。站在经济系统的角度考察,某一时点流入经济系统的资金称为现金流入,记为 CI_t;流出经济系统的资金称为现金流出,记为 CO_t;同一时点上的现金流入量与现金流出量之差称为净现金流量,记为 NCF 或 $(CI-CO)_t$。现金流入量、现金流出量及净现金流量统称为现金流或现金流量。

在通常情况下,工程经济分析中项目现金流入包括营业收入、项目寿命结束时回收的固定资产余值和回收流动资金等;现金流出包括建设投资、流动资金、经营成本、税金等。

▶ 2.1.2 现金流量图

现金流量图是一种反映经济系统资金运动状态的图形,即把经济系统的现金流量绘入时间坐标图中,表示出各现金流入、流出与相应时间的对应关系,如图 2.1 所示。

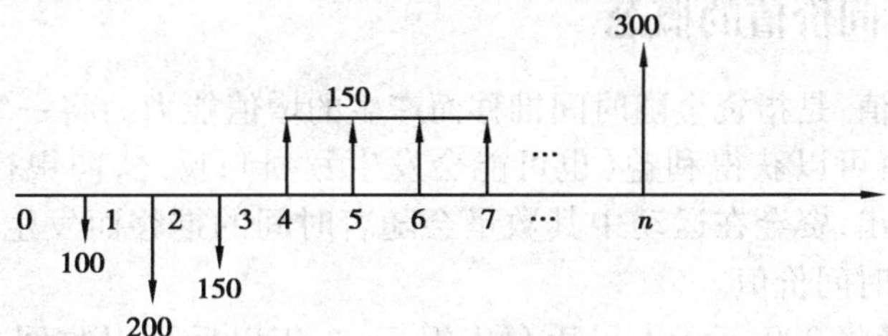

图 2.1 现金流量图

对于任何一个经济系统,其现金流量的流向、数额和发生点都不尽相同。运用现金流量图可以形象、直观地表示现金流量的三要素:大小(资金数额)、方向(资金流入或流出)和作用点(资金流入或资金流出的时间点)。

现金流量图的绘制规则如下:

①以横轴为时间轴,表示一个从 0 开始到 n 的时间序列,向右延伸表示时间的延续,轴上每一个刻度表示一个时间单位,可取年、半年、季或月等。0 表示时间序列的起点,n 表示时间序列的终点,当年的年末同时也是下一年的年初。

②与横轴相连的垂直箭线代表不同时点的现金流入或现金流出。横轴上方的箭线表示现金流入,即表示效益;横轴下方的箭线表示现金流出,即表示费用或损失。

③现金流量的方向(流入与流出)是对特定的系统而言的。贷款方的流入就是借款方的流出,反之亦然。通常工程项目现金流量的方向是针对资金使用者的系统而言的。

④垂直箭线的长短与现金流量的数值大小本应成比例,但由于经济系统中各时点现金流量的数额常常悬殊较大而无法成比例绘出,故在现金流量图绘制中,箭线长短只是示意性地体现各时点现金流量数额的差异,并在各箭线上方(或下方)注明其现金流量的数值即可。

⑤箭线与时间轴的交点即为现金流量发生的时点。

▶ 2.1.3 现金流量表

现金流量表也是反映经济系统现金流量的工具,表 2.1 即是与图 2.1 对应的经济系统现金流量表。现金流量表中,与时间 t 对应的现金流量表示现金流量发生在当期期末,例如现金流量表 2.1 中第一期净现金流量-100 万元表示第一期期末净现金流出 100 万元。

表 2.1 现金流量表　　单位:万元

时间 t	1	2	3	4	5	6	7	…	n
现金流入				150	150	150	150	…	300
现金流出	100	200	150						
净现金流量	-100	-200	-150	150	150	150	150	…	

2.2 资金时间价值理论

▶ 2.2.1 资金时间价值的概念

资金具有时间价值,是指资金随时间推移而产生的增值能力。将一笔资金存入银行会获得利息,或者进行投资可以获得利益(也可能会发生亏损);反之,向银行贷款也需要支付利息。种种现象都反映出,资金在运动中其数量会随着时间的推移而发生变动,变动的这部分资金就是原有资金的时间价值。

例如:资金所有者将 200 万元人民币存入银行,一年以后可以收回本金和利息合计 212 万元人民币;若将 200 万元进行其他投资,一年以后可以收回本金和利息合计 223 万元人民币。这里的 12 万元和 23 万元就是 200 万元本金的时间价值。

在商品经济条件下,资金时间价值的本质就是资金在运动过程中产生的增值。从资金提供者角度分析,资金时间价值表现为暂时放弃资金使用权而获得的补偿;从资金使用者角度分析,资金时间价值表现为使用者使用资金获取收益中支付给资金提供者的部分,也可以说是使用资金应付出的代价。资金使用者如果使用的是自有资金,则时间价值表现为该项资金的机会成本。

资金时间价值受多方面因素的影响。从投资角度看,主要取决于投资收益率、通货膨胀率和项目投资的风险。

▶ 2.2.2 利息与利率

利息是资金时间价值的表现形式之一,是衡量资金时间价值的绝对尺度,故在工程经济分析中,资金时间价值的计算方法与银行利息的计算方法是相同的。

1)利息

将一笔资金存入银行(相当于银行占用了这笔资金),经过一段时间以后,资金所有者就能在该笔资金之外再得到一些报酬,我们称为利息。利息是指占用资金所付出的代价(或放弃资金使用后所得到的补偿)。利息计算公式如下:

$$I = F - P \tag{2.1}$$

式中 F——本利和;

P——本金;

I——利息。

2)利率

利率是指在一个计息周期内所应付出的利息额与本金之比,一般以百分数表示。计息周期可以为一年、一季度或一月等,故利率有年利率、季利率、月利率等。利率计算公式如下:

$$i = \frac{I_1}{P} \times 100\% \tag{2.2}$$

式中 i——利率;

I_1——一个计息周期的利息;

P——本金。

【例 2.1】 现有本金 10 000 元,存入银行一年,在一年末收到利息 300 元,试计算年利率。

【解】 年利率 $= \frac{300}{10\ 000} \times 100\% = 3\%$

从例 2.1 可以看出,利率即在一个计息周期内所应付出的利息额与本金之比,或者是单位本金在单位时间内所支付的利息。

利率是金融机构根据国家的政治、经济形势确定的,是国民经济的杠杆之一。利率的高低由借贷资金的供求情况、借贷风险的大小、借贷时间的长短、社会平均利润率、通货膨胀率、国家经济政策与货币政策等因素决定。

3)利息的计算

利息的计算分为单利法和复利法两种。

(1)单利法

单利法是每期均按原始本金计息,即不论计息周期数为多少,只有本金计息,利息不计利息。单利法的计算公式为:

$$I = P \cdot n \cdot i \tag{2.3}$$

式中 I——n 个计息周期的总利息;

P——本金;

n——计息周期数;

i——利率。

n 个计息周期后的本利和为:

$$F = P + P \cdot n \cdot i = P(1 + i \cdot n) \tag{2.4}$$

式中 F——本利和。

【例 2.2】 某人存入银行 10 000 元,存期 3 年,年利率为 3%,按单利计算,问存款到期后本利和及利息各为多少?

【解】 $F = 10\ 000 \times (1 + 3 \times 3\%) = 10\ 900$(元)

$I=10\ 000\times3\times3\%=900$(元)

具体计算见表 2.2。

表 2.2　单利计算表

年　份	年初金额/元	年末利息/元	年末本利和/元
1	10 000	10 000×3%＝300	10 300
2	10 000	10 000×3%＝300	10 600
3	10 000	10 000×3%＝300	10 900

单利法在计算中由于没有考虑利息的再生因素,因此它不够全面、完善。一般地,在工程经济分析中不采用单利计息,单利法通常只适用于短期投资及不超过 1 年的短期贷款项目。

(2)复利法

复利法是各期的利息分别按原始本金与累计利息之和计算的计息方式,即每期计算的利息计入下期的本金,下期将按照前一期本利和的总额计息。在按照复利法计息的情况下,除本金计息外,利息也计利息。其计算原理如表 2.3 所示。

表 2.3　复利法计算原理

期　数	起初本金	期内利息	期末本利和(期末终值)
第 1 期	P	Pi	$P+Pi=P(1+i)$
第 2 期	$P(1+i)$	$P(1+i)i$	$P(1+i)+P(1+i)i=P(1+i)^2$
⋮	⋮	⋮	⋮
第 n 期	$P(1+i)^{n-1}$	$P(1+i)^{n-1}i$	$P(1+i)^n$

由表 2.3 可推导出复利计息的本利和计算公式为:

$$F=P(1+i)^n \tag{2.5}$$

式中　F——本利和;

P——本金;

i——计息周期利率;

n——计息周期数。

【例 2.3】　某人存入银行 10 000 元,存期 3 年,年利率为 3%,按复利计算,问存款到期后本利和及利息各为多少?

【解】　$F=P(1+i)^n$

$=10\ 000\times(1+3\%)^3=10\ 927.27$(元)

$I=F-P=10\ 927.27-10\ 000=927.27$(元)

从例 2.2 与例 2.3 的计算结果可以看出,复利值大于单利值,复利计息比单利计息多 27.27 元,这是由于复利把先前周期中的利息计入下一期的本金累计生息所致。存款本金越大、利率越高、计息周期数越多,两者差距就越大。利息是资金时间价值的体现,而复利计息比单利计息更能体现资金的时间价值,因此在工程经济分析中,绝大多数情况都是采用复利计息。

2.3 资金等值计算

► 2.3.1 普通复利公式

资金的时间价值使得金额相同的资金发生在不同时间,其价值不相等;反之,不同时点、数值不等的资金在时间价值的作用下,却可能具有相等的价值。这些不同时期、不同数额但其“价值等效”的资金称为等值,又称为等效值。

任何经济技术方案在实施过程中,都有一个时间上的延续过程,由于资金时间价值的存在,使不同时点上发生的现金流量无法直接进行比较,而必须通过两个方案资金时间价值计算(即等值计算)以后,才能进行评价和比较。

在考虑资金时间价值、分析研究资金运动以及进行等值计算时,需明确以下几个基础概念和符号:

①折现或贴现:把将来某一时点的资金金额换算成现在的等值金额的换算过程,称为折现或贴现。

②现值(P):表示资金发生在某一特定时间序列起始点上的价值。在工程经济分析中,它表示发生在现金流量图中0点的资金或投资项目的现金流量折算到0点时的价值。

③终值(F):表示资金发生在某一特定时间序列终点上的价值。在工程经济分析中,终值是指期初投入或产出的资金转换为计算期末的期终值,即期末本利和的价值。

④年金或年值(A):指各年等额收入或支付的金额,通常以等额序列表示,即在某一特定时间序列期内,每隔相同时间收支的等额款项。

⑤利率或折现率(i):在工程经济分析中,把根据未来的现金流量求现在的现金流量时所使用的利率称为折现率。本书中,利率和折现率均用 i 表示。

⑥计息周期数(n):也称为计息期,在工程经济分析中,指项目从开始投入资金(开始建设)到项目的寿命周期终结为止的整个期限内的计息次数,通常以“年”为单位。

1)复利法资金等值计算的基本公式

(1)一次支付终值公式(已知 P 求 F)

若一项资金 P 按照年利率 i 进行投资,则求解 n 年后与之等值的终值,即期初一次投入的现值为 P,求 n 期末能取出的本利和,也就是已知 P、i、n,求终值 F,其现金流量图如图 2.2 所示。一次支付终值公式如下:

$$F = P(1 + i)^n = P(F/P,i,n) \tag{2.6}$$

式中 $(1+i)^n$—— 一次支付终值系数,记为$(F/P,i,n)$。

在实际应用中,为了计算方便,按照不同的利率 i 和计息期 n 的值,分别计算出$(1+i)^n$ 的值,排列成一个表,称为复利系数表。在计算过程中,可根据 i 和 n 的值,查表得出一次支付终值系数,然后与 P 相乘即可求出 F 的值。

【例 2.4】 某企业向银行贷款 100 万元,贷款利率为 8%,两年末应还银行的本利和是多少?

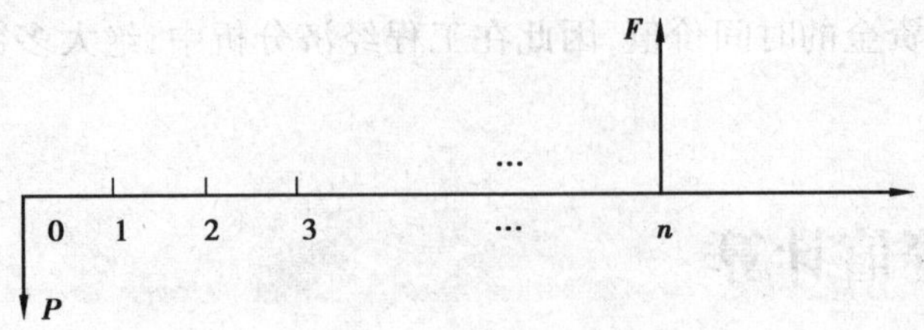

图 2.2　一次支付现金流量图

【解】　$F=P(1+i)^n=100\times(1+8\%)^2=116.64$（万元）

或者通过查表计算。

$$F=100\times(F/P,8\%,2)$$

查表得$(F/P,8\%,2)=1.166\ 4$。

则 $F=100\times(F/P,8\%,2)=100\times1.166\ 4=116.64$（万元）

(2)一次支付现值公式(已知 F 求 P)

由式(2.6)即可求出现值 P:

$$P=F(1+i)^{-n}=F(P/F,i,n) \tag{2.7}$$

式中　$(1+i)^{-n}$——一次支付现值系数,记为$(P/F,i,n)$,也可查表得出系数值。

它的经济含义即若希望在 n 年后得到一笔资金 F,在年利率为 i 的情况下,现在应投资多少？从式(2.7)可知一次支付终值系数和一次支付现值系数互为倒数。

【例 2.5】　某公司计划两年后购买一台价值 116.64 万元的设备,已知存款年利率为 8%,现在需存入银行的资金为多少?

【解】　$P=F(1+i)^{-n}=116.64\times(1+8\%)^{-2}=100$（万元）

或者通过查表计算。

$$P=F(P/F,i,n)=F(P/F,8\%,2)$$

查表得$(P/F,8\%,2)=0.857\ 3$。

则有 $P=F(P/F,8\%,2)=116.64\times(P/F,8\%,2)=100$（万元）

(3)等额支付终值公式(已知 F 求 A)

在经济评价中,若连续在若干期的期末支付等额的资金,计算最后期末所积累起来的资金。如从第一年到第 n 年,逐年年末等额资金存入银行,到第 n 年末一次取出,即已知 A、i、n,求 F,类似于日常储蓄中的零存整取,其现金流量图如图 2.3 所示。

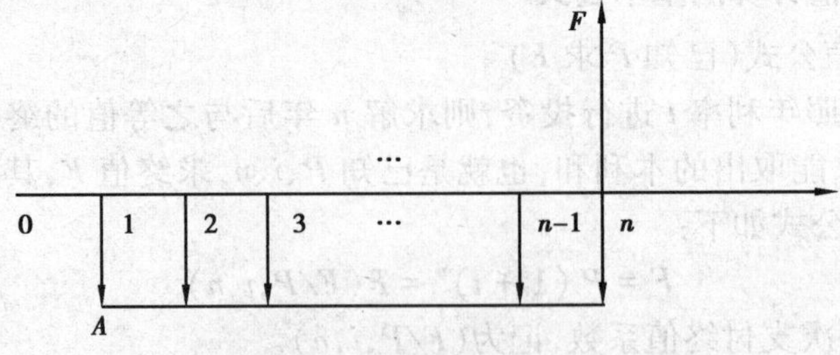

图 2.3　等额支付现金流量图(年金与终值的关系)

在年利率为 i 的情况下,n 年内每年年末投入 A,到 n 年年末积累的终值 F 等于各等额年金 A 的终值之和。

将等额序列资金视为 n 个一次支付的组合,利用一次支付终值公式可推导出等额支付终值公式：

$$F = A + A(1+i) + A(1+i)^2 + A(1+i)^3 + A(1+i)^4 + \cdots + A(1+i)^{n-1}$$
$$= A[1 + (1+i) + (1+i)^2 + (1+i)^3 + (1+i)^4 + \cdots + (1+i)^{n-1}]$$
$$= A\frac{(1+i)^n - 1}{i}$$

$$F = A\frac{(1+i)^n - 1}{i} = A(F/A,i,n) \tag{2.8}$$

式中 $\frac{(1+i)^n-1}{i}$——等额支付终值系数，记为$(F/A,i,n)$，其数值也可以从相应的复利系数表中直接查出。

【例 2.6】 某人如果从 2018 年 1 月开始，每年年末存入银行 200 元，年利率为 6%，连续存 5 年，则 5 年后累计存款为多少？

【解】 已知 $A=200$ 元，$i=6\%$，$n=5$，则

$$F = A(F/A,i,n) = 200 \times (F/A,6\%,5) = 200 \times 5.637\,1 = 1\,127.42(\text{元})$$

（4）等额支付偿债基金公式（已知 A 求 F）

为了筹集未来 n 个计息期后需要的一笔偿债资金，在利率为 i 的情况下，求每个计息期末应等额存储的金额，即已知 F、i、n，求 A，是等额支付终值的逆运算。等额支付偿债基金公式如下：

$$A = F\frac{i}{(1+i)^n - 1} = F(A/F,i,n) \tag{2.9}$$

式中 $\frac{i}{(1+i)^n-1}$——偿债基金系数，记为$(A/F,i,n)$，与等额支付终值系数$(F/A,i,n)$互为倒数。

【例 2.7】 某公司在第 5 年末要偿还一笔 50 万元的债务资金，按照年利率为 2.79%计算，该公司从现在起连续 5 年每年年末应向银行存入多少资金，才能使其本利和正好偿还这笔债务？

【解】 已知 $F=50$ 万元，$i=2.79\%$，$n=5$，则

$$A=F\frac{i}{(1+i)^n-1}=50\times\frac{2.79\%}{(1+2.79\%)^5-1}=9.458(\text{万元})$$

（5）等额支付资金回收公式（已知 P 求 A）

期初一次投资金额为 P，欲在 n 个计息期内将投资全部收回，则在利率为 i 的情况下，求每个计息期末应等额回收的资金。即已知 P、i、n，求 A，其现金流量图如图 2.4 所示。

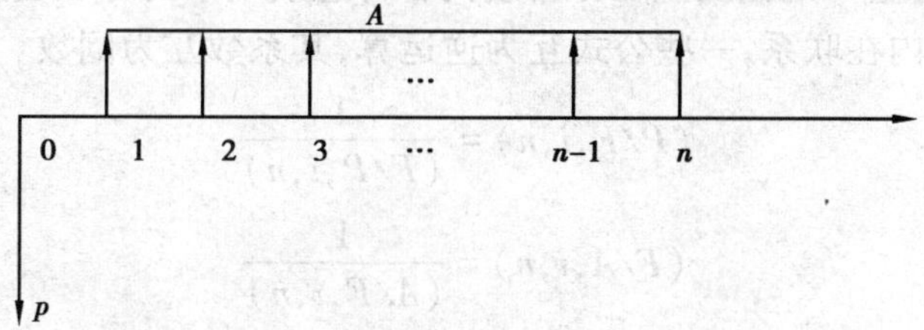

图 2.4 等额支付现金流量图（年金与现值的关系）

等额支付资金回收公式可根据偿债基金公式 $A=F\dfrac{i}{(1+i)^n-1}$ 和一次支付公式 $F=P(1+i)^n$ 推导出：

$$A=P\frac{i(1+i)^n}{(1+i)^n-1}=P(A/P,i,n) \tag{2.10}$$

式中 $\dfrac{i(1+i)^n}{(1+i)^n-1}$ ——等额支付资金回收系数，记为 $(A/P,i,n)$。

【例 2.8】 某项目投资 100 万元，如果以年利率 10%计划在 5 年内把本利和在每年年末按相等的数额回收，则每年可以回收的金额为多少？

【解】 已知 $P=100$ 万元，$i=10\%$，$n=5$，则

$$A=P\frac{i(1+i)^n}{(1+i)^n-1}=100\times\frac{10\%\times(1+10\%)^5}{(1+10\%)^5-1}=26.38(\text{万元})$$

或者查表得 $(A/P,10\%,5)=0.263\ 8$，则

$$A=100\times(A/P,10\%,5)=100\times0.263\ 8=26.38(\text{万元})$$

(6) 等额支付现值公式(已知 A 求 P)

在 n 个计息期内，每期末等额收支一笔资金 A，则在利率 i 的情况下，求此等额资金收支的现值总额，即已知 A、i、n，求 P，是等额支付资金回收的逆运算。等额支付现值公式如下：

$$P=A\frac{(1+i)^n-1}{i(1+i)^n}=A(P/A,i,n) \tag{2.11}$$

式中 $\dfrac{(1+i)^n-1}{i(1+i)^n}$ ——等额支付现值系数，记为 $(P/A,i,n)$，与等额支付资金回收系数互为倒数。

【例 2.9】 某公司投资一项目，希望建成后 6 年内收回全部贷款的本利和，估计每年能盈利 100 万元，银行贷款年利率为 5.76%，则该项目的总投资为多少？

【解】 已知 $A=100$ 万元，$i=5.76\%$，$n=6$，则

$$P=A\frac{(1+i)^n-1}{i(1+i)^n}=100\times\frac{(1+5.76\%)^6-1}{5.76\%\times(1+5.76\%)^6}=495.46(\text{万元})$$

一次支付终值公式、一次支付现值公式、等额支付终值公式、等额支付偿债基金公式、等额支付资金回收公式、等额支付现值公式是 6 个常用的基本公式，见表 2.4。

在运用公式计算时应注意下列问题：

①现值 P 是指发生在某一项目分析期期初的现金流量，终值 F 是指发生在项目分析期期末的现金流量，等额资金 A 是指发生在分析期内各计息期期末的等额现金流量。

②公式之间存在内在联系，一些公式互为逆运算，其系数互为倒数。用系数表示如下：

$$(P/F,i,n)=\frac{1}{(F/P,i,n)}$$

$$(F/A,i,n)=\frac{1}{(A/F,i,n)}$$

$$(P/A,i,n)=\frac{1}{(A/P,i,n)}$$

表 2.4 常用资金等值计算公式表

公式名称		已知	求解	公 式	系数符号
一次支付	终值公式	P	F	$F=P(1+i)^n$	$(F/P,i,n)$
	现值公式	F	P	$P=F(1+i)^{-n}$	$(P/F,i,n)$
等额支付	终值公式	A	F	$F=A\dfrac{(1+i)^n-1}{i}$	$(F/A,i,n)$
	偿债基金公式	F	A	$A=F\dfrac{i}{(1+i)^n-1}$	$(A/F,i,n)$
	现值公式	A	P	$P=A\dfrac{(1+i)^n-1}{i(1+i)^n}$	$(P/A,i,n)$
	资金回收公式	P	A	$A=P\dfrac{i(1+i)^n}{(1+i)^n-1}$	$(A/P,i,n)$

③现金流量图可以清晰、准确地反映方案的现金流量情况，确定计算期数。运用公式进行资金的等值计算时，要正确绘制现金流量图，充分利用现金流量图进行分析。

▶ 2.3.2 名义利率与实际利率

在复利计算法中，一般采用年利率。若利率为年利率，实际计息周期也是以年计算，这种年利率称为实际利率；若利率为年利率，而实际计息周期小于一年，如每月、每季度或每半年计息一次，这种年利率就称为名义利率。因此，名义利率可以定义为计息周期利率乘以每年计息的周期数。

1）名义利率

名义利率的计算公式为：

$$r = i_0 \cdot m \tag{2.12}$$

式中 r——名义利率；

i_0——计息周期利率；

m——每年计息周期数。

例如，按月计算利息，月利率为1%，也可描述为“年利率为12%，每月计息1次”，年利率12%则被称为名义利率。很显然，计算名义利率时忽略了前面各期利息再生的因素，这与单利的计算相同。

2）实际利率

实际利率是指采用复利计算的方法，把各种不同计息周期的利率换算为以年为计息周期的利率。

【例 2.10】 现存入银行 1 000 元，每月存款，月利率为 1%，按月复利，则一年后本利和为多少？利息为多少？

【解】 $F=1\ 000\times(1+1\%)^{12}=1\ 127$(元)

$I=F-P=1\ 127-1\ 000=127$(元)

根据式(2.2)利率 $i=\frac{I_1}{P}\times100\%$,可以推导出:

$$年利率\ i=\frac{F-P}{P}\times100\%=\frac{1\,000\times(1+1\%)^{12}-1\,000}{1\,000}\times100\%=\frac{127}{1\,000}\times100\%=12.7\%$$

即从经济效果上来说,"月利率1%,按月复利"等同于"年利率为12.7%,按年计息"。此时,计算出的年利率12.7%则为年实际利率。

3)名义利率和实际利率的关系

通过例2.10中年实际利率的计算过程,可归纳出年实际利率与计息周期利率的关系如下:

$$i_{\text{eff}}=(1+i_0)^m-1 \tag{2.13}$$

式中 i_{eff}——年实际利率;

i_0——计息周期利率;

m——每年计息周期数。

根据式(2.12)可知,计息周期利率 $i_0=\frac{r}{m}$,则有

$$i_{\text{eff}}=\left(1+\frac{r}{m}\right)^m-1 \tag{2.14}$$

式中 i_{eff}——年实际利率;

r——名义利率;

m——每年计息周期数。

①当 $m=1$ 时,$i=r$,即实际利率等于名义利率;

②当 $m>1$ 时,$i>r$,且 m 越大,即一年中计算复利的次数越多,二者相差就越大。

【例2.11】 某公司存入银行10万元,年利率为2.79%,存期5年,按复利法每半年计息一次,则存款到期后复本利和为多少?

【解】 已知 $P=10$ 万元,$r=2.79\%$,$m=2$,$n=5$。

按年实际利率计算,则

$$i=\left(1+\frac{r}{m}\right)^m-1=\left(1+\frac{2.79\%}{2}\right)^2-1=2.81\%$$

$$F=P\,(1+i)^n=10\times(1+2.81\%)^5=11.486(万元)$$

按计息周期利率计算,则

$$F=P\left(1+\frac{r}{2}\right)^{n\times m}=10\times\left(1+\frac{2.79\%}{2}\right)^{10}=11.486(万元)$$

本章小结

本章主要对工程经济分析中现金流量原理及资金的等值计算进行讲解。通过本章的学习,明确资金存在时间价值,树立资金使用有偿的观念,合理配置资金。

资金时间价值是指资金随时间推移而产生的增值能力。资金具有时间价值也就意味着

发生在不同时点的资金,金额大小不同,却可能具有相等的价值;相应地,发生在不同时点的资金,即使金额大小相同,其价值也不相同。考虑受时间因素影响后,在特定利率下,发生在不同时期、金额大小不同的资金具有相等的价值称为资金等值。把一个时间点发生的资金转换成另一个时间点的等值资金额的过程称为资金等值计算。利息是衡量资金时间价值的绝对尺度,利率是相对尺度。

课后练习题

1.什么是现金流量?现金流量的基本经济要素是什么?

2.如何理解资金的时间价值?

3.普通复利计算公式中,什么是终值、现值和年值?

4.什么是名义利率和实际利率?

5.某企业从银行贷款 200 万元,年贷款复利利率为 4%,贷款期限为 6 年,6 年后一次性还本付息。该笔贷款还本付息总额为多少万元?

6.建设单位从银行贷款 1 000 万元,贷款期为 2 年,年利率为 6%,每季度计息一次,则贷款的年实际利率为多少?两年后应还贷款本利和为多少?

7.某项目建设期为 2 年,建设期内每年年初分别贷款 600 万元和 900 万元,年利率为 10%。若在运营期前 5 年内于每年年末等额偿还贷款本利,则每年应偿还多少万元?

3 工程项目经济效果评价指标

【教学要求】

知识要点	能力要求	相关知识
经济效果评价的内容	(1)了解经济效果评价的基本内容和方法 (2)熟悉技术方案的计算期 (3)熟悉经济效果评价指标体系	(1)盈利能力、偿债能力、财务生存能力 (2)定量分析和定性分析 (3)静态分析和动态分析 (4)融资前分析和融资后分析 (5)事前评价、事中评价和事后评价 (6)建设期和运营期
基准收益率	(1)了解基准收益率的含义 (2)熟悉基准收益率的影响因素 (3)了解基准收益率的确定方法	(1)资金成本 (2)机会成本 (3)风险贴补率 (4)通货膨胀率 (5)代数和法、资本资产定价模型法、加权平均资金成本法、典型项目模拟法、德尔菲专家调查法

续表

知识要点	能力要求	相关知识
盈利能力评价指标	(1)熟悉投资收益率的概念、计算 (2)掌握静态投资回收期、动态投资回收期的概念、计算及应用 (3)掌握净现值的概念、计算及应用 (4)了解净现值率的概念、计算及应用 (5)掌握净年值的概念、计算及应用 (6)掌握内部收益率的概念、计算及应用	(1)总投资收益率、资本金净利润率 (2)投资回收期 (3)净现值 (4)净现值率 (5)净年值 (6)内部收益率
偿债能力评价指标	(1)熟悉偿债能力评价指标的种类 (2)了解各种偿债能力评价指标的基本计算公式	(1)借款偿还期 (2)利息备付率 (3)偿债备付率 (4)资产负债率 (5)流动比率 (6)速动比率

【关键术语】

盈利能力,偿债能力,财务生存能力,技术方案的计算期,基准收益率,投资收益率,投资回收期,净现值,净年值,内部收益率

工程经济分析的任务是根据所考察工程的预期目标和所拥有的资源条件,分析该工程的现金流量情况,选择合适的技术方案,以获得最佳的经济效果。这里的技术方案是广义的,既可以是工程建设中各种技术措施和方案(如工程设计、施工工艺、生产方案、设备更新、技术改造、新技术开发、工程材料利用、节能降耗、环境技术、工程安全和防护技术等),也可以是建设相关企业的发展战略方案(如企业发展规划、生产经营、投资、技术发展等关乎企业生存发展的战略方案)。可以说技术方案是工程经济最直接的研究对象,而获得最佳的技术方案经济效果则是工程经济研究的目的。

3.1 经济效果评价的内容

所谓经济效果评价就是根据国民经济与社会发展以及行业、地区发展规划的要求,在拟订的技术方案、财务效益与费用估算的基础上,采用科学的分析方法,对技术方案的财务可行性和经济合理性进行分析论证,为选择技术方案提供科学的决策依据。

▶ 3.1.1 经济效果评价的基本内容

经济效果评价的内容应根据技术方案的性质、目标、投资者、财务主体以及方案对经济与社会的影响程度等具体情况确定,一般包括盈利能力、偿债能力、财务生存能力等评价内容。

1)盈利能力

盈利能力是指分析和测算拟订技术方案计算期的盈利能力和盈利水平。其主要分析指标包括方案财务内部收益率和财务净现值、资本金财务内部收益率、静态投资回收期、总投资收益率和资本金净利润率等,可根据拟订技术方案的特点及经济效果分析的目的和要求等选用。

2)偿债能力

偿债能力是指分析和判断财务主体的偿债能力。其主要分析指标包括利息支付率、偿债备付率和资产负债率等。

3)财务生存能力

财务生存能力分析也称为资金平衡分析,是根据拟订技术方案的财务计划现金流量表,通过考查拟订技术方案计算期内各年的投资、融资和经营活动所产生的各项现金流入和现金流出,计算净现金流量和累计盈余资金,分析技术方案是否有足够的净现金流量维持正常运营,以实现财务可持续性。而财务可持续性应首先体现在有足够的经营净现金流量,这是财务可持续性的基本条件。其次在整个运营期间,允许个别年份的净现金流量出现负值,但各年累计盈余资金不应出现负值,这是财务生存的必要条件。若出现负值,应进行短期借款,同时分析该短期借款的时间长短和数额大小,进一步判断拟订技术方案的财务生存能力。短期借款应体现在财务计划现金流量表中,其利息应计入财务费用。为维持技术方案的正常运营,还应分析短期借款的可靠性。

在实际应用中,对于经营性方案,经济效果评价是从拟订技术方案的角度出发,根据国家现行财政、税收制度和现行市场价格,计算拟订技术方案的投资费用、成本与收入、税金等财务数据,通过编制财务分析报表,计算财务指标,分析拟订技术方案的盈利能力、偿债能力和财务生存能力,据此考查拟订技术方案的财务可行性和财务可接受性,明确拟订技术方案对财务主体及投资者的价值贡献,并得出经济效果评价的结论。投资者可根据拟订技术方案的经济效果评价结论、投资的财务状况和投资所承担的风险程度,决定拟订技术方案是否应该实施。对于非经营性方案,经济效果评价主要分析拟订技术方案的财务生存能力。

▶ 3.1.2 经济效果评价方法

经济效果评价的目的在于确保决策的正确性和科学性,避免或最大限度地降低技术方案的投资风险;衡量技术方案投资的经济效果水平,最大限度地提高技术方案投资的综合经济效果。因此,正确选择经济效果评价的方法非常重要。

1)经济效果评价的基本方法

经济效果评价的基本方法包括确定性评价方法与不确定性评价方法两类。对同一技术方案,必须同时进行确定性评价和不确定性评价。

2)按评价方法的性质分类

按评价方法的性质不同,经济效果评价分为定量分析和定性分析。

(1)定量分析

定量分析是指对可度量因素的分析方法。在技术方案经济效果评价中考虑的定量分析因素包括资产价值、资金成本、有关销售额和成本等一系列可以用货币表示的一切费用和收益。

(2)定性分析

定性分析是指对无法精确度量的重要因素实行的估量分析方法。

在技术方案经济效果评价中,应坚持定量分析与定性分析相结合,以定量分析为主的原则。

3)按评价方法是否考虑时间因素分类

定量分析,按是否考虑时间因素又可分为静态分析和动态分析。

(1)静态分析

静态分析是不考虑资金的时间因素,即不考虑时间因素对资金价值的影响,而对现金流量分别进行直接汇总来计算分析指标的方法。

(2)动态分析

动态分析是在分析方案的经济效果时,对发生在不同时间的现金流量折现后来计算分析指标。在工程经济分析中,由于时间和利率的影响,对技术方案的每一笔现金流量都应考虑它所发生的时间,以及时间因素对其价值的影响。动态分析能较全面地反映技术方案整个计算期的经济效果。

在技术方案经济效果评价中,应坚持动态分析与静态分析相结合,以动态分析为主的原则。

4)按评价是否考虑融资分类

经济效果评价可以分为融资前分析和融资后分析。一般宜先进行融资前分析,在融资前分析的结论能够满足要求的情况下,初步设定融资方案,再进行融资后分析。

(1)融资前分析

融资前分析应考查技术方案整个计算期内现金流入和现金流出,编制技术方案投资现金流量表,计算技术方案投资内部收益率、净现值和静态投资回收期等指标。融资前分析排除了融资方案变化的影响,从技术方案投资总获利能力的角度考查方案设计的合理性,应作为技术方案初步投资决策与融资方案研究的依据和基础。融资前分析应以动态分析为主,静态分析为辅。

(2)融资后分析

融资后分析应以融资前分析和初步的融资方案为基础,考查技术方案在拟订融资条件下的盈利能力、偿债能力和财务生存能力,判断技术方案在融资条件下的可行性。融资后分析用于比选融资方案,帮助投资者作出融资决策。融资后的盈利能力分析也应包括动态分析和静态分析。

①动态分析包括两个层次:一是技术方案资本金现金流量分析,分析应在拟订融资方案下,从技术方案资本金出资者的整体角度,计算技术方案资本金财务内部收益率指标,考查技术方案资本金可获得的收益水平;二是投资各方现金流量分析,分析应从投资各方实际收入和支出的角度,计算投资各方的财务内部收益率指标,考查投资各方可能获得的收益水平。

②静态分析是指不采取折现方式处理数据,依据利润与利润分配表计算技术方案资本金净利润率(ROE)和总投资收益率(ROI)指标。静态分析可根据技术方案的具体情况选做。

5)按技术方案评价的时间分类

按技术方案评价的时间可分为事前评价、事中评价和事后评价。

(1)事前评价

事前评价是指在技术方案实施前为决策所进行的评价。显然,事前评价都有一定的预测性,因而也就有一定的不确定性和风险。

(2)事中评价

事中评价也称为跟踪评价,是指在技术方案实施过程中所进行的评价。这是由于在技术方案实施前所做的评价结论及评价所依据的外部条件(市场条件、投资环境等)的变化而需要进行修改,或因事前评价时考虑不周、失误,甚至根本未做事前评价,在建设中遇到困难,而不得不反过来重新进行评价,以决定原决策有无全部或局部修改的必要性。

(3)事后评价

事后评价也称为后评价,是在技术方案实施完成后,总结评价技术方案决策的正确性、技术方案实施过程中项目管理的有效性等。

▶ 3.1.3 技术方案的计算期

技术方案的计算期是指在经济效果评价中为进行动态分析所设定的期限,包括建设期和运营期。

1)建设期

建设期是指技术方案从资金正式投入开始到技术方案建成投产为止所需要的时间。建设期应参照技术方案建设的合理工期或技术方案的建设进度计划合理确定。

2)运营期

运营期分为投产期和达产期两个阶段。投产期是指技术方案能投入生产,但生产能力尚未完全达到设计能力时的过渡阶段。达产期是指生产运营达到预设水平后的阶段。

运营期一般应根据技术方案主要设施和设备的经济寿命期(或折旧年限)、产品寿命期、主要技术的寿命期等多种因素综合确定。行业有规定时,应从其规定。

综上所知,技术方案计算期的长短主要取决于技术方案本身的特性,因此无法对技术方案的计算期作出统一规定。计算期不宜定得太长:一方面,按照现金流量折现的方法,把后期的净收益折为现值的数值相对较小,很难对经济效果分析结论产生决定性影响;另一方面,时间越长,预测的数据会越不准确。

计算期较长的技术方案多以年为时间单位。对于计算期较短的技术方案,在较短的时间间隔内(如月、季、半年或其他非日历时间间隔),现金流水平有较大变化,可根据技术方案的具体情况选择合适的计算现金流量的时间单位。

由于折现评价指标受计算时间的影响,对需要比较的技术方案应取相同的计算期。

▶ 3.1.4 经济效果评价指标体系概述

技术方案的经济效果评价,一方面取决于基础数据的完整性和可靠性;另一方面取决于选取的评价指标体系的合理性,只有选择正确的评价指标体系,经济效果评价的结果才能与客观实际情况相吻合,才具有实际意义。一般来讲,技术方案的经济效果评价指标不是唯一的,在工程经济分析中,常用的经济效果评价指标体系如图 3.1 所示。

静态分析指标的最大特点是不考虑时间因素,计算简便。因此,在对技术方案进行粗略

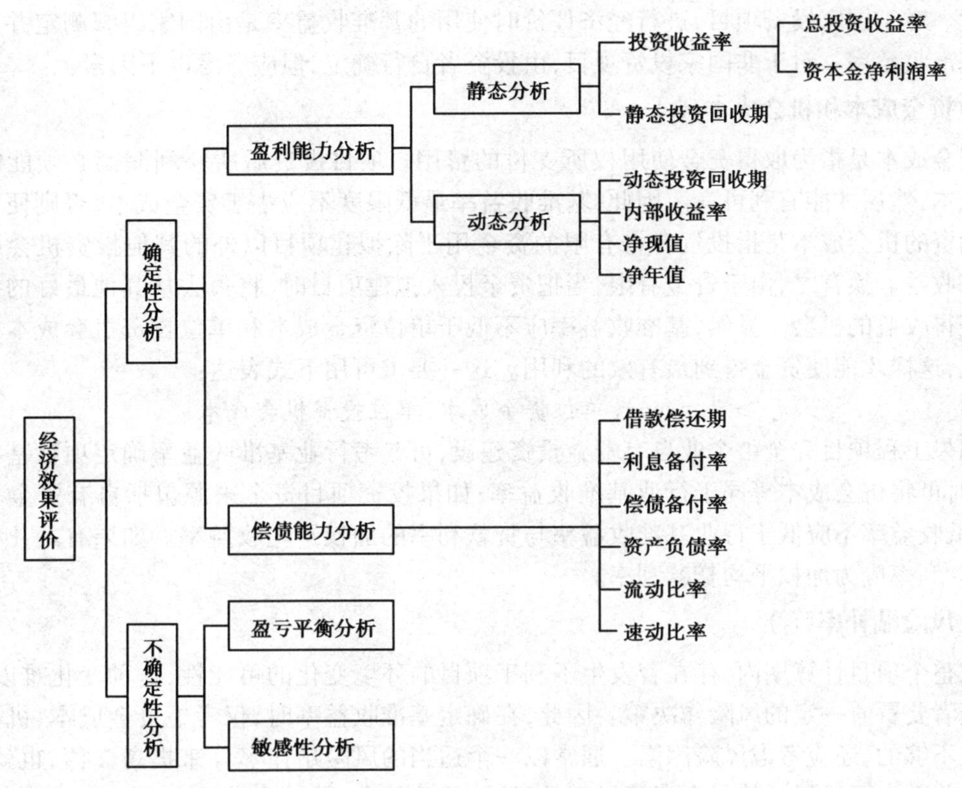

图 3.1　经济效果评价指标体系

评价，或对短期投资方案进行评价，或对逐年收益大致相等的技术方案进行评价时，静态分析指标还是可以采用的。

动态分析指标强调利用复利方法计算资金时间价值，它将不同时间内资金的流入和流出换算成同一时点的价值，从而为不同技术方案的经济比较提供了可比基础，并能反映技术方案在未来时期的发展变化情况。

总之，在进行技术方案经济效果评价时，应根据评价深度要求、可获得资料的多少以及评价方案本身所处的条件，选用多个不同的评价指标。这些指标有主有次，可以从不同侧面反映评价方案的经济效果。

3.2　基准收益率

▶　3.2.1　基准收益率的影响因素

基准收益率是企业或行业或投资者以动态的观点所确定的投资方案最低标准收益水平。它表明投资决策者对项目资金时间价值的估价，是投资资金应当获得的最低盈利率水平，是评价和判断投资方案在经济上是否可行的依据，是一个重要的经济参数。基准收益率的确定一般以行业的平均收益率为基础，同时综合考虑资金成本、投资风险、通货膨胀以及资金限制等因素。对于国家投资项目,进行经济评价时使用的基准收益率是由国家组织测定并发布的行业基准收益率。对于非国家投资项目,由投资者自行确定,但应考虑以下因素:

1)资金成本和机会成本(i_1)

资金成本是指为取得资金使用权所支付的费用。项目投资后所获利润额必须能够补偿资金成本,然后才能有利可言。因此,基准收益率最低限度不应小于资金成本,否则便无利可图。投资的机会成本是指投资者将有限的资金用于除拟建项目以外的其他投资机会所获得的最好收益。换言之,由于资金有限,当把资金投入拟建项目时,将失去从其他最好的投资机会中获得收益的机会。显然,基准收益率应不低于单位资金成本和单位投资机会成本两者的最高值,这样才能使资金得到最有效的利用。这一要求可用下式表达:

$$i_c \geqslant i_1 = \max\{\text{单位资金成本,单位投资机会成本}\} \tag{3.1}$$

如果工程项目完全由企业自有资金投资建设,可参考行业基准收益率确定项目基准收益率,这时可将机会成本等同于行业基准收益率;如果投资项目资金来源包括自有资金和贷款时,最低收益率不应低于行业基准收益率与贷款利率的加权平均收益率。如果有好几种贷款时,贷款利率应为加权平均贷款利率。

2)风险贴补率(i_2)

在整个项目计算期内,存在着发生不利于项目的环境变化的可能性,这种变化难以预料,即投资者要冒着一定的风险作决策。因此,在确定基准收益率时,仅考虑资金成本、机会成本因素是不够的,还应考虑风险因素。通常以一个适当的风险贴补率 i_2 来提高 i_c 值,也就是说,以一个收益水平增量补偿投资者所承担的风险,风险越大,贴补率就越高。为此,投资者自然就要求获得较高的利润,否则就不愿去冒风险。为了限制对风险大、盈利低的项目进行投资,可以采取提高基准收益率的办法来进行项目经济评价。

从客观上看,资金密集项目的风险一般高于劳动密集的;资产专用性强的项目的风险一般高于资产通用性强的;以降低生产成本为目的的项目的风险一般低于以扩大产量、扩大市场份额为目的的。从主观上看,资金雄厚的投资主体的风险一般低于资金拮据者的。

3)通货膨胀率(i_3)

在通货膨胀影响下,各种材料、设备、房屋、土地的价格以及人工费都会上升,未反映和评价出拟建项目在未来的真实经济效果,在确定基准收益率时应考虑通货膨胀因素。

通货膨胀用通货膨胀率 i_3 来表示。通货膨胀率主要表现为物价指数的变化,即通货膨胀率约等于物价指数变化率。由于通货膨胀年年存在,因此通货膨胀的影响具有复利性质。通常每年的通货膨胀率是不同的,但为了便于研究,常取一段时间的平均通货膨胀率,即在所研究的计算期内,通货膨胀率可以视为固定的。

4)资金限制

资金越少,越需要精打细算,使之利用得更加有效。在资金短缺时,应通过提高基准收益率的办法进行项目经济评价,以便筛选掉盈利能力较低的项目。

▶ 3.2.2 基准收益率的确定

基准收益率可以采用代数和法、资本资产定价模型法、加权平均资金成本法、典型项目模拟法、德尔菲专家调查法等方法,也可同时采用多种方法进行测算,将不同方法测算的结果互相验证,经协调后确定。

1)代数和法

若项目现金流量是按当年价格预测估算的,则应以通货膨胀率 i_3 修正 i_c 值。这时基准收益率可近似地用单位投资机会成本、风险贴补率、通货膨胀率的代数和表示,即

$$i_c = (1 + i_1)(1 + i_2)(1 + i_3) - 1 \approx i_1 + i_2 + i_3 \tag{3.2}$$

若项目的现金流量是按基年不变价格预测估算的,预测结果已排除通货膨胀因素的影响,就不再重复考虑通货膨胀的影响,即

$$i_c = (1 + i_1)(1 + i_2) - 1 \approx i_1 + i_2 \tag{3.3}$$

上述近似计算的前提条件是 i_1、i_2、i_3 都为较小的数值。

2)资本资产定价模型法

采用资本资产定价模型法(CAPM)测算行业财务基准收益率的公式为:

$$K_e = K_f + \beta(K_m - K_f) \tag{3.4}$$

式中 K_e——权益资金成本;

K_f——市场无风险投资收益率;

β——风险系数;

K_m——市场平均风险投资收益率。

式(3.4)中的风险系数是反映行业特点与风险的重要数值,也是测算工作的重点和基础,应在行业内抽取有代表性的企业样本,以若干年企业财务报表数据为基础数据,进行行业风险系数测算。

式(3.4)中的市场无风险投资收益率,一般可采用政府发行的相应期限的国债利率;市场平均风险投资收益率可依据国家有关统计数据测定。

由式(3.4)测算出的权益资金成本,可作为确定财务基准收益率的下限,再综合考虑采用其他方法得出的行业财务基准收益率并进行调整后,确定基准收益率的取值。

3)加权平均资金成本法

采用加权平均资金成本法(WACC)测算基准收益率的公式为:

$$\text{WACC} = K_e \frac{E}{E + D} + K_d \frac{D}{E + D} \tag{3.5}$$

式中 WACC——加权平均资金成本;

K_e——权益资金成本;

K_d——债务资金成本;

E——股东权益;

D——企业负债。

股东权益与负债的比例可采用行业统计平均值,或者投资者进行合理设定。债务资金成本为公司所得税后数值。权益资金成本可采用式(3.4)资本资产定价模型法确定。

根据式(3.5)测算出的行业加权平均资金成本,可作为全部投资行业财务基准收益率的下限,再综合考虑采用其他方法得出的基准收益率并进行调整后,确定全部投资行业财务基准收益率的取值。

4)典型项目模拟法

采用典型项目模拟法测算行业财务基准收益率,应在合理时间区段内,选择一定数量的具有行业代表性的已进入正常生产运营状态的典型项目,采集实际数据,计算项目的财务内部收益率,对结果进行必要的分析,并综合各种因素后确定基准收益率。

5)德尔菲专家调查法

采用德尔菲(Delphi)专家调查法测算行业财务基准收益率,应统一设计调查问卷,征求一定数量的熟悉本行业情况的专家,依据系统的程序,采用匿名发表意见的方式,通过多轮次调查专家对本行业建设项目财务基准收益率取值的意见,逐步形成专家的集中意见,对调查结果进行必要的分析,并综合各种因素后确定基准收益率。

通过上述讨论可进一步认识到,要正确确定基准收益率,其基础是资金成本、机会成本,同时要考虑投资风险、通货膨胀和资金限制的因素影响。

3.3 盈利能力评价指标

▶ 3.3.1 投资收益率

1)概念

投资收益率是衡量技术方案获利水平的评价指标,是技术方案建成投产达到设计生产能力后一个正常生产年份的年净收益额与技术方案投资的比率。它表明技术方案在正常生产年份中,单位投资每年所创造的年净收益额。对生产期内各年的净收益额变化幅度较大的技术方案,可计算生产期年平均净收益额与技术方案投资的比率。其计算公式为:

$$R = \frac{A}{I} \times 100\% \tag{3.6}$$

式中 R——投资收益率;

A——技术方案年净收益额或年平均净收益额;

I——技术方案投资。

2)判别准则

将计算出的投资收益率(R)与所确定的基准收益率(i_c)进行比较。若 $R \geqslant i_c$,则技术方案可以考虑接受;若 $R < i_c$,则技术方案是不可行的。

3)计算式

根据分析的目的不同,投资收益率又具体分为总投资收益率(ROI)和资本金净利润率(ROE)。

(1)总投资收益率(ROI)

总投资收益率(ROI)表示技术方案总投资的盈利水平,按下式计算:

$$\text{ROI} = \frac{\text{EBIT}}{\text{TI}} \times 100\% \tag{3.7}$$

式中 EBIT——技术方案正常年份的年息税前利润或运营期内平均年息税前利润；

TI——技术方案总投资(包括建设投资、建设期贷款利息和全部流动资金)。

式(3.7)中所需的财务数据，均可从相关的财务报表中获得。总投资收益率高于同行业的收益率参考值，表明用总投资收益率表示的技术方案其盈利能力满足要求。

(2)资本金净利润率(ROE)

资本金净利润率(ROE)表示技术方案资本金的盈利水平，按下式计算：

$$ROE=\frac{NP}{EC}\times 100\% \tag{3.8}$$

式中 NP——技术方案正常年份的年净利润或运营期内年平均净利润，净利润=利润总额-所得税；

EC——技术方案资本金。

式(3.8)中所需的财务数据，均可从相关的财务报表中获得。资本金净利润率高于同行业的净利润率参考值，表明用资本金净利润率表示的技术方案其盈利能力满足要求。

【例 3.1】 已知某技术方案拟投入资金和利润如表 3.1 所示，请计算该技术方案的总投资收益率和资本金净利润率。

表 3.1 某技术方案拟投入资金和利润表 单位：万元

序号	项目	年份						
		1	2	3	4	5	6	7~10
1	建设投资							
1.1	自有资金部分	1 200	340					
1.2	贷款本金		2 000					
1.3	贷款利息(年利率为6%，投产后前4年按等额本金偿还，利息照付)		60	123.6	92.7	61.8	30.9	
2	流动资金							
2.1	自有资金部分			300				
2.2	贷款			100	400			
2.3	贷款利息(年利率为4%)			4	20	20	20	20
3	所得税前利润			−50	550	590	620	650
4	所得税后利润(所得税率为25%)			−50	425	442.5	465	487.5

【解】(1)计算总投资收益率(ROI)

技术方案总投资 TI = 建设投资+建设期贷款利息+全部流动资金

=1 200+340+2 000+60+300+100+400=4 400(万元)

$$年平均息税前利润\ EBIT=[(123.6+92.7+61.8+30.9+4+20\times 7)+(-50+550+590+620+650\times 4)]\div 8=(453+4\ 310)\div 8=595.4(万元)$$

根据式(3.7)可计算出总投资收益率(ROI):

$$ROI=\frac{EBIT}{TI}\times 100\%=\frac{595.4}{4\ 400}\times 100\%=13.53\%$$

(2)计算资本金净利润率(ROE)

$$技术方案资本金\ EC=1\ 200+340+300=1\ 840(万元)$$

$$年平均净利润\ NP=(-50+425+442.5+465+487.5\times 4)\div 8=3\ 232.5\div 8=404.06(万元)$$

根据式(3.8)可计算出资本金净利润率(ROE):

$$ROE=\frac{NP}{EC}\times 100\%=\frac{404.06}{1\ 840}\times 100\%=21.96\%$$

总投资收益率(ROI)是用来衡量整个技术方案的获利能力,要求技术方案的总投资收益率(ROI)应大于行业的平均投资收益率;总投资收益率越高,从技术方案所获得的收益就越多。而资本金净利润率(ROE)则是用来衡量技术方案资本金的获利能力,资本金净利润率(ROE)越高,资本金所取得的利润就越多,权益投资盈利水平也就越高;反之,则越低。对技术方案而言,若总投资收益率或资本金净利润率高于同期银行利率,适度举债是有利的;反之,过高的负债比率将损害企业和投资者的利益。由此可以看出,总投资收益率或资本金净利润率指标不仅可以用来衡量技术方案的获利能力,还可以作为技术方案筹资决策的参考依据。

4)优劣

投资收益率(R)指标的经济意义明确、直观,计算简便,在一定程度上反映了投资效果的优势,适用于各种投资规模。不足的是没有考虑投资效益的时间因素,忽视了资金具有时间价值的重要性;指标的计算主观随意性太强,正常生产年份的选择比较困难,其确定带有一定的不确定性和人为因素。因此,以投资收益率指标作为主要的决策依据不太可靠,其主要用在技术方案制订的早期阶段或研究过程,且计算期较短、不具备综合分析所需详细资料的技术方案,尤其适用于工艺简单而生产情况变化不大的技术方案的选择和投资经济效果的评价。

► 3.3.2 投资回收期

投资回收期也称为返本期,是反映技术方案投资回收能力的重要指标,分为静态投资回收期和动态投资回收期。

1)静态投资回收期

(1)概念

静态投资回收期是指在不考虑资金时间价值的条件下,以技术方案的净收益回收其总投资(包括建设投资、建设期贷款利息和流动资金)所需的时间,一般以年为单位。静态投资回收期宜从技术方案建设开始年算起,若从技术方案投产开始年算起,应予以特别注明。从建设开始年算起,静态投资回收期(P_t)的计算公式如下:

$$\sum_{t=0}^{P_t}(CI - CO)_t = 0 \tag{3.9}$$

式中　P_t——技术方案静态投资回收期；

CI——技术方案现金流入量；

CO——技术方案现金流出量；

$(CI-CO)_t$——技术方案第 t 年净现金流量。

(2)判别准则

将计算出的静态投资回收期 P_t 与所确定的基准投资回收期 P_c 进行比较。若 $P_t \leqslant P_c$，表明技术方案投资能在规定的时间内收回，则技术方案可以考虑接受；若 $P_t>P_c$，则技术方案是不可行的。

(3)计算式

静态投资回收期可借助技术方案投资现金流量表，根据净现金流量计算，其具体计算又分为以下两种情况：

①当技术方案实施后各年的净收益(即净现金流量)均相同时，静态投资回收期的计算式如下：

$$P_t = \frac{I}{A} \tag{3.10}$$

式中　I——技术方案总投资；

A——技术方案每年的净收益，即 $A=(CI-CO)_t$。

【例 3.2】　某技术方案估计总投资为 2 800 万元，技术方案实施后各年净收益为 320 万元，请计算该技术方案的静态投资回收期。

【解】　根据式(3.10)，可得：

$$P_t = \frac{2\ 800}{320} = 8.75(\text{年})$$

在应用式(3.9)时应注意，由于技术方案的年净收益不等于年利润额，所以静态投资回收期不等于投资利润率的倒数。

②当技术方案实施后各年的净收益不相同时，静态投资回收期可根据累计净现金流量求得(图 3.2)，也就是在技术方案投资现金流量表中累计净现金流量由负值变为零的时点。其计算公式为：

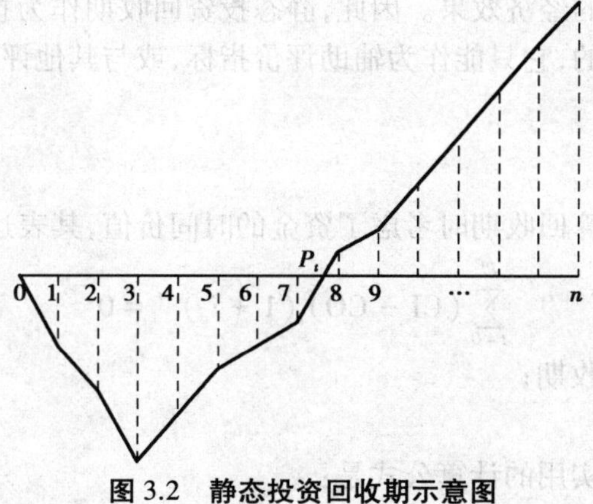

图 3.2　静态投资回收期示意图

$$P_t = (T-1) + \frac{\left|\sum_{t=0}^{T-1}(CI-CO)_t\right|}{(CI-CO)_T} \tag{3.11}$$

式中　T——技术方案各年累计净现金流量首次为正或零的年数；

$\left|\sum_{t=0}^{T-1}(CI-CO)_t\right|$——技术方案第 T-1 年累计净现金流量的绝对值；

$(CI-CO)_T$——技术方案第 T 年的净现金流量。

【例 3.3】 某技术方案投资现金流量表的数据如表 3.2 所示，计算该技术方案的静态投资回收期。

【解】 根据式(3.11)，可得：

$$P_t = (6-1) + \frac{|-200|}{500} = 5.4(年)$$

表 3.2　某技术方案投资现金流量表　　单位：万元

计算期	0	1	2	3	4	5	6	7	8
现金流入	—	—	—	800	1 200	1 200	1 200	1 200	1 200
现金流出	—	600	900	500	700	700	700	700	700
净现金流量	—	−600	−900	300	500	500	500	500	500
累计净现金流量	—	−600	−1 500	−1 200	−700	−200	300	800	1 300

(4)优劣

静态投资回收期指标容易理解，计算也比较简便，在一定程度上显示了资本的周转速度。显然，资本周转速度越快，静态投资回收期越短，风险越小，技术方案抗风险能力越强。因此在技术方案经济效果评价中，一般都要求计算投资回收期，以反映技术方案原始投资的补偿速度和技术方案投资的风险性。对于那些技术上更新快的技术方案，或资金相当短缺的技术方案，或未来情况很难预测而投资者又特别关心资金补偿的技术方案，采用静态投资回收期进行评价特别具有实用意义。但不足的是，静态投资回收期没有全面地考虑技术方案整个计算期内现金流量，即只考虑回收之前的效果，不能反映投资回收之后的情况，故无法准确衡量技术方案在整个计算期内的经济效果。因此，静态投资回收期作为技术方案选择和技术方案排序的评价准则是不可靠的，它只能作为辅助评价指标，或与其他评价指标结合应用。

2)动态投资回收期

(1)概念

动态投资回收期在计算回收期时考虑了资金的时间价值，其表达式为：

$$\sum_{t=0}^{P_t'}(CI-CO)_t(1+i_c)^{-t} = 0 \tag{3.12}$$

式中　P_t'——动态投资回收期；

i_c——基准收益率。

动态投资回收期更为实用的计算公式是：

$$P_t' = (\text{累计折现值出现正值的年份} - 1) + \frac{\text{上年累计折现值的绝对值}}{\text{出现正值年份的折现值}} \tag{3.13}$$

(2)判别准则

设基准投资回收期为 P_c,若 $P_t' \leqslant P_c$,表示项目可行,否则应予以拒绝。

【例 3.4】 根据表 3.3 中的净现金流量及相关数据,求静态和动态投资回收期,$i_c = 10\%$,$P_c = 12$ 年。

【解】 各年累计净现金流量和累计折现值列于表 3.3 中,根据式(3.11)和式(3.13)计算得:

$$P_t = 8 - 1 + \frac{84}{150} = 7.56(\text{年})$$

$$P_t' = 11 - 1 + \frac{2.94}{52.57} = 10.06(\text{年})$$

表 3.3 **净现金流量表** 单位:万元

年 份	净现金流量	累计净现金流量	折现系数	折现值	累计折现值
1	−180	−180	0.909 1	−163.64	−163.64
2	−250	−430	0.826 4	−206.60	−370.24
3	−150	−580	0.751 3	−112.70	−482.94
4	84	−496	0.683 0	57.37	−425.57
5	112	−384	0.620 9	69.54	−356.03
6	150	−234	0.564 5	84.68	−271.35
7	150	−84	0.513 2	76.98	−194.37
8	150	66	0.466 5	69.98	−124.39
9	150	216	0.424 1	63.62	−60.77
10	150	366	0.385 5	57.83	−2.94
11	150	516	0.350 5	52.57	49.63
12~20	150	1 866	2.018	302.78	352.41

由于静态投资回收期和动态投资回收期均小于 12 年,则方案可行。

容易推断,一般技术方案的动态投资回收期大于静态投资回收期。

静态投资回收期和动态投资回收期适用于项目融资前的盈利能力分析。

▶ 3.3.3 净现值

1)概念

净现值(NPV)是反映技术方案在计算期内盈利能力的动态评价指标。技术方案的净现值是指用一个预定的基准收益率(或设定的折现率)i_c,分别把整个计算期内各年所发生的净

现金流量都折现到技术方案开始实施时的现值之和。净现值的计算公式为:

$$NPV = \sum_{t=0}^{n}(CI - CO)_t(1 + i_c)^{-t} \tag{3.14}$$

式中 NPV——净现值;

$(CI-CO)_t$——技术方案第 t 年的净现金流量(应注意"+""-");

i_c——基准收益率;

n——技术方案计算期。

可根据需要选择计算所得税前净现值或所得税后净现值。

2)判别准则

净现值是评价技术方案盈利能力的绝对指标。当 NPV>0 时,说明该技术方案除了满足基准收益率要求的盈利水平之外,还能得到超额收益,换句话说,技术方案现金流入的现值之和大于现金流出的现值之和,该技术方案有收益,故该技术方案在财务上可行;当 NPV=0 时,说明该技术方案基本能满足基准收益率要求的盈利水平,即技术方案现金流入的现值之和正好抵偿技术方案现金流出的现值之和,该技术方案在财务上还是可行的;当 NPV<0 时,说明该技术方案不能满足基准收益率要求的盈利水平,即技术方案收益的现值不能抵偿支出的现值,该技术方案在财务上不可行。

【例 3.5】 已知某技术方案的净现金流量如表 3.4 所示,设 i_c=8%,试计算净现值。

表 3.4 某技术方案净现金流量　　单位:万元

年　份	1	2	3	4	5	6	7
净现金流量	-4 200	-4 700	2 000	2 500	2 500	2 500	2 500

【解】 根据式(3.14)可得:

$$NPV = -4\,200 \times \frac{1}{(1+8\%)} - 4\,700 \times \frac{1}{(1+8\%)^2} + 2\,000 \times \frac{1}{(1+8\%)^3} +$$

$$2\,500 \times \frac{1}{(1+8\%)^4} + 2\,500 \times \frac{1}{(1+8\%)^5} + 2\,500 \times \frac{1}{(1+8\%)^6} + 2\,500 \times \frac{1}{(1+8\%)^7}$$

$$= -4\,200 \times 0.925\,9 - 4\,700 \times 0.857\,3 + 2\,000 \times 0.793\,8 + 2\,500 \times$$

$$0.735\,0 + 2\,500 \times 0.680\,6 + 2\,500 \times 0.630\,2 + 2\,500 \times 0.583\,5$$

$$= 242.76(万元)$$

由于 NPV=242.76 万元>0,所以该技术方案在财务上可行。

3)优劣

净现值指标的优点:考虑了资金的时间价值,并全面考虑了技术方案在整个计算期内现金流量的时间分布状况;经济意义明确、直观,能够直接以货币额表示技术方案的盈利水平;判断直观。

其不足之处是:必须首先确定一个符合经济现实的基准收益率,而基准收益率的确定往往是比较困难的;在互斥方案评价时,净现值必须慎重考虑互斥方案的寿命,如果互斥方案寿命不等,必须构造一个相同的分析期限,才能进行各个方案之间的比选;净现值也不能真正反映技术方案投资中单位投资的使用效率,不能直接说明在技术方案运营期间各年的经营成果;没有给出该投资过程确切的收益大小,不能反映投资的回收速度。

▶ 3.3.4 净现值率

1)概念

净现值率(NPVR)是项目净现值与项目全部投资现值之比。其经济含义是单位投资现值所能带来的净现值,是一个考查项目单位投资盈利能力的指标。由于净现值不直接考查项目投资额的大小,故为考查投资的利用效率,常用净现值率作为净现值的辅助评价指标。其计算式如下:

$$\mathrm{NPVR} = \frac{\mathrm{NPV}}{I_P} \tag{3.15}$$

$$I_P = \sum_{t=0}^{m} I_t(P/F, i_c, t) \tag{3.16}$$

式中 I_P——全部投资现值;

I_t——第 t 年投资额;

m——建设期年数。

2)判别准则

应用 NPVR 评价方案时,应使 NPVR≥0,方案才能被接受。而且在评价时应注意:

①投资现值与净现值的计算期应一致,即净现值的计算期是 n 期,则投资现值的计算期也为 n 期;

②计算投资现值与净现值的折现率应一致。

【例 3.6】 某企业拟将资金 80 000 元用作投资,折现率为 10%。经营期 5 年,每年净现金流量为 28 000 元,无残值。试计算该投资的净现值率,并判断该投资是否可行。

【解】 根据式(3.14)求得:

$$\begin{aligned}\mathrm{NPV} &= -80\,000 + 28\,000(P/A, 10\%, 5) \\ &= -80\,000 + 28\,000 \times 3.790\,8 \\ &= 26\,142.4(\text{元})\end{aligned}$$

再根据式(3.15)求得:

$$\begin{aligned}\mathrm{NPVR} &= 26\,142.4/80\,000 \\ &= 0.33\end{aligned}$$

由于 NPVR=0.33>0,所以该方案能被接受。

▶ 3.3.5 净年值

1)概念

净年值(NAV)又称为等额年值或等额年金,是以基准收益率将项目计算期内的净现金流量等值换算而成的等额年值。它与净现值(NPV)的相同之处是,两者都要在给出的基准收益率的基础上进行计算;不同之处是,净现值把投资过程的现金流量折算为基准期的现值,而净年值则把该现金流量折算为等额年值。净年值的计算公式为:

$$NAV=\left[\sum_{t=0}^{n}(CI-CO)_t(1+i_c)^{-t}\right](A/P,i_c,n) \tag{3.17}$$

或

$$NAV=NPV(A/P,i_c,n) \tag{3.18}$$

式中 $(A/P,i_c,n)$——资本回收系数。

2)判别准则

净现值是项目在计算期内获得的超过基准收益率水平的收益现值，而净年值则是项目在计算期内每期的等额超额收益；净年值与净现值仅差一个资本回收系数，而且$(A/P,i_c,n)>0$，由式(3.18)可知，NAV与NPV总是同为正或负，故NAV与NPV在评价同一个项目时的结论总是一致的。其评价准则是：若$NAV\geqslant 0$，则项目在经济上可以被接受；若$NAV<0$，则项目在经济上应予以拒绝。

【例3.7】 某运输专业户拟投资10万元购买一台黄海牌客车，车的寿命为10年，若期望收益率为20%，问每年净收益是多少？并判断该投资是否可行。

【解】 先画出现金流量图如右图所示。

根据式(3.18)求得：

$$\begin{aligned}NAV&=NPV(A/P,i_c,n)\\&=10(A/P,20\%,10)\\&=10\times 0.238\ 5\\&=2.385(\text{万元})\end{aligned}$$

由于NAV=2.385万元>0，所以该投资在经济上可行。

▶ 3.3.6 内部收益率

1)概念

对具有常规现金流量(即在计算期内，开始时有支出而后才有收益，且方案的净现金流量序列的符号只改变一次的现金流量)的技术方案，其净现值的大小与折现率的高低有直接关系。若已知某技术方案各年的净现金流量，则该技术方案的净现值就完全取决于所用的折现率，即净现值是折现率的函数。其表达式如下：

$$NPV(i)=\sum_{t=0}^{n}(CI-CO)_t(1+i)^{-t} \tag{3.19}$$

工程经济中，常规的技术方案的净现值函数曲线在其定义域($-1<i<+\infty$)内(对大多数工程经济实际问题来说是$0\leqslant i<+\infty$)，随着折现率的逐渐增大，净现值由大变小、由正变负，NPV与i之间的关系一般如图3.3所示。

从图3.3可以看出，按照净现值的评价准则，只要$NPV(i)\geqslant 0$，技术方案就可以被接受。但由于$NPV(i)$是i的递减函数，故折现率i定得越高，技术方案被接受的可能性越小。那么，若$NPV(0)>0$，则i最大可以大到多少，仍使这个技术方案可以被接受呢？很明显，i可以大到使$NPV(i)=0$，这时$NPV(i)$曲线与横轴相交，i达到了其临界值i^*，可以说i^*是净现值评价准则的一个分水岭。i^*就是内部收益率(IRR)。

对常规技术方案,内部收益率的实质就是使技术方案在计算期内各年净现金流量的现值累计等于零时的折现率。其数学表达式为:

$$NPV(IRR) = \sum_{t=0}^{n} (CI - CO)_t (1 + IRR)^{-t} \tag{3.20}$$

式中　IRR——内部收益率。

内部收益率是一个未知的折现率,由式(3.20)可知,求方程式中的折现率需要解高次方程,不易求解。在实际工程中,一般是用试算法确定内部收益率 IRR(也可以通过计算机直接计算)。试算法的基本原理是:首先用 i_1 计算 NPV_1(实际工作中 i_1 往往是根据给出的基准收益率 i_c 作为第一步试算依据),若得 $NPV_1>0$,再试用 $i_2(i_2>i_1)$ 计算 NPV_2;如果 $NPV_2>0$,再用 i_3 计算 NPV_3,直到 NPV<0 时为止。若 $NPV_2<0$,则 NPV=0 时,IRR 一定存在于 i_2 至 i_1 之间,如图 3.4 所示。此时,即可用线性内插公式(3.21)求出 IRR 的近似值。

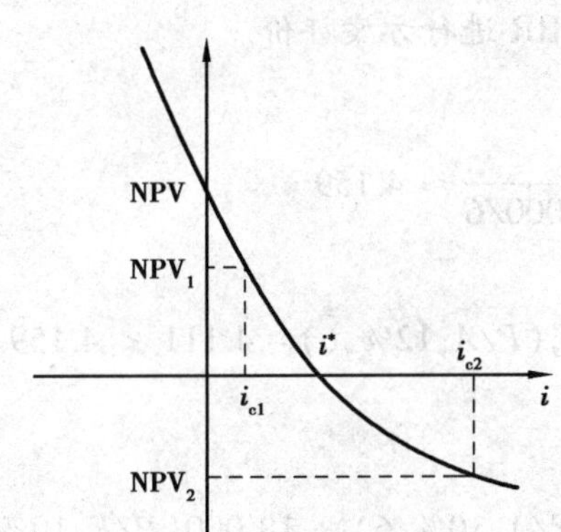

图 3.3　常规技术方案的净现值函数曲线

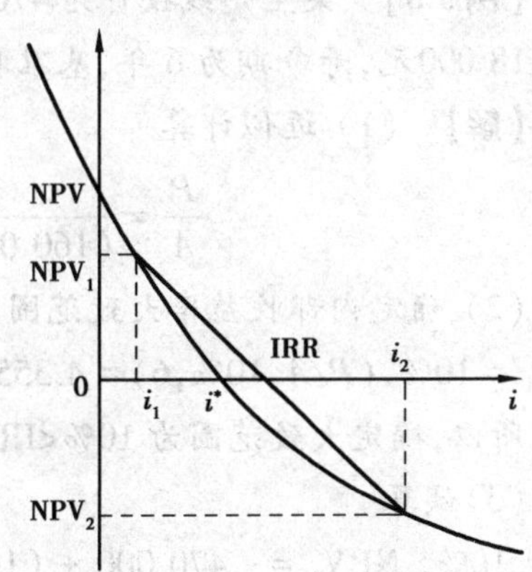

图 3.4　内部收益率线性内插法示意

$$IRR = i_1 + \frac{NPV_1}{NPV_1 + |NPV_2|}(i_2 - i_1) \tag{3.21}$$

式中　NPV_1——折现率 i_1 时的净现值(正);

　　　NPV_2——折现率 i_2 时的净现值(负)。

2)判别准则

内部收益率计算出来后,与基准收益率进行比较。若 $IRR \geqslant i_c$,则技术方案在经济上可以被接受;若 $IRR<i_c$,则技术方案在经济上应予以拒绝。技术方案投资内部收益率、技术方案资本金内部收益率和投资各方内部收益率可有不同的判别标准。

3)优劣

内部收益率(IRR)指标考虑了资金的时间价值以及技术方案在整个计算期内的经济状况,不仅能反映投资过程的受益程度,而且 IRR 的大小不受外部参数影响,完全取决于技术方案投资过程净现金流量序列的情况。这种技术方案的内部决定性,使它在应用中具有一个显著的优点,即避免了像净现值之类的指标须事先确定基准收益率这一难题,而只需要知道基准收益率的大致范围即可。不足的是内部收益率计算比较麻烦,对于具有非常规现金流量的技术方案来讲,其内部收益率在某些情况下甚至不存在或存在多个内部收益率。

4)IRR 与 NPV 比较

对独立常规技术方案的评价,从图 3.4 可知,当 IRR>i_1 时,根据 IRR 评价的判别准则,技术方案可以被接受;而 i_1 对应的 $NPV_1>0$,根据 NPV 评价的判别准则,技术方案也可以被接受。当 $NPV_2<i_2$ 时,根据 IRR 评价的判别准则,技术方案不能被接受;i_2 对应的 $NPV_2<0$,根据 NPV 评价的判别准则,技术方案也不能被接受。由此可见,对独立常规技术方案,应用 IRR 评价与应用 NPV 评价均可,其结论是一致的。

NPV 指标计算简便,显示出了技术方案现金流量的时间分配,但无法得出投资过程收益程度大小,且受外部参数(i_c)的影响;IRR 指标较为麻烦,但能反映投资过程的收益程度,而 IRR 的大小不受外部参数影响,完全取决于投资过程现金流量。

【例 3.8】 某生产线投资为 470 000 元,年收入为 160 000 元,年经营成本为 50 000 元,残值为18 000元,寿命期为 6 年,基准收益率为 10%。用 IRR 进行方案评价。

【解】 (1) 近似计算

$$\frac{P}{A} = \frac{470\ 000}{(160\ 000 - 50\ 000) + 18\ 000/6} \approx 4.159$$

(2) 确定内部收益率大致范围

$i_1 = 10\%, (P/A,10\%,6) = 4.355 > 4.159; i_2 = 12\%, (P/A,12\%,6) = 4.111 < 4.159$。

所以,确定大致范围为 10%<IRR<12%。

(3) 试算

$$i_1 = 10\%,\ NPV_1 = -470\ 000 + (160\ 000 - 50\ 000)(P/A,10\%,6) + 18\ 000(P/F,10\%,6)$$
$$= 19\ 244 > 0$$

$$i_2 = 12\%,\ NPV_2 = -470\ 000 + (160\ 000 - 50\ 000)(P/A,12\%,6) + 18\ 000(P/F,12\%,6)$$
$$= -8\ 627.2 < 0$$

(4) 内插法确定 IRR

$$IRR = 10\% + \frac{19\ 244}{19\ 244 + |-8\ 627.2|}(12\% - 10\%)$$
$$= 11.38\%$$

由于 IRR=11.38%>基准收益率 10%,所以该技术方案在经济上可行。

3.4 偿债能力评价指标

偿债能力评价指标主要有借款偿还期、利息备付率、偿债备付率、资产负债率、流动比率和速动比率。

▶ 3.4.1　借款偿还期

1)概念

借款偿还期是指根据国家财税规定及技术方案的具体财务条件,以可作为偿还贷款的收益(利润、折旧、摊销费及其他收益)来偿还技术方案投资借款本金和利息所需要的时间。它是反映技术方案借款偿债能力的重要指标。借款偿还期的计算公式如下:

$$I_d = \sum_{t=0}^{P_d} (B + D + R_0 - B_r)_t \tag{3.22}$$

式中　P_d——借款偿还期(从借款开始年计算;当从投产年算起时,应予以注明);

I_d——投资借款本金和利息(不包括已用自有资金支付的部分)之和;

B——第 t 年可用于还款的利润;

D——第 t 年可用于还款的折旧和摊销费;

R_0——第 t 年可用于还款的其他收益;

B_r——第 t 年企业留利。

2)计算

在实际工作中,借款偿还期可通过借款还本付息计算表推算,以年表示。其具体推算公式如下:

$$P_d = (\text{借款偿还开始出现盈余年份} - 1) + \frac{\text{盈余当年应偿还借款额}}{\text{盈余当年可用于还款的余额}} \tag{3.23}$$

3)判别准则

借款偿还期满足贷款机构的要求期限时,即认为技术方案是有借款偿债能力的。

借款偿还期指标适用于那些不预先给定借款偿还期限,且按最大偿还能力计算还本付息的技术方案;不适用于那些预先给定借款偿还期的技术方案。对于预先给定借款偿还期的技术方案,应采用利息备付率和偿债备付率指标分析企业的偿债能力。

在实际工作中,由于技术方案经济效果评价中的偿债能力分析注重的是法人的偿债能力而不是技术方案,因此在《建设项目经济评价方法与参数》(第三版)中将借款偿还期指标取消,只计算利息备付率和偿债备付率。

【例 3.9】　下面关于借款偿还期的说法,错误的是(　　)。

A.借款偿还期是指根据国家财税规定及投资项目的具体财务条件,以可作为偿还贷款的项目收益(利润、折旧、摊销费及其他收益)来偿还项目投资借款本金和利息所需要的时间

B.在实际工作中,借款偿还期可通过借款还本付息计算表推算,以年表示

C.借款偿还期满足贷款机构的要求期限时,即认为项目是有借款偿债能力的

D.借款偿还期指标适用于那些预先给定借款偿还期的项目,对于不预先给定借款偿还期的项目,应采用利息备付率和偿债备付率指标分析项目的偿债能力

【解】　D

▶ 3.4.2 利息备付率(ICR)

1)概念

利息备付率也称为已获利息倍数,是指在技术方案借款偿还期内各年可用于支付利息的息税前利润(EBIT)与当期应付利息(PI)的比值。其表达式为:

$$ICR = \frac{EBIT}{PI} \tag{3.24}$$

式中 EBIT——息税前利润,即利润总额与计入总成本费用的当期应付利息之和;

PI——计入总成本费用的当期应付利息。

2)判别准则

利息备付率应分年计算,它从利息资金来源的充裕性角度反映企业偿付债务利息的能力,表示企业使用息税前利润偿付利息的保证倍率。正常情况下利息备付率应大于1,并结合债权人的要求确定;否则,表示企业的付息能力保障程度不足。尤其是当利息备付率低于1时,表示企业没有足够资金支付利息,偿债风险很大。参考国际经验和国内行业的具体情况,根据我国企业历史数据统计分析,一般情况下,利息备付率不宜低于2,而且需要将该利息备付率指标与其他同类企业进行比较,来分析决定本企业的指标水平。

【例3.10】 下面关于利息备付率的说法,正确的是(　　)。

A.利息备付率也称为已获利息倍数,是指项目在借款偿还期内各年可用于支付利息的息税前利润与当期应付利息的比值

B.息税前利润是指利润总额与计入总成本费用的利息费用之和,即息税前利润=利润总额+计入总成本费用的利息费用

C.当期应付利息是指计入总成本费用的全部利息

D.利息备付率可以分年计算,也可以按整个借款期计算,但分年的利息备付率更能反映偿债能力

E.对于正常经营的项目,利息备付率应大于1;否则,表示项目的付息能力保障程度不足

【解】 ABCD

▶ 3.4.3 偿债备付率(DSCR)

1)概念

偿债备付率是指在技术方案借款偿还期内,各年可用于还本付息的资金($EBITDA-T_{AX}$)与当期应还本付息金额(PD)的比值。其表达式为:

$$DSCR = \frac{EBITDA - T_{AX}}{PD} \tag{3.25}$$

式中 EBITDA——企业息税前利润加折旧和摊销;

T_{AX}——企业所得税;

PD——当期应还本付息的金额,包括当期应还贷款本金额及计入总成本费用的全部利息。融资租赁费用可视同借款偿还;运营期内的短期借款本息也应纳入计算。

如果企业在运营期内有维持运营的投资,可用于还本付息的资金应扣除维持运营的投资。

2)判别准则

偿债备付率应分年计算,它表示企业可用于还本付息的资金偿还借款本息的保证倍率。正常情况下偿债备付率应大于1,并结合债权人的要求确定。当指标小于1时,表示企业当年资金来源不足以偿付当期债务,需要通过短期借款偿付已到期债务。参考国际经验和国内行业的具体情况,根据我国企业历史数据统计分析,一般情况下偿债备付率不宜低于1.3。

【例 3.11】　下面关于偿债备付率的说法,正确的是(　　)。

A.偿债备付率是指项目在借款偿还期内,各年可用于还本付息的资金与当期应还本付息金额的比值

B.可用于还本付息的资金包括可用于还款的折旧和摊销、成本中列支的利息费用、可用于还款的利润等

C.当期应还本付息的金额包括当期应还贷款本金额及计入总成本费用的全部利息。

D.偿债备付率从付息资金的充裕性角度反映项目偿付债务利息的能力,它表示使用项目息税前利润偿付利息的保证倍率

E.偿债备付率正常情况下应当大于1,且越高越好。当指标小于1时,表示当年资金不足以偿付当期债务,需要通过短期借款偿付已到期债务。

【解】　ABCE

▶　3.4.4　资产负债率

资产负债率是企业总负债与总资产之比,它既能反映企业利用债权人提供资金进行经营活动的能力,也能反映企业经营风险的程度,是综合反映企业偿债能力的重要指标。其计算公式为:

$$\text{资产负债率} = \frac{\text{总负债}}{\text{总资产}} \times 100\% \tag{3.26}$$

从企业债权人角度看,资产负债率越低,说明企业偿债能力越强,债权人的权益就越有保障。从企业所有者和经营者角度看,通常希望该指标高些,有利于利用财务杠杆增加所有者的获利能力。但资产负债率过高,企业财务风险也将增大。因此,一般来说,该指标为50%比较合适,有利于风险与收益的平衡。

【例 3.12】　A公司2017年度负债总额为1 060万元,资产总额为2 000万元,请计算其资产负债率。

【解】　$\text{资产负债率} = \frac{1\ 060}{2\ 000} \times 100\% = 53\%$

▶　3.4.5　流动比率

流动比率是企业流动资产与流动负债的比率,主要反映企业的偿债能力。其计算公

式为：

$$流动比率=\frac{流动资产}{流动负债} \tag{3.27}$$

生产性行业的流动比率平均值为2。行业平均值是一个参考值，并不是要求企业的财务指标必须维持在这个水平，但若数值偏离过大，则应注意分析企业的具体情况。如果流动比率过高，则要检查是否是资产结构不合理或是募集的长期资金没有尽快投入使用等原因；如果流动比率过低，企业近期可能会有财务方面的困难。偿债困难会使企业的风险加大，投资者和财务分析人员需要引起重视。

【例3.13】 A公司2017年年初与年末的流动资产分别为3 050万元、3 500万元，流动负债分别为1 100万元、1 500万元，请计算该公司的流动比率。

【解】 年初流动比率 = 3 050÷1 100 = 2.773

年末流动比率 = 3 500 ÷ 1 500 = 2.333

A公司年初、年末流动比率均大于2，说明该企业具有较强的短期偿债能力。

▶ 3.4.6 速动比率

速动比率是企业速动资产与流动负债的比率，主要反映企业对短期债务的偿付能力。

其中，速动资产是指能够迅速变现为货币资金的各类流动资产，通常有两种计算方法：一种方法是将流动资产中扣除存货后的资产统称为速动资产，即速动资产=流动资产-存货；另一种方法是将变现能力较强的货币资金、交易性金融资产、应收票据、应收账款和其他应收款等加总作为速动资产，即速动资产=货币资金+交易性金融资产+应收票据+应收账款+其他应收款。在企业不存在其他流动资产项目时，这两种方法的计算结果应一致；否则，用第二种方法要比第一种方法准确，但比第一种方法复杂。其计算公式为：

$$速动比率=\frac{速动资产}{流动负债} \tag{3.28}$$

由于速动资产的变现能力较强，因此，经验认为，速动比率为1就说明企业有偿债能力，低于1则说明企业偿债能力不强。该指标越低，企业的偿债能力越差。在企业的流动资产中，存货的流动性最小。在发生清偿事件时，存货蒙受的损失将大于其他流动资产。因此，一个企业不依靠出售库存资产来清偿债务的能力是非常重要的。

【例3.14】 某企业2017年12月底各货币资金项目余额是2 000元，应收票据10 000元，应付账款25 000元，应收账款40 000元，临时借款13 000元，应付票据8 000元，应交税金2 000元，求该企业的速动比率。

【解】 流动资产 = 2 000+10 000+40 000 = 52 000(元)

流动负债 = 25 000+13 000+8 000+2 000 = 48 000(元)

$$速动比率=\frac{52\ 000}{48\ 000}=1.08$$

本章小结

经济效果评价是工程经济分析的核心内容,其目的在于确保决策的正确性和科学性,避免或最大限度地减少工程项目投资风险,明确建设方案投资的经济效果水平,最大限度地提高工程项目投资的综合经济效益。通过本章的学习,应熟悉经济效果评价的内容和评价指标的分类,掌握工程项目经济效果评价的主要方法并会应用。

工程经济分析的任务是根据所考察工程的预期目标和所拥有的资源条件,分析该工程的现金流量情况,选择合适的技术方案,以获得最佳的经济效果。

所谓经济效果评价就是根据国民经济与社会发展以及行业、地区发展规划的要求,在拟订的技术方案、财务效益与费用估算的基础上,采用科学的分析方法,对技术方案的财务可行性和经济合理性进行分析论证,为选择技术方案提供科学的决策依据。经济效果评价的内容应根据技术方案的性质、目标、投资者、财务主体以及方案对经济与社会的影响程度等具体情况确定,一般包括盈利能力、偿债能力、财务生存能力等评价内容。

盈利能力是指分析和测算拟订技术方案计算期的盈利能力和盈利水平。

偿债能力是指分析和判断财务主体的偿债能力,其主要分析指标包括利息支付率、偿债备付率和资产负债率等。

财务生存能力分析也称为资金平衡分析,是根据拟订技术方案的财务计划现金流量表,通过考查拟订技术方案计算期内各年的投资、融资和经营活动所产生的各项现金流入和现金流出,计算净现金流量和累计盈余资金,分析技术方案是否有足够的净现金流量维持正常运营,以实现财务可持续性。

技术方案的计算期是指在经济效果评价中为进行动态分析所设定的期限,包括建设期和运营期。

投资收益率是衡量技术方案获利水平的评价指标,它是技术方案建成投产达到设计生产能力后一个正常生产年份的年净收益额与技术方案投资的比率。它表明技术方案在正常生产年份中,单位投资每年所创造的年净收益额。

投资回收期也称为返本期,是反映技术方案投资回收能力的重要指标,分为静态投资回收期和动态投资回收期。

基准收益率是企业或行业或投资者以动态的观点所确定的投资方案最低标准收益水平。

净现值(NPV)是反映技术方案在计算期内盈利能力的动态评价指标。

净年值(NAV)又称为等额年值或等额年金,是以基准收益率将项目计算期内的净现金流量等值换算而成的等额年值。

内部收益率(IRR):对常规技术方案,内部收益率的实质就是使技术方案在计算期内各年净现金流量的现值累计等于0时的折现率。

课后练习题

1.影响基准收益率的因素主要有哪些?

2.内部收益率的经济含义是什么?

3.某方案的现金流量如表3.5所示,基准收益率为15%,试计算:(1)投资回收期;(2)净现值NPV;(3)内部收益率。

表3.5 某方案的现金流量

年　份	0	1	2	3	4	5
现金流量/元	−2 000	450	550	650	700	800

4.某公司拟定一个15年规划,分3期建成,开始投资60 000元,5年后再投资50 000元,10年后再投资40 000元。每年的保养费:前5年每年1 500元,次5年每年2 500元,最后5年每年3 500元,15年年末残值为8 000元。试用8%的基准收益率计算该规划的费用现值和费用年值。

5.某投资方案初始投资为120万元,年营业收入为100万元,寿命期为6年,残值为10万元,年经营费用为50万元。试求该投资方案的内部收益率。

6.建一个临时仓库需8 000元,一旦拆除即毫无价值,假定仓库每年净收益为1 360元。

(1)使用8年时,其内部收益率为多少?

(2)若希望得到10%的收益率,则该仓库至少使用多少年才值得投资?

4 工程项目方案的比选

【教学要求】

知识要点	能力要求	相关知识
工程项目方案的类型	(1)了解工程项目之间的关系与类型 (2)了解工程项目比选的类型	(1)互斥方案 (2)独立方案 (3)混合方案
互斥方案的比选	(1)掌握寿命期相等的互斥方案的比选 (2)掌握寿命期不等的互斥方案的比选 (3)了解寿命期无限的互斥方案的比选	(1)差额净现值 (2)差额内部收益率 (3)差额投资回收期 (4)净年值法 (5)最小公倍数法 (6)研究期法
独立方案的比选	(1)了解无资源约束的独立方案的比选 (2)掌握有资源约束的独立方案的比选	(1)独立方案互斥化法 (2)净现值率排序法
混合方案的比选	掌握混合方案的比选方法	(1)独立方案下有若干个互斥方案 (2)互斥方案下有若干个独立方案

【关键术语】

互斥方案,独立方案,混合方案,差额净现值,差额内部收益率,差额投资回收期,净年值法,最小公倍数法,研究期法,独立方案互斥化法,净现值率排序法

4.1 工程项目方案的类型

多方案的选择与项目方案的类型及项目方案之间的相互关系有关。投资方案之间的关系不同,所采用的评价方法也会有所不同。

▶ 4.1.1 项目方案之间的关系与类型

1)互斥关系

互斥关系是指项目方案之间互不相容、互相排斥,采纳一组方案中的某一方案,必须放弃其他方案,即方案之间相互具有排他性。我们把这种具有互斥关系的方案称为互斥方案。互斥方案比选是工程经济评价工作的重要组成部分,也是寻求合理决策的必要手段。

方案的互斥性,使我们在若干技术方案中只能选择一个技术方案来实施。由于每一个技术方案都具有同等可供选择的机会,为使资金发挥最大效益,我们当然希望所选出的这一技术方案是若干备选方案中经济性最优的。因此,互斥方案经济评价包含两部分内容:一是考查各个技术方案自身的经济效果,即进行“绝对经济效果检验”;二是考查哪个技术方案相对经济效果最优,即进行“相对经济效果检验”。两种检验的目的和作用不同,通常缺一不可,从而确保所选技术方案不但最优而且可行。只有在众多互斥方案中必须选择其中之一时才可单独进行相对经济效果检验。需要注意的是,在进行相对经济效果检验时,不论使用哪种指标,都必须满足方案可比条件。

2)独立关系

独立关系是指方案在经济上互不相关,接受或放弃某个方案,并不影响其他方案的接受与否。这种经济上互不相关、具有独立关系的方案,称为独立方案。显然,单一方案是独立方案的特例。对独立方案的评价选择,其实质就是在“做”与“不做”之间进行选择。因此,独立方案在经济上是否可接受,取决于技术方案自身的经济性,即技术方案的经济指标是否达到或超过了预定的评价标准或水平。为此,只需通过计算技术方案的经济指标,并按照指标的判别准则加以检验就可做到。这种对技术方案自身的经济性的检验即上述绝对经济效果检验。若技术方案通过了绝对经济效果检验,就认为技术方案在经济上是可行的、可以接受的、值得投资的;否则,应予以拒绝。

3)混合关系

在一组方案内,各个方案之间既有独立关系,又有互斥关系,则把这种关系称为混合关系。我们把这种具有混合关系的方案称为混合方案。

▶ 4.1.2 项目方案比选的类型

1)局部比选和整体比选

按比选范围划分,项目方案比选可分为局部比选和整体比选。局部比选仅就各备选方案的不同因素或部分重要因素进行局部对比;整体比选是按各备选方案所含的因素(相同因素和不同因素)进行定量和定性的全面对比。

局部比选通常相对容易,操作简单,而且容易提高比选结果差异的显著性。如果备选方案在许多方面都有差异,采用局部比选的方法工作量大,而且每个局部比选结果之间出现交叉优势,其比选结果多样性,难以提供决策,这时应采用整体比选方法。

2)综合比选和专项比选

按形式划分,项目方案比选可分为综合比选和专项比选。方案比选贯穿于可行性研究全过程,一般项目方案比选是选择两个或三个备选方案进行整体的综合比选,从中选出最优方案作为推荐方案。在实际过程中,往往伴随着项目的具体情况,有必要进行局部的专项方案比选,如产品规模的确定、技术路线的选择、厂址比较等。

3)定性比选和定量比选

按内容划分,项目方案比选可分为定性比选和定量比选。定性比选较适合于方案比选的初级阶段,在一些比选因素较为直观且不复杂的情况下,定性比选简单易操作。如在厂址方案比选中,环保政策允许性等可能一票否决,没有必要比较下去,定性比选能满足比选要求。在较为复杂系统方案比选工作中,一般先经过定性比选,如果很难直观判断各个方案的优劣,再通过定量比选,论证其经济效益的大小,据以判别方案的优劣。有时,需要定性比选与定量比选相结合来判别方案的优劣。

4.2 互斥方案的比选

4.2.1 寿命期相等的互斥方案的比选

寿命期相等的互斥方案的比选,通常假定计算期为其寿命期,这样能满足时间上的可比性。寿命期相等的互斥方案的比选方法有净现值法、净年值法和内部收益率法,这些方法的具体计算可参照第 3 章。这里介绍一种增量分析法。

1)增量分析法

寿命期相等的互斥方案可分为投资额相等的互斥方案和投资额不等的互斥方案。对于投资额相等的互斥方案,只需要直接比较其收益和费用。投资额不等的互斥方案比选的实质是,看投资大的方案相对于投资小的方案所多投入的资金(增量投资)能否带来满意的增量收益。如果增量投资能够带来满意的增量收益,则投资大的方案更优;反之,则投资小的方案更优。

增量分析法是用投资大的方案减去投资小的方案,形成常规投资的增量现金流,应用增量分析指标考查其经济效果。设有 A、B 两个方案,其投资额分别为 K_1、K_2,现金流出分别为 C_1、C_2,且 $K_1<K_2$、$C_1>C_2$,则 A、B 两方案的增量现金流量图如图 4.1 所示。

2)增量分析指标

(1)差额净现值

①概念。对于寿命期相等的互斥方案,各方案间的差额现金流量按一定的基准收益率计

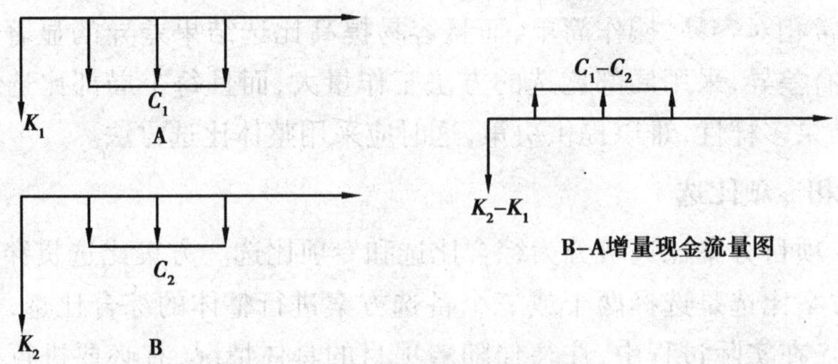

图 4.1 增量现金流量图

算的累计折现值即为差额净现值。

②计算。设 A、B 为投资额不等的互斥方案,A 方案的投资额比 B 方案大,则两方案的差额净现值为:

$$\begin{aligned}\Delta NPV &= \sum_{t=0}^{n}[(CI_A - CO_A)_t - (CI_B - CO_B)_t](1+i_0)^{-t} \\ &= \sum_{t=0}^{n}(CI_A - CO_A)_t(1+i_0)^{-t} - \sum_{t=0}^{n}(CI_B - CO_B)_t(1+i_0)^{-t} \\ &= NPV_A - NPV_B\end{aligned} \tag{4.1}$$

由式(4.1)可知,差额净现值等于净现值的差。

用差额净现值比选方案的判别准则是:若 $\Delta NPV \geqslant 0$,则表明增加的投资在经济上是合理的,即投资大的方案优于投资小的方案;若 $\Delta NPV<0$,则表明投资小的方案较经济。

值得注意的是,差额净现值只能用来检验差额投资的经济效果。差额净现值大于零,只说明增加的部分是合理的,并不表明全部投资是合理的,因此,首先要保证参与比较的方案都是可行的。

如果是对 3 个或 3 个以上的方案进行比选,可先将诸方案按投资额由小到大排列,然后从小到大进行比较,每比较一次淘汰一个方案。为保证所选方案的绝对经济效果是可行的,一般增设一个基础方案,该基础方案为不投资方案。将基础方案与投资额最小的方案进行比较,计算差额净现值,若结果大于零,就选择投资大的方案作为下一步比较的基础方案;若结果小于零,就选择投资小的方案作为下一步比较的基础方案。以此类推,直到比选完所有的方案,最后保留的方案即为最优方案。

【例 4.1】 某公司考虑如表 4.1 所示 3 个相互排斥的投资方案,3 个方案的寿命期均为 5 年,请选择最佳方案。基准收益率为 7%。

表 4.1 3 个方案的现金流量表

方　案	A	B	C
初始投资/万元	7 000	5 000	8 500
年收益/万元	1 940	1 320	2 300

【解】 增加一个基础方案 M,并按投资额由小到大排序,如表 4.2 所示。

表 4.2　方案的现金流量表

方　案	初始投资/万元	年收益/万元
M	0	0
B	5 000	1 320
A	7 000	1 940
C	8 500	2 300

$$NPV_{B-M}=-5\ 000+1\ 320(P/A,7\%,5)=412.26(\text{万元})$$

由于 $NPV_{B-M}>0$,说明方案 B 优于方案 M,所以 B 为暂时最优方案。

$$NPV_{A-B}=-2\ 000+620(P/A,7\%,5)=542.12(\text{万元})$$

由于 $NPV_{A-B}>0$,说明方案 A 优于方案 B,所以 A 为暂时最优方案。

$$NPV_{C-A}=-1\ 500+360(P/A,7\%,5)=-23.93(\text{万元})$$

由于 $NPV_{C-A}<0$,说明方案 A 优于方案 B,所以 A 为最优方案。

根据以上计算,方案 A 为最优方案。

如果用净现值法来计算该题可以得到同样的结论。

$$NPV_A=-7\ 000+1\ 940(P/A,7\%,5)=954.39(\text{万元})$$

$$NPV_B=-5\ 000+1\ 320(P/A,7\%,5)=412.26(\text{万元})$$

$$NPV_C=-8\ 500+2\ 300(P/A,7\%,5)=930.46(\text{万元})$$

因为 $NPV_A>NPV_C>NPV_B>0$,所以 A 方案最优。

从上例可以看出,当有多个互斥方案比选时,用差额净现值法比选的结果和净现值最大准则是一致的。因此,用净现值比选互斥方案时,其判别准则可以表述为:净现值最大且非负的方案为最优方案。

(2)差额内部收益率

①概念。差额内部收益率是指进行比选的两个互斥方案的差额净现值等于零时的折现率。由于差额净现值等于净现值的差,差额内部收益率也即两互斥方案净现值相等时的折现率。

②计算。差额内部收益率的表达式为:

$$\sum_{t=0}^{n}(\Delta CI-\Delta CO)_t(1+\Delta IRR)^{-t}=0 \tag{4.2}$$

式中,设 A、B 为投资额不等的互斥方案,A 方案的投资额比 B 方案大,ΔCI 为 A、B 方案的差额现金流入,$\Delta CI=CI_A-CI_B$;ΔCO 为 A、B 方案的差额现金流出,$\Delta CO=CO_A-CO_B$;ΔIRR 为差额内部收益率。

用差额内部收益率比选方案的判别准则是:若 $\Delta IRR\geqslant i_c$,则投资大的方案较优;若 $\Delta IRR<i_c$,则投资小的方案较优。

差额内部收益率的几何意义可以在图 4.2 中得到解释。由图 4.2 可知,A、B 两方案的净现值函数曲线相交于 a 点,此时差额净现值等于零。因此,差额内部收益率是两互斥方案的净现值曲线相交时对应的折现率。

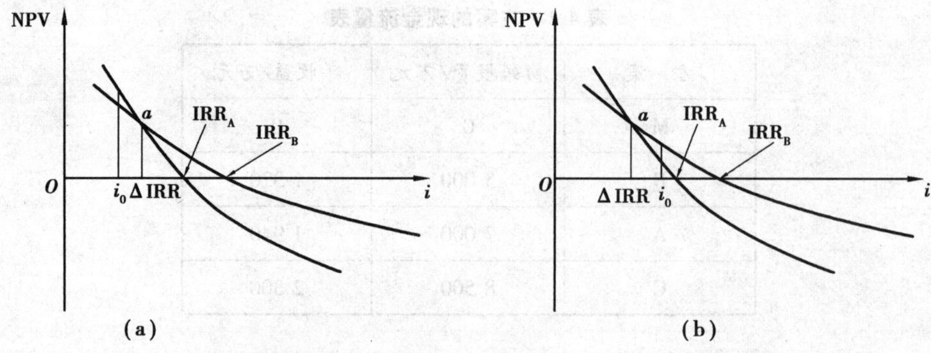

图 4.2 差额内部收益率的几何意义

根据定义,a 点对应的折现率即为两方案的差额内部收益率 ΔIRR。图 4.2(a)中,当 $\Delta IRR>i_c$ 时,$NPV_A>NPV_B$,方案 A 优于方案 B;图 4.2(b)中,当 $\Delta IRR<i_c$ 时,$NPV_A<NPV_B$,方案 B 优于方案 A。由此可见,用差额内部收益率和净现值比选方案的结论是一致的。

在互斥方案比较时,净现值最大准则是合理的。内部收益率最大准则,只有在基准收益率大于被比较的两方案的差额内部收益率的前提下才成立。

差额内部收益率只能说明增加投资部分的经济性,并不能说明全部投资的绝对效果。

【例 4.2】 有两个互斥方案甲、乙,寿命期均为 10 年,各自的现金流量如表 4.3 所示。试用差额内部收益率选择最佳方案。假定基准收益率为 10%。

表 4.3 互斥方案的现金流量表 单位:万元

年 份		0	1~10
方案	甲	-40	12
	乙	-58	15

【解】 第 1 步,计算 NPV,判别可行性。

$$NPV_{甲} = -40 + 12(P/A,10\%,10) = 33.74(万元)$$

$$NPV_{乙} = -58 + 15(P/A,10\%,10) = 34.17(万元)$$

$NPV_{甲}$ 和 $NPV_{乙}$ 均大于零,所以方案甲、乙均可行。

第 2 步,计算差额内部收益率,比选最优可行方案。

设 $i_1=10\%$,$i_2=12\%$。

$$\Delta NPV(i_1) = -18 + 3(P/A,10\%,10) = 0.43(万元)$$

$$\Delta NPV(i_2) = -18 + 3(P/A,12\%,10) = -1.05(万元)$$

$$\Delta IRR = i_1 + \frac{\Delta NPV_{i_1}}{\Delta NPV_{i_1} + |\Delta NPV_{i_2}|}(i_2 - i_1)$$

$$= 10\% + \frac{0.43}{0.43 + |-1.05|} \times (12\% - 10\%) = 10.58\%$$

因为 $\Delta IRR>i_c$,所以投资大的乙方案为最优方案。

【例 4.3】 3 个互斥方案的现金流量如表 4.4 所示,设基准收益率为 15%,试用差额内部收益率法选择最优方案。

表 4.4 互斥方案的现金流量表

方 案	初始投资/万元	年净收益/万元	寿命期/年
A_0	0	0	0
A_1	−10 000	2 800	10
A_2	−16 000	3 800	10
A_3	−20 000	5 000	10

【解】 第 1 步,按初始投资额递增顺序排列,见表 4.4。A_0 为不投资方案。

第 2 步,选择初始投资最小的方案 A_0 为暂时最优方案,作为比较的基准。

第 3 步,把暂时最优方案 A_0 与下一方案 A_1 进行比较,计算它们的差额现金流量,并求出差额内部收益率。

$P/A=10\ 000/2\ 800\approx3.57$

经查表,$(P/A,25\%,10)=3.570\ 5>3.57$,$(P/A,28\%,10)=3.268\ 9<3.57$。

故设 $i_1=25\%$,$i_2=28\%$。则

$\Delta \mathrm{NPV}_{A1-A0}(25\%)=-10\ 000+2\ 800(P/A,25\%,10)=-10\ 000+2\ 800\times3.570\ 5=-2.6$(万元)<0

舍弃 28%,重新设定 $i_1=22\%$,$i_2=25\%$。则

$\Delta \mathrm{NPV}_{A1-A0}(22\%)=-10\ 000+2\ 800(P/A,22\%,10)=-10\ 000+2\ 800\times3.923\ 2=984.96$(万元)>0

$$\begin{aligned}\Delta \mathrm{IRR}_{A_1-A_0}&=i_1+\frac{\Delta \mathrm{NPV}_{A_1-A_0}(i_1)}{\Delta \mathrm{NPV}_{A_1-A_0}(i_1)+|\Delta \mathrm{NPV}_{A_1-A_0}(i_2)|}(i_2-i_1)\\&=22\%+\frac{984.96}{984.96+|-2.6|}\times(25\%-22\%)\\&\approx24.99\%\end{aligned}$$

$\Delta \mathrm{IRR}_{A_1-A_0}>i_c$,所以选择 A_1 方案。

第 4 步,重复上面的步骤,把方案 A_1 与下一个初始投资较高的方案 A_2 进行比较,计算差额内部收益 $\Delta \mathrm{IRR}_{A_2-A_1}=10.5\%$。$\Delta \mathrm{IRR}_{A_2-A_1}<15\%$,所以淘汰方案 A_2。仍把方案 A_1 作为暂时最优方案进行比较。

将 A_1 方案与 A_3 进行方案比较,计算差额内部收益率 $\Delta \mathrm{IRR}_{A_3-A_1}=17.65\%$。由于 $\Delta \mathrm{IRR}_{A_3-A_1}>15\%$,所以方案 A_3 优于方案 A_1。

因此,A_3 是 3 个方案中的最优方案。

(3)差额投资回收期

①概念。差额投资回收期是指在不计利息的条件下,一个方案比另一个方案多支出的投资,用年经营成本的节约额(或用年净收益的差额)逐年回收所需要的时间,也称为追加投资回收期。

差额投资回收期主要适用于只有年经营成本和期初投资的互斥型方案比选。

②计算。设方案 1 和方案 2 的投资 $K_2>K_1$、经营成本 $C_1>C_2$(或净收益 $NB_2>NB_1$)。

当两方案产量相等即 $Q_1=Q_2$ 时,其差额投资回收期 P_a 为:

$$P_a=\frac{\Delta K}{\Delta C}=\frac{K_2-K_1}{C_1-C_2} \tag{4.3}$$

或者

$$P_a=\frac{\Delta K}{\Delta \mathrm{NB}}=\frac{K_2-K_1}{\mathrm{NB}_2-\mathrm{NB}_1} \tag{4.4}$$

当两方案产量不相同即 $Q_1\neq Q_2$ 时,若 $\frac{K_2}{Q_2}>\frac{K_1}{Q_1},\frac{C_2}{Q_2}<\frac{C_1}{Q_1}$ 或 $\left(\frac{\mathrm{NB}_2}{Q_2}>\frac{\mathrm{NB}_1}{Q_1}\right)$,则差额投资回收期为:

$$P_a=\frac{\frac{K_2}{Q_2}-\frac{K_1}{Q_1}}{\frac{C_1}{Q_1}-\frac{C_2}{Q_2}} \tag{4.5}$$

或者

$$P_a=\frac{\frac{K_2}{Q_2}-\frac{K_1}{Q_1}}{\frac{\mathrm{NB}_2}{Q_2}-\frac{\mathrm{NB}_1}{Q_1}} \tag{4.6}$$

当 $P_a\leqslant P_c$(基准投资回收期)时,说明增加的投资在经济上是合理的,投资大的方案为优;当 $P_a>P_c$ 时,说明增加的投资在经济上不合理,投资小的方案为优。

【例4.4】 有两个投资方案A和B,A方案投资100万元,年净收益12万元,年产量1 000件;B方案投资160万元,年净收益20万元,年产量1 200件。设基准投资回收期为10年。问:(1)A、B两方案是否可行?(2)哪个方案较优?

【解】 第1步,判别A、B两方案的可行性。

$P_{tA}=\frac{100}{12}=8.3<10,P_{tB}=\frac{160}{20}=8<10$,A、B两方案在经济上是可行的。

第2步,判别方案的优劣。

$$P_a=\frac{\frac{K_B}{Q_B}-\frac{K_A}{Q_A}}{\frac{\mathrm{NB}_B}{Q_B}-\frac{\mathrm{NB}_A}{Q_A}}=\frac{\frac{160}{1\ 200}-\frac{100}{1\ 000}}{\frac{20}{1\ 200}-\frac{12}{1\ 000}}=7.14<10$$

由于差额投资回收期 $P_a<P_c$,所以B方案较优。

► 4.2.2 寿命期不等的互斥方案的比选

对于寿命期不等的互斥方案,为了满足时间上可比的要求,就需要对各备选方案的计算期和计算公式进行适当处理,使各方案在相同的条件下进行比较,才能得出合理的结论。为满足时间可比,需要假定一个共同的计算期,当项目方案的寿命期等于计算期时,直接计算经济指标;当项目方案的寿命期大于计算期时,就需要将方案在计算期内续接,通常的做法是让项目方案在计算期内以同样规模重复投资多次;当项目方案的寿命期小于计算期时,就需要选择合适的残值假定。

常用的方法有净年值法、最小公倍数法和研究期法。

1)净年值法

净年值法是对寿命期不等的互斥方案进行比选时用到的一种最简明的方法。用净年值法计算寿命期不等的方案时,由于方案重复寿命期的现金流量,无论重复多少次,其年值不变,因此只需计算一个寿命期的年值,便可进行方案的比较。

【例 4.5】 某公司拟从现有的两种施工机械中选择一种用于施工,设基准收益率为 15%,现有设备数据如表 4.5 所示,试进行设备选择。

表 4.5 方案的现金流量表

设备	投资/元	年现金流入/元	年经营成本/元	残值/元	寿命期/年
A	11 000	7 000	3 500	1 000	6
B	18 000	7 000	3 100	2 000	9

【解】 计算每个方案的净年值。

$$NAV_A = -11\ 000(A/P,15\%,6) + 7\ 000 - 3\ 500 + 1\ 000(A/F,15\%,6) = 708(\text{元})$$

$$NAV_B = -18\ 000(A/P,15\%,9) + 7\ 000 - 3\ 100 + 2\ 000(A/F,15\%,9) = 246.4(\text{元})$$

由于 NAV_A 和 NAV_B 均大于零,所以 A、B 两方案可行。又 $NAV_A > NAV_B$,故方案 A 优于方案 B。

2)最小公倍数法

最小公倍数法是将各技术方案寿命期的最小公倍数作为比选的分析期,在此分析期内,各方案分别以同样规模重复投资多次,然后计算各方案在分析期内的净现值,用分析期内的净现值比选方案。

【例 4.6】 A、B 两种设备生产同样的产品,这两种设备的有关数据见表 4.6,已知基准收益率为 10%,试用最小公倍数法选择最优方案。

表 4.6 A、B 设备的现金流量表

方案	初始投资/万元	年净收益/万元	净残值/元	寿命期/年
A	2	1.2	0	10
B	2.5	1.5	0	8

【解】 方案 A 的寿命期为 10 年,方案 B 的寿命期为 8 年,则其最小公倍数为 40 年。在这期间,A 方案重复实施 4 次,B 方案重复实施 5 次,两方案重复后的现金流量图如图 4.3 所示。

$$\begin{aligned} NPV_A &= -2 - 2(P/F,10\%,10) - 2(P/F,10\%,20) - \\ &\quad 2(P/F,10\%,30) + 1.2(P/A,10\%,40) \\ &= 8.55(\text{万元}) \end{aligned}$$

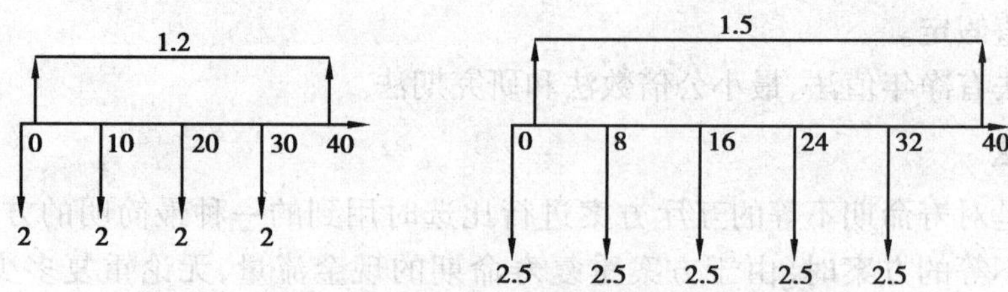

图 4.3　现金流量示意图

$$NPV_B = -2.5 - 2.5(P/F,10\%,8) - 2.5(P/F,10\%,16) - 2.5(P/F,10\%,24) - 2.5(P/F,10\%,32) + 1.5(P/A,10\%,40) = 10.09(\text{万元})$$

由于 $NPV_A < NPV_B$，故方案 B 优于方案 A。

3)研究期法

所谓研究期法，就是针对寿命期不等的互斥方案，直接选取一个适当的分析期作为各个方案共同的计算期，通过比较各方案在该计算期内的净现值来对方案进行比选，以净现值最大的方案为最佳方案。

该方法假定在研究期末处理掉所有资产，因此必须估计残值。

【例 4.7】　有 A、B 两个互斥方案，有关数据如表 4.7 所示。若已知基准收益率为 10%，试用研究期法进行比选。

表 4.7　A、B 方案的现金流量表

方　案	初始投资/万元	各年净收益/万元	寿命期/年
A	100	40	4
B	200	53	6

【解】　以 A、B 两方案中较短的寿命期(4 年)为研究期，分别计算共同的计算期内 A、B 两方案的净现值。

$$NPV_A = -100 + 40(P/A,10\%,4) = 26.80(\text{万元})$$

$$NPV_B = [-200 + 53(P/A,10\%,4)] \times (A/P,10\%,6) \times (P/A,10\%,4) = 22.44(\text{万元})$$

因为 $NPV_A > NPV_B$，所以 A 方案优于 B 方案。

▶　4.2.3　寿命期无限的互斥方案的比选

对于寿命期大于 50 年的方案，均可认为是寿命期无限长的方案。对寿命期无限长的方案的比选可采用现值法或年值法。假设方案 A 为寿命期无限的方案，年值为 A，现值为 P，则现值与年值的关系为：

$$P = \lim_{n\to\infty} A(P/A,i,n) = \lim_{n\to\infty} A\frac{(1+i)^n - 1}{i(1+i)^n}$$

$$= \lim_{n \to \infty} A \frac{1 - \frac{1}{(1+i)^n}}{i} = \frac{A}{i} \tag{4.7}$$

寿命期无限的方案，其年值和现值的计算方法为 $P=A/i$ 或 $A=Pi$。多个寿命期无限的互斥方案比选，净现值或净年值最大且非负的方案为最优可行方案。

【例 4.8】　某桥梁工程，初步拟订两个结构类型方案供备选。A 方案为钢筋混凝土结构，初始投资 1 500 万元，年维护费为 10 万元，每 5 年大修一次费用为 100 万元；B 方案为钢结构，初始投资 2 000 万元，年维护费为 5 万元，每 10 年大修一次费用为 100 万元。假设基准收益率为 5%，哪一个方案更经济？

【解】　A、B 两方案的费用现值为：

$$PC_A = 1\,500 + 10/5\% + 100(A/F,5\%,5)/5\% = 2\,062(\text{万元})$$

$$PC_B = 2\,000 + 5/5\% + 100(A/F,5\%,10)/5\% = 2\,259(\text{万元})$$

由于 $PC_A<PC_B$，故 A 方案更经济。

如果用费用年值法来计算该题，可以得到同样的结论。

$$AC_A = 1\,500 \times 5\% + 10 + 100(A/F,5\%,5) = 103.10(\text{万元})$$

$$AC_B = 2\,000 \times 5\% + 5 + 100(A/F,5\%,10) = 112.95(\text{万元})$$

由于 $AC_A<AC_B$，故 A 方案更经济。

4.3　独立方案与混合方案的比选

▶ 4.3.1　独立方案的比选

独立方案一般分为两种情况：一种是无资源约束的独立方案，一种是有资源约束的独立方案。

1）无资源约束的独立方案的比选

如果运行方案所需的资源没有限制，这种类型的方案称为完全独立方案。完全独立方案的采用与否，取决于方案自身的经济性。因此，多个独立方案的比选与单一方案的评价方法相同。

【例 4.9】　某个大型投资项目有 6 个可供选择的方案，假设每个方案均无残值，投资人有足够的资本，且各方案是独立的，计算期为 10 年。各方案的数据如表 4.8 所示，基准收益率为 10%，应该选择哪些方案？

表 4.8　独立方案的现金流量表

方　案	A	B	C	D	E	F
初始投资/元	80 000	40 000	10 000	30 000	15 000	90 000
年净收益/元	11 000	8 000	2 000	7 150	2 500	14 000

【解】 本例为无资源约束的独立方案的比选，因此与单一方案的评价方法相同，可用净现值、净年值、内部收益率等方法来比选。下面以净现值为例：

$$NPV_A = -80\ 000 + 11\ 000(P/A,10\%,10) = -12\ 409.4(\text{元})$$
$$NPV_B = -40\ 000 + 8\ 000(P/A,10\%,10) = 9\ 156.8(\text{元})$$
$$NPV_C = -10\ 000 + 2\ 000(P/A,10\%,10) = 2\ 289.2(\text{元})$$
$$NPV_D = -30\ 000 + 7\ 150(P/A,10\%,10) = 13\ 933.89(\text{元})$$
$$NPV_E = -15\ 000 + 2\ 500(P/A,10\%,10) = 361.5(\text{元})$$
$$NPV_F = -90\ 000 + 14\ 000(P/A,10\%,10) = -3\ 975.6(\text{元})$$

由于 $NPV_A<0$，$NPV_B>0$，$NPV_C>0$，$NPV_D>0$，$NPV_E>0$，$NPV_F<0$，故 B、C、D、E 方案均可行，所以可选方案为 B、C、D、E。

2）有资源约束的独立方案的比选

在大多数情况下资源总是有限的，因而不能实施所有可行方案，这些约束条件意味着接受某几个方案的同时必须放弃另一些方案，这样就使之具有了互斥关系。这时问题的实质是排列方案的优先次序，使净收益大的方案优先采纳，以求取得最大的经济效益。在资源有限的情况下进行独立方案的选择通常有两种方法，即独立方案互斥化法和净现值率排序法。

（1）独立方案互斥化法

独立方案互斥化法是指在资金限制的情况下，将相互独立的方案组合成总投资额不超过投资限额的组合方案，这样各个组合方案之间的关系就变成了互斥关系，然后利用互斥方案的比选方法，如净现值法等，对方案进行比选，选择出最佳方案。

【例 4.10】 某公司有一组投资项目（见表 4.9），受资金总额的限制，只能选择其中部分方案。设资金总额为 800 万元，基准收益率为 10%。求最优的投资组合（方案数 $m=3$）。

表 4.9 独立方案的现金流量表

方　案	初始投资/万元	年净收入/万元	寿命期/年
A	300	50	10
B	400	70	10
C	500	85	10

【解】 A、B、C 3 个方案的净现值都大于零，从自身的经济性来看都是可行的。但由于 3 个方案的总投资合计为 1 200 万元，超过了投资限额 800 万元，因此 3 个方案不能同时实施。

第 1 步，列出全部相互排斥的组合方案（$N=2^m-1$）；

第 2 步，在所有组合方案中除去不满足约束条件的组合，并且按投资额从小到大的顺序排序；

第 3 步，用净现值、差额内部收益率等方法选择最佳组合方案。

表 4.10　组合方案的现金流量和净现值

序　号	方案组合	初始投资/万元	年净收入/万元	净现值/万元	决　策
1	A	300	50	7.23	
2	B	400	70	30.12	
3	C	500	85	22.29	
4	A+B	700	120	37.35	最佳
5	A+C	800	135	29.52	
6	B+C	900	155		不满足约束
7	A+B+C	1 200	205		不满足约束

由表 4.10 可知,A+B 为最佳组合方案。

(2)净现值率排序法

所谓净现值率排序法,是指将净现值率大于或等于零的各个方案按净现值率的大小依次排序,并依此次序选取方案,直至所选取的方案组合的投资总额最大限度地接近或等于投资限额为止。其目标是单位投资的净现值最大,在一定的投资限额内获得的净现值也最大。

【例 4.11】　有 8 个可供选择的独立方案,各方案初始投资及各年净收入如表 4.11 所示。资金预算为 1 400 万元,基准收益率为 12%。按净现值率排序法对方案作出选择。

表 4.11　8 个投资方案的现金流量

方　案	初始投资/万元	第 1~10 年净收入/万元
A	240	44
B	280	50
C	200	36
D	300	56
E	160	34
F	240	50
G	220	44
H	180	30

【解】　计算各方案的净现值及净现值率,如表 4.12 所示。

表 4.12　8 个方案的净现值率及排序

方　案	净现值/万元	净现值率	按净现值率排序
A	8.61	0.036	5

续表

方　案	净现值/万元	净现值率	按净现值率排序
B	2.51	0.009	7
C	3.41	0.017	6
D	16.41	0.055	4
E	32.11	0.201	1
F	42.51	0.177	2
G	28.61	0.130	3
H	−10.49	−0.058	8

由表 4.12 可知，方案 H 的净现值率小于零，方案不可行。其余方案的优先顺序为 E、F、G、D、A、C、B，当资金预算为 1 400 万元时，最佳投资组合为 E、F、G、D、A、C。

由于项目的不可分性，净现值率排序法不能保证现有资金被充分利用，不一定能达到效益最大化。在下列情况下，用净现值率排序法能得到接近或达到净现值最大目标的方案群：各方案投资占总预算的比例很小；各方案投资额相差无几；各入选方案投资累加与投资预算限额相差无几。

在对具有资金限制的独立方案进行比选时，独立方案互斥化法和净现值率排序法各有其优劣。净现值率排序法的优点是计算简便，选择方法简明扼要；缺点是由于投资方案的不可分性，经常会出现资金没有被充分利用的情况，因而不一定能保证获得最佳组合方案。而独立方案互斥化法的优点是在各种情况下均能保证获得最佳组合方案；缺点是在方案数目较多时，其计算比较烦琐。因此，在实际应用中，应该综合考虑各种因素，选用适当的方法进行方案比较。

▶ 4.3.2　混合方案的比选

在方案群内包括的各个方案之间既有独立关系，又有互斥关系，这时就构成了混合方案。混合方案的结构类型不同，选择方法也不一样，通常有两种情形：一是在一组独立方案中，每个独立方案下又有若干个互斥方案的情形；二是在一组互斥方案中，每个互斥方案下又有若干个独立方案的情形。

1）在一组独立方案中，每个独立方案下又有若干个互斥方案的情形

这种结构类型的混合方案采用方案组合法进行比选，其基本方法与过程和独立方案是相同的。如果有 m 个相互独立的方案，第 j 个独立方案下有 n_j 个互斥方案，则这一组混合方案可以组合成互斥的组合方案数目为：

$$N = \prod_{j=1}^{m} (n_j + 1) = (n_1 + 1)(n_2 + 1)\cdots(n_m + 1) \tag{4.8}$$

例如，A、B 两方案是相互独立的，A 方案下有 3 个互斥方案 A_1、A_2、A_3，B 方案下有 2 个互斥方案 B_1、B_2，则可以形成 12 个组合方案，具体如表 4.13 所示。

表 4.13 所有方案组合

序号	组合方案					方案组合
	A			B		
	A_1	A_2	A_3	B_1	B_2	
1	0	0	0	0	0	0
2	1	0	0	0	0	A_1
3	0	1	0	0	0	A_2
4	0	0	1	0	0	A_3
5	0	0	0	1	0	B_1
6	0	0	0	0	1	B_2
7	1	0	0	1	0	A_1+B_1
8	1	0	0	0	1	A_1+B_2
9	0	1	0	1	0	A_2+B_1
10	0	1	0	0	1	A_2+B_2
11	0	0	1	1	0	A_3+B_1
12	0	0	1	0	1	A_3+B_2

表 4.13 中所有组合方案形成互斥关系，按互斥方案的比选方法来确定最优组合方案，最优组合方案中被组合的方案即为该混合方案的最佳选择。

2）在一组互斥方案中，每个互斥方案下又有若干个独立方案的情形

这种结构类型的混合方案的比选，先分别对各组独立方案按独立方案选择方法确定各自的最优方案组合，然后再按互斥方案的比选方法确定最优方案。

例如，C、D 为互斥方案，C 方案下有 3 个独立方案 C_1、C_2、C_3，D 方案下有 4 个独立方案 D_1、D_2、D_3、D_4。C、D 方案是互斥的，最终的选择将只会是其中之一，因此 C_1、C_2、C_3 选择与 D_1、D_2、D_3、D_4 选择互相没有制约，可分别对这两组独立方案按独立方案比选方法确定最优组合方案，然后再按互斥方案的比选方法确定选择哪一个组合方案。假如，C 方案的最优组合方案是 C_1+C_2，D 方案的最优组合方案是 $D_1+D_2+D_3$，而 C、D 两个方案按互斥方案比选方法选择的结果是 D 方案，则该组混合方案的最佳选择是 D_1、D_2 和 D_3。

【例 4.12】 某企业下属的 A、B 两个分厂提出了如表 4.14 所示的技术改造方案。各分厂之间是相互独立的，而各分厂内部的技术改造方案是互斥的。若各方案的寿命期均为 8 年，基准收益率为 15%。试问：当企业的投资限额为 600 万元时，最有利的选择是什么？

表 4.14　各方案的现金流量表　　单位:万元

分　厂	投资方案	初始投资	年净收益
A	A_1	100	40
	A_2	200	70
	A_3	300	90
B	B_1	200	85
	B_2	300	110
	B_3	400	150

【解】　该混合方案为每个独立方案下又有若干个互斥方案的情形,可形成 16 个组合方案,如表 4.15 所示。

表 4.15　所有方案组合　　单位:万元

序　号	方案组合	初始投资	年净收益	净现值
1	0	0	0	0
2	A_1	100	40	79.49
3	A_2	200	70	114.11
4	A_3	300	90	103.86
5	B_1	200	85	181.42
6	B_2	300	110	193.60
7	B_3	400	150	273.10
8	A_1+B_1	300	125	260.91
9	A_1+B_2	400	150	273.10
10	A_1+B_3	500	190	352.59
11	A_2+B_1	400	155	295.53
12	A_2+B_2	500	180	307.71
13	A_2+B_3	600	220	387.21
14	A_3+B_1	500	175	285.28
15	A_3+B_2	600	200	297.46
16	A_3+B_3	700	240	不满足约束

从表4.15可知,净现值最大且非负的方案组合为A_2+B_3,故应选择方案A_2和B_3。

本章小结

本章主要介绍了投资方案之间的比较和选择问题,从互斥方案、独立方案和混合方案的关系出发,介绍了各种类型方案常见的比选方法。

互斥方案是指在方案群中,接受或采纳某一方案,将放弃其余的方案,即各方案之间存在排斥性,只允许采纳其一。互斥方案又分为寿命期相等的互斥方案、寿命期不等的互斥方案和寿命期无限的互斥方案。寿命期相等的互斥方案的比选方法有差额净现值法、差额内部收益率法和差额投资回收期法等。寿命期不等的互斥方案的比选方法有净年值法、最小公倍数法和研究期法等。

独立方案是指在方案群中,各方案之间彼此相互独立,互不排斥,某一方案的可行与否并不影响其他方案的采纳。独立方案一般分为两种情况:一种是无资源约束的独立方案,一种是有资源约束的独立方案。无资源约束的独立方案的比选方法和单一方案的评价方法相同。有资源约束的独立方案的比选通常有两种方法,即独立方案互斥化法和净现值率排序法。

混合方案是指方案互相之间既有互相独立关系又有互相排斥关系的一组方案。

课后练习题

1.有两个互斥方案A、B,寿命期均为6年,各自的现金流量如表4.16所示。假定基准收益率为10%,试选择最优方案。

表4.16　方案A、B的现金流量表　　单位:万元

方　案	0	1~6年
A	-160	45
B	-240	65

2.为了满足运输需要,可在两地间建一条公路或架一座桥梁,也可既建公路又架桥梁。3种方案的现金流量如表4.17所示。基准收益率为10%,试用差额内部收益率选择最佳方案。

表4.17　3种方案的现金流量表　　单位:万元

方　案	0	1~10年
建公路A	-200	35
架桥梁B	-100	15
建公路和架桥梁C	-300	52

3.某制造商为了生产一种新产品需要一台专有设备,这种设备有手动和半自动两种类型,各自相关的数据如表4.18所示。试问应该选哪一种类型的设备?已知基准收益率为10%,试用最小公倍数法和净年值法比选方案。

表4.18　两种方案的现金流量表　　单位:元

方　案	初期投资	年经营成本	净残值	寿命期
手动	6 000	7 000	0	10
半自动	14 400	4 000	2 000	6

4.某施工企业在某工地施工,根据有关部门提供的资料:本工地施工期限为3年,若不预设排水系统,估计3年施工期内每季度将损失800元;如预设排水系统,需原始投资9 000元,施工期末可回收排水系统净残值2 800元。假如年利率为12%,每季度计息一次,试问该施工企业应该选择哪个方案?

5.某河不同支流上可建3座水坝(见表4.19),拟使用寿命为100年,基准收益率为10%。未建时年度洪水损失为200万元。试选择最佳方案。

表4.19　3种方案的现金流量表　　单位:万元

方　案	建造投资	年维护费用	建坝后年度洪水损失	建坝后年效益
A	100	1.5	130	70
B	120	2	120	80
C	200	2.5	100	100

6.某制造厂考虑下面3种投资方案,在5年计划期中,这3种投资方案的现金流量情况如表4.20所示(基准收益率为10%)。

表4.20　3种方案的现金流量表　　单位:元

方　案	A	B	C
最初成本	65 000	58 000	93 000
年净收入(1~5年末)	18 000	15 000	23 000
残　值	12 000	10 000	15 000

(1)假设这3种方案是独立的,且资金没有限制,那么应选择哪个方案或哪些方案?

(2)在(1)中假定资金限制在160 000元,试选出最优方案。

7.某项目有6个备选方案(见表4.21),资金限额为35万元,基准收益率为14%,应该选择哪些方案投资?

表 4.21 各方案现金流量表

序 号	方 案	投资/万元	年净收益/万元	寿命期/年
1	A	10	2.87	6
2	B	15	2.96	9
3	C	8	2.68	5
4	D	21	9.50	3
5	E	13	2.60	10
6	F	6	2.54	4

8.某公司有两项计划投资方案,具体方案如下:

方案 A:增建一套设备以扩大产能,可供选择的建设方案有 3 种,其投资及年净收益如表 4.22 所示。

表 4.22 方案 A 中各方案现金流量表

方 案	初始投资/万元	年净收益/万元
A_1	100	30
A_2	200	50
A_3	300	55

方案 B:对现有的某台大型关键设备进行技术改造,从而可以降低运行成本,可供选择的改造方案有 3 种,其投资及年节约额如表 4.23 所示。

表 4.23 方案 B 中各方案现金流量表

方 案	初始投资/万元	年节约额/万元
B_1	200	10
B_2	300	65
B_3	400	80

假定所有项目的寿命期均很长(视为无限长),基准收益率为 10%,若投资预算为 700 万元,应如何确定最优方案组合?

不确定性分析与风险分析

【教学要求】

知识要点	能力要求	相关知识
概述	(1)了解风险与不确定性的概念、关系 (2)了解风险分析与不确定性分析的概念 (3)熟悉风险分析与不确定性分析的关系	(1)风险的概念 (2)不确定性的概念 (3)风险分析与不确定性分析
盈亏平衡分析	(1)了解盈亏平衡分析的概念、分类及作用 (2)熟悉线性盈亏平衡分析的基本假设及基本的损益公式 (3)掌握产销量盈亏平衡点及生产能力利用率 (4)了解非线性盈亏平衡分析的要点	(1)盈亏平衡的损益公式 (2)线性盈亏平衡分析 (3)非线性盈亏平衡分析
敏感性分析	(1)了解敏感性分析的概念、分类和分析指标 (2)掌握单因素敏感性分析 (3)了解多因素敏感性分析	(1)敏感性分析的概念,分类 (2)敏感度系数、临界点 (3)单因素敏感性分析 (4)多因素敏感性分析
风险分析	(1)了解投资项目的主要风险因素 (2)熟悉风险分析的内容、程序及主要方法 (3)掌握常用的风险对策	(1)投资项目的主要风险 (2)风险识别、风险估计、风险评价、风险对策 (3)概率分析、蒙特卡洛模拟分析

【关键术语】

风险,不确定性,风险分析,不确定性分析,线性盈亏平衡,非线性盈亏平衡,单因素敏感性分析,多因素敏感性分析,风险识别,风险估计,风险评价,风险对策,概率分析,蒙特卡洛模拟分析

5.1 概述

▶ 5.1.1 风险与不确定性的概念

1)风险的概念

风险是指在某一特定环境、特定时间段内,某种损失发生的可能性。其基本的核心含义是"未来结果的不确定性或损失"。风险由风险因素、风险事故和风险损失等要素组成。

2)不确定性的概念

不确定性与确定性是相对的概念,指某一时间,活动在未来可能发生,也可能不发生,其发生状况、时间及其结果的可能性或概率是未知的。

不确定性的直接后果是使方案经济效果的实际值与评价值偏离,从而按评价值作出的经济决策就带有风险。为了分析不确定性因素对经济评价指标的影响,应根据拟建项目的具体情况,分析各种外部条件发生变化或者测算数据误差对方案经济效果的影响程度,以估计项目可能承担不确定性的风险及其承受能力,确定项目在经济上的可靠性。

3)风险与不确定性的关系

美国经济学家弗兰克·奈特对风险进行研究,他认为风险是介于确定性和不确定性之间的一种状态,风险出现的可能性是可以知道的,而不确定性的概率是未知的。基于此,就出现了概率的风险分析及未知概率的不确定性分析两种决策分析方法。

不确定性与风险的区别有以下几个方面:

①可否量化。风险是可以量化的,它的发生概率是已知的或者是通过努力是可以知道的,而不确定性是不可以量化的。

②可否保险。风险是可以保险的,而不确定性是不可以保险的。保险公司可以判断风险概率,这样就可以计算保险收益,从而提供有关保险品种。

③影响大小。由于不确定性是不可以量化的,代表不可知事件,因而影响力更大;风险是可以量化的,其影响可以通过采取防范措施后得到有效降低。

④概率可获得性。不确定性发生的概率未知,而风险发生的概率是可知的,因此可以用概率分布来描述。

▶ 5.1.2 风险分析与不确定性分析

1)风险分析与不确定性分析的概念

风险分析是认识项目可能存在的潜在风险因素,估计这些因素发生的可能性及由此造成的影响,研究防止或减少不利影响而采取对策的一系列活动。总而言之,风险分析是识别风险因素、估计风险概率、评价风险影响并制定风险对策的过程。

不确定性分析是项目经济评价的一项重要内容,主要是对影响项目的不确定性因素进行分析,测算它们的增减变化对项目效益的影响,找出最主要的敏感因素及临界点的过程。常用的不确定性分析方法主要有盈亏平衡分析和敏感性分析。

2)风险分析与不确定性分析的关系

两者相同点:风险分析与不确定性分析两者的目的相同,都是识别、分析、评价影响项目的主要因素,防范不利影响,提高项目的成功率。

两者不同点:风险分析与不确定性分析两者的分析方法不相同,不确定性分析是对投资受不确定因素的影响进行分析,并粗略地了解项目的抗风险能力,分析方法主要有盈亏平衡分析和敏感性分析;而风险分析是对投资项目的风险因素和风险程度进行识别和判断,主要方法是概率分析、蒙特卡洛模拟分析等。

5.2 盈亏平衡分析

▶ 5.2.1 盈亏平衡分析的概念和分类

1)盈亏平衡分析的概念

盈亏平衡分析(Break-even Analysis)又称为保本点分析或本量利分析,是根据产品的业务量(产量或销量)、成本、利润之间的相互制约关系的综合分析,来预测利润、控制成本、判断经营状况的一种数学分析方法。企业的盈利与亏损会有一个转折点,称为盈亏平衡点(BEP)。一般来说,企业销售收入(扣除税金及附加)= 总成本+利润,如果利润为零,则有销售收入=总成本,刚好盈亏平衡。

盈亏平衡分析可以分为线性盈亏平衡分析和非线性盈亏平衡分析。一般投资项目决策的分析与评价仅进行线性盈亏平衡分析。

2)盈亏平衡分析的分类

①按采用的分析方法的不同,盈亏平衡分析分为图解法和方程式法;

②按分析要素间的函数关系不同,盈亏平衡分析分为线性和非线性盈亏平衡分析;

③按分析的产品种类的不同,盈亏平衡分析分为单一产品和多产品盈亏平衡分析;

④按是否考虑货币的时间价值,盈亏平衡分析分为静态和动态的盈亏平衡分析。

▶ 5.2.2 线性盈亏平衡分析

1)基本的损益公式

对盈亏平衡关系的分析,主要是以成本和产品数量的关系为基础。成本大体上分为两种:固定成本和可变成本。固定成本是不受产量影响的成本,如企业的固定资产折旧、车间生产管理人员工资、职工福利费、办公费、修理费等;可变成本是随着产量增长而成正比例增长的成本,如构成产品实体的原材料、燃料、动力,计件工资等。

总成本与销售收入的关系可以统一为一个数学模型,表达式为:

$$利润 = 销售收入 - 总成本 - 税金 \tag{5.1}$$

其中假设产量等于销售量,同时销售收入和总成本均是产量的线性函数,则上式可写为:

$$销售收入 = 单价 \times 销售量 \tag{5.2}$$

$$总成本 = 固定成本 + 变动成本 = 固定成本 + 单位产品变动成本 \times 产量 \tag{5.3}$$

$$税金 = 单位产品税金 \times 销售量 \tag{5.4}$$

把式(5.2)、式(5.3)、式(5.4)代入式(5.1)中,用字母表示为:

$$B = pQ - C_V Q - C_F - tQ \tag{5.5}$$

式中 B——利润;

p——单位产品售价;

Q——销售量或生产量;

t——单位产品税金;

C_V——单位产品变动成本;

C_F——固定成本。

式(5.5)明确表达了销售量(产量)与成本和利润之间的数量关系,是最基本的损益方程式,将三者的关系反映在直角坐标系中,如图5.1所示。

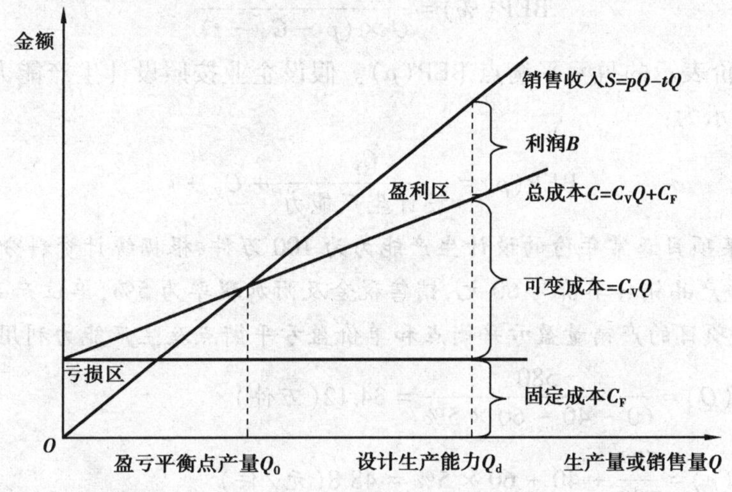

图5.1 线性盈亏平衡分析图

2)盈亏平衡分析表达式

从图5.1中可知,销售收入线与总成本线的交点是盈亏平衡点,表明企业在此销售量下,总收入扣除销售税金后与总成本相等,即利润为零,此时也不发生亏损。在此基础上,增加销售收入,则销售收入超过总成本,收入线与成本线之间的距离即为利润,从而形成盈利区;反之,则是亏损区。

通常我们只要求作线性盈亏平衡分析。线性盈亏平衡分析的前提条件是:

①产品的产量等于销售量;

②生产量变化,单位产品的可变成本不变;

③生产量变化,单位产品的销售单价不变;

④只生产单一产品,或者生产多种产品可以换算为单一产品计算。

项目的盈亏平衡点(Break-even Poit,BEP)的表达式有多种,可以用实物产销量、单位产品售价、单位产品的可变成本以及年固定成本的绝对量表示,也可以用某些相对值表示,如生产能力利用率。其中,以产销量和生产能力利用率表示的盈亏平衡点应用最为广泛,也有采用产品售价表示的盈亏平衡点。

①用产销量表示的盈亏平衡点 BEP(Q)。令式(5.5)中利润 $B=0$,此时的产销量 Q_0 即为盈亏平衡点。

$$\text{BEP}(Q)=\frac{C_{\text{F}}}{p-C_{\text{V}}-t} \tag{5.6}$$

②用生产能力利用率表示的盈亏平衡点 BEP(%)。生产能力利用率表示的盈亏平衡点,是指盈亏平衡点产销量占企业正常产销量的比重。正常产销量是指达到设计生产能力的产销量。

$$\text{BEP}(\%)=\frac{\text{盈亏平衡点产销量}}{\text{正常产销量}}\times 100\% \tag{5.7}$$

把式(5.6)代入式(5.7)中,即可表示为:

$$\text{BEP}(\%)=\frac{C_{\text{F}}}{Q\times(p-C_{\text{V}}-t)} \tag{5.8}$$

③用销售单价表示的盈亏平衡点 BEP(p)。假设企业按照设计生产能力进行生产和销售,则 BEP(p)表示为:

$$\text{BEP}(p)=\frac{C_{\text{F}}}{\text{设计生产能力}}+C_{\text{V}}+t \tag{5.9}$$

【例 5.1】 某项目正常年份的设计生产能力为 100 万件,根据统计资料分析,年固定成本为 580 万元,每件产品销售单价为 60 元,销售税金及附加税率为 5%,单位产品的可变成本为 40 元。试计算该项目的产销量盈亏平衡点和单价盈亏平衡点及生产能力利用率。

【解】 $\text{BEP}(Q)=\dfrac{580}{60-40-60\times 5\%}=34.12(\text{万件})$

$\text{BEP}(p)=\dfrac{580}{100}+40+60\times 5\%=48.8(\text{元/件})$

$\text{BEP}(\%)=34.12\div 100\times 100\%=34.12\%$

从计算结果可以看出,该项目产销量的盈亏平衡点为 34.12 万件,盈亏平衡点较低,项目的设计生产能力为 100 万件,远大于盈亏平衡产量。可见,项目盈亏平衡产量仅为设计生产能力的 34.12%,因此该项目盈利能力和抗风险能力较强。

本项目单价盈亏平衡点为 48.8 元/件,而项目的预测单价为 60 元/件,高于盈亏平衡的单价。在市场销售不良情况下,为了促销,产品价格降低在 18.67%$\left(\dfrac{60-48.8}{48.8}\times 100\%\right)$ 以内,仍可保本。

综上所述,可以判断该项目盈利能力和抗风险能力均较强,项目的盈亏平衡点越低,意味着项目的抗风险能力越强。

▶ 5.2.3 非线性盈亏平衡分析

线性盈亏平衡分析方法简单明了,但在应用中有一定的局限性。实际生产经营过程中,项目的收益和支出与产品的产销量之间的关系往往呈现出一种非线性关系,并不是我们之前假设的线性关系。比如当项目的产销量在市场上占有较大份额时,产销量的高低会明显影响市场的供求关系，使市场价格发生变化，这时我们就需要用非线性盈亏平衡分析方法，如图 5.2 所示。

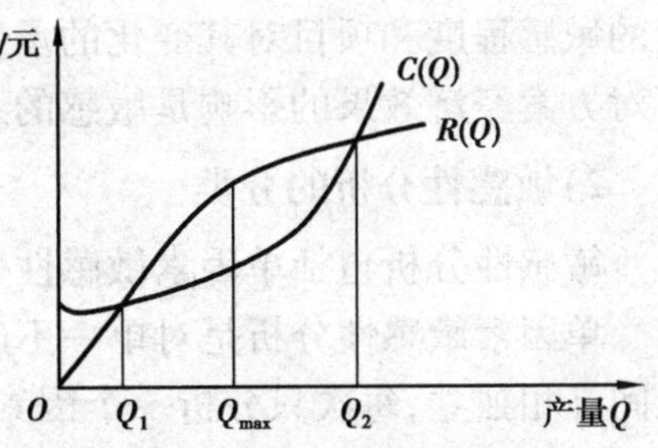

图 5.2　非线性盈亏平衡分析图

【例 5.2】　某项目投产后，项目的年固定成本为 65 000 元，单位产品变动成本为 25 元，原材料整批购买可降低的单位材料费为购买量的 0.001，单价 p=55 元，但随着销量增加，每增加一件产品单价会下降 0.003 5 元。求盈亏平衡点、最优产量和最大利润。

【解】　产品的销售价格为 55−0.003 5Q，单位产品的可变成本为 25−0.001Q，则

$$C(Q) = 65\,000 + (25 - 0.001Q)Q = 65\,000 + 25Q - 0.001Q^2$$

$$R(Q) = (55 - 0.003\,5Q)Q = 55Q - 0.003\,5Q^2$$

根据平衡原理 $C(Q)=R(Q)$，则有

$$65\,000 + 25Q - 0.001Q^2 = 55Q - 0.003\,5Q^2$$

解出 Q_1=2 837，Q_2=9 162。

Q_1、Q_2 为项目盈亏平衡点的产量。因此要想项目盈利，项目的产量应控制在 2 837~9 162 件。

该项目的最优产量，即最大利润时的产量：

$$B(Q) = R(Q) - C(Q) = 55Q - 0.003\,5Q^2 - (65\,000 + 25Q - 0.001Q^2)$$
$$= -0.002\,5Q^2 + 30Q - 65\,000$$

求利润的一阶导数 $B'(Q)=-0.005Q+30$。

令 $B'(Q)=0$，解出 Q=6 000（件），即最优产量为6 000件。再将 Q=6 000 代入利润函数 $B(Q)$，解得 B=25 000 元，即最大利润为25 000元。

盈亏平衡点及最优产量如图 5.3 所示。

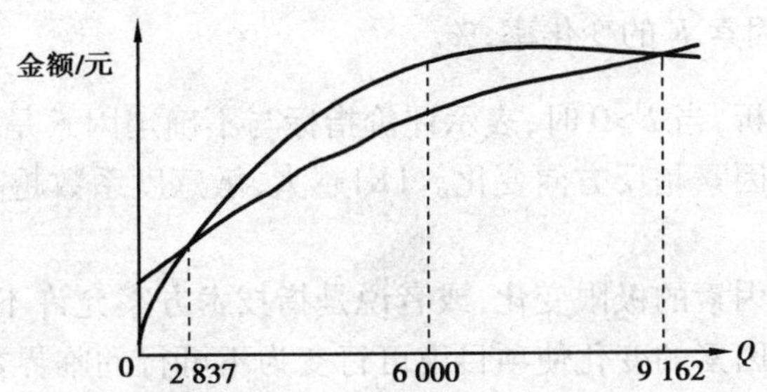

图 5.3　非线性盈亏平衡点及最优产量图

5.3　敏感性分析

5.3.1　敏感性分析的概念、分类和指标

1) 敏感性分析的概念

敏感性分析是在确定性分析的基础上，通过进一步分析、预测项目主要不确定因素的变化对项目评价指标（如内部收益率、净现值）的影响，从中找出敏感因素，确定评价指标对该因

素的敏感程度和项目对其变化的承受能力。如果引起的变化幅度很大,就说明这个变动的因素对方案经济效果的影响是敏感的;如果引起的变化幅度很小,就说明它是不敏感的。

2)敏感性分析的分类

敏感性分析包括单因素敏感性分析和多因素敏感性分析两种。

单因素敏感性分析是对单一不确定因素变化的影响进行分析,即假设各种不确定性因素之间互相独立,每次只分析一个因素,其他因素保持不变。通过这种方式来分析这个可变因素对经济评价指标的影响程度和敏感程度。单因素敏感性分析是敏感性分析的基本方法。

多因素敏感性分析是对两个或两个以上互相独立的不确定因素同时变化时,分析这些变化的因素对经济评价指标的影响程度和敏感程度。

敏感性分析方法同样适用于项目的财务分析和经济分析。

3)敏感性分析指标

(1)敏感度系数

敏感度系数是项目效益指标变化的百分率与不确定因素变化的百分率之比。敏感度系数越高,表示项目效益对该不确定因素敏感程度越高。敏感度系数计算公式如下:

$$E=\frac{\frac{\Delta A}{A}}{\frac{\Delta F}{F}}=\frac{\text{评价指标的变化率}}{\text{不确定因素的变化率}} \tag{5.10}$$

式中 E——评价指标 A 对于不确定因素 F 的敏感度系数;

$\frac{\Delta A}{A}$——不确定因素 F 发生变化时,评价指标 A 的相应变化率,%;

$\frac{\Delta F}{F}$——不确定因素 F 的变化率,%。

从计算结果可以分析,当 $E>0$ 时,表示评价指标与不确定因素是同方向变化;当 $E<0$ 时,表示评价指标与不确定因素是反方向变化。$|E|$ 越大,敏感度系数越高。

(2)临界点

临界点是指不确定因素的极限变化,或者说是指技术方案允许不确定因素向不利方向变化的极限值。即不确定因素的变化使项目由可行变为不可行的临界数值,也可以说是该不确定因素使内部收益率等于基准收益率或净现值变为零时的变化率。当不确定因素为费用科目时,临界点是增加的百分率;当不确定因素是效益科目时,临界点是降低的百分率。

临界点的高低与设定的基准收益率有关。对于同一个投资项目,随着设定基准收益率的提高,临界点就会变低;而在一定的基准收益率下,临界点越低,说明该因素对项目效益指标影响越大,项目对该因素越敏感。

▶ 5.3.2 单因素敏感性分析

1)单因素敏感性分析的概念

单因素敏感性分析是对单一不确定因素变化的影响进行分析,即假设各不确定因素之间互相独立,每次只分析一个因素,其他因素保持不变,分析这个可变因素对经济评价指标的影响程度和敏感程度。

2)单因素敏感性分析的步骤

①选取不确定因素。在选取不确定因素时,把握两条原则:第一,因素在其可能变动的范围内对经济评价指标的影响较大;第二,采用该因素的数据的准确性把握不大。

②确定不确定因素的变化幅度。

③选取分析指标。敏感性分析最基本的分析指标是内部收益率或净现值,根据项目的实际情况也可以选择投资回收期等其他评价指标,必要时可同时针对两个或两个以上的指标进行敏感性分析。

通常情况下,财务分析中常用的是财务内部收益率,经济分析中常用的是经济净现值或经济内部收益率。当然也可以参照以下原则选取:

a.如果主要分析方案状态和参数变化对方案投资回收快慢的影响,则可选用投资回收期作为分析指标;

b.如果主要分析产品价格波动对方案超额净收益的影响,则可选用净现值作为分析指标;

c.如果主要分析投资大小对方案资金回收能力的影响,则可选用内部收益率指标等。

④计算敏感度系数或临界点分析指标。

⑤选择方案。

【例5.3】 某企业决定新建一个工程项目,并对该方案数据进行了估算,如表5.1所示。假设该项目建设投资发生在第一年年初,请对该项目进行敏感性分析(基准收益率 $i_c=10\%$)。

表5.1 基本数据估算表

因　素	建设投资 I/万元	年营业收入 R/万元	年经营成本 C/万元	期末残值 L/万元	寿命期 N/年
估算值	1 200	400	150	30	10

【解】 ①以建设投资、年营业收入、年经营成本为拟分析的不确定因素。

②选择项目的净现值作为评价指标。

$$NPV_0 = -1\ 200 + (400 - 150)(P/A,10\%,10) + 30(P/F,10\%,10)$$
$$= 347.715(\text{万元})$$

由于 $NPV_0>0$,所以该项目是可行的。

③对项目进行敏感性分析。取建设投资、年营业收入、年经营成本3个因素,令其逐一在初始值的基础上按±10%和±20%的变化幅度变动,分别计算相对应的净现值的变化情况,结果如表5.2所示。

表5.2 不确定性因素变化对净现值的影响　　单位:万元

项目变化幅度	−20%	−10%	0	+10%	+20%
建设投资	587.715	467.715	347.715	227.715	107.715
年经营成本	532.053	439.884	347.715	255.546	163.377
年营业收入	−143.853	101.931	347.715	593.499	839.283

净现值的单因素敏感性分析如图 5.4 所示。

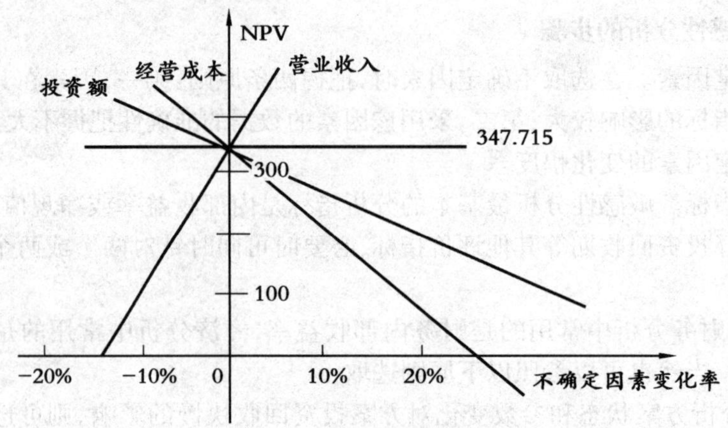

图 5.4　单因素敏感性分析图

④计算方案对各因素的敏感度。

$$E=\frac{\frac{\Delta A}{A}}{\frac{\Delta F}{F}}=\frac{\text{评价指标的变化率}}{\text{不确定因素的变化率}}$$

$$\text{建设投资平均敏感度}=\frac{\frac{227.715-347.715}{347.715}}{10\%}=3.45\%$$

$$\text{年营业收入平均敏感度}=\frac{\frac{593.499-347.715}{347.715}}{10\%}=7.07\%$$

$$\text{年经营成本平均敏感度}=\frac{\frac{255.546-347.715}{347.715}}{10\%}=2.65\%$$

从计算结果可以看出，不确定因素的敏感度系数的绝对值越大，指标对该不确定因素越敏感，所以净现值对营业收入的反应最为敏感。

⑤临界点的计算。假设建设投资增加为 x，该项目净现值等于零，则

$$NPV_0=0=-1\ 200-x+(400-150)(P/A,10\%,10)+30(P/F,10\%,10)$$

解得：$x=347.715$ 万元

即建设投资最高再增加 347.715 万元，则该项目净现值等于零。临界点一般用百分数表示，所以建设投资增加 28.97%，净现值等于零。

同理，可以计算营业收入的临界点是-14.14%，经营成本的临界点是 37.725%。临界点越低越敏感，由此也可以看出净现值对于营业收入最敏感。

▶ 5.3.3　多因素敏感性分析

单因素敏感性分析的方法简单，但不足之处在于忽略了因素之间的相关性。实际上，一个因素的变动往往也伴随着其他因素的变动，多因素敏感性分析考虑了这种相关性，因而能

反映几个因素同时变动对项目产生的综合影响,弥补了单因素敏感性分析的局限性,更全面地揭示了事物的本质。因此,在对一些有特殊要求的项目进行敏感性分析时,除先进行单因素敏感性分析外,还应进行多因素敏感性分析。

【例5.4】 某项目有关数据如表5.3所示,如果可变因素为初始投资与年营业收入,并考虑这两个因素同时发生变化,试通过净年值指标对该项目进行双因素敏感性分析。(基准收益率 $i_c=8\%$)

表5.3 方案基本数据表

指 标	初始投资/元	年营业收入/元	年经营成本/元	残值/元	寿命/年
估计值	12 000	6 000	2 500	2 000	5

【解】 令 x 和 y 分别代表初始投资及年营业收入变化的百分数,则项目必须满足下式才具有可行性:

$$NAV = -12\,000(1+x)(A/P,8\%,5) + 6\,000(1+y) - 2\,500 + 2\,000(A/F,8\%,5)$$
$$= -12\,000(1+x)\times 0.250\,5 + 6\,000(1+y) - 2\,500 + 2\,000\times 0.170\,5$$

即 $835-3\,006x+6\,000y\geqslant 0$

这是一个二元一次方程,将其在坐标图上表示出来,如图5.5所示。图中可以分析出,在临界线上NAV=0,在临界线左上方的区域NAV>0,在临界线右下方的区域NAV<0。

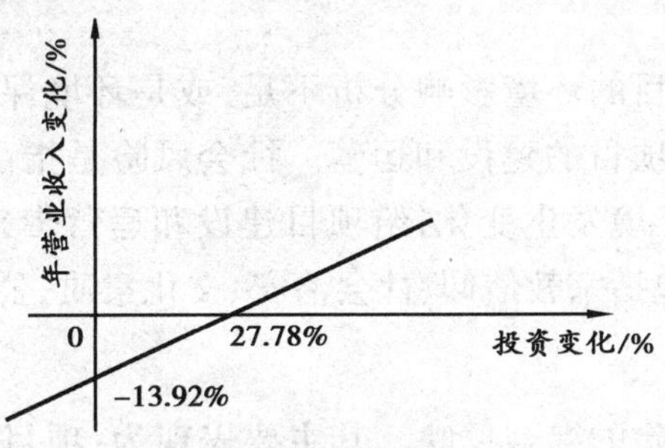

图5.5 双因素敏感性分析图

5.4 风险分析

▶ 5.4.1 投资项目的主要风险因素

随着固定资产投资的快速增长,投资项目的经济环境日益复杂,投资领域的竞争越来越激烈,影响项目投资效果的外部不确定因素逐渐增多,项目的风险普遍增大。

投资项目的风险因素有很多,各行业和各项目又不尽相同。常见的风险因素大致如下:

1)市场风险

市场风险,即项目运营后生产的产品遇到强有力的对手而竞争不足,因市场已经饱和而致需求量不足,原料、燃料供应不足,产品实际价格与预测发生偏离而引起产品滞销等。市场风险一般来源于4个方面:一是由于消费者的消费习惯、消费偏好发生变化,使得市场需求发生重大变化;二是市场竞争格局发生重大变化,竞争者采取了进攻策略或者是出现新的竞争对手,对项目的产销产生重大影响;三是由于市场条件的变化,项目产品和主要原材料的供应条件和价格发生较大变化,对项目的效益产生了重大影响;四是由于市场预测方法或数据错误,导致市场需求分析出现重大偏差。

2)技术风险

对于大型项目,在可行性研究阶段就应考虑项目的技术风险。技术方面的风险主要包括对技术的适用性和可靠性认识不足,运营后达不到生产能力、质量不过关或消耗指标偏高,施工单位的技术和管理水平不高、缺少经验等。

3)政策法规风险

政策法规风险主要是指因国内外政治经济条件发生重大变化或政策调整,而致项目原定目标难以实现的可能性。项目融于一个国家或地区的社会经济环境,国家或地方的各种政策(包括经济政策、技术政策、产业政策等)的调整变化都会对项目带来各种影响。如产业政策的调整,国家对某些过热的行业进行限制,并相应调整信贷政策,收紧银根,提高利率等,将导致企业融资困难,可能带来项目的停工甚至破产;又如国家土地政策的调整,严格控制项目占用耕地,提高项目用地的利用率等,将对建设项目的生产布局带来重大影响。

4)环境风险与社会风险

环境风险是指由于对项目的环境影响分析不足,或是环境保护措施不当,带来重大的环境影响,引发社会矛盾,影响项目的建设和运营。社会风险是指由于对项目的社会影响估计不足,或是项目所处的社会环境发生变化,给项目建设和运营带来困难和损失的可能性。社会风险的影响面非常广泛,包括宗教信仰、社会治安、文化素质、公众态度等。

5)财务风险

财务风险是项目各种风险的综合反映。其主要表现为:项目在建设运营过程中,因资金短缺而造成的资金风险、由于银行贷款利率上调而造成的高额利息风险、由于项目经营管理不利而造成的财务亏损、由于产品用户不讲信誉而造成的债务拖欠风险等。

6)其他风险因素

对于某些项目,还要考虑其特有的风险因素。例如,对于矿山、油气开采等资源开发项目,资源风险是很重要的风险因素;对于中外合资项目,要考虑合资对象的法人资格和资信问题,还有合作的协调性问题;对于农业投资项目,还要考虑因气候、土壤、水利、水资源分配等条件的变化,对收成不利影响的风险因素。

上面只是列举了投资项目可能存在的一些风险,并未涵盖所有投资项目的全部风险;也并非每个投资项目都同时存在这么多风险因素,而可能只是其中的几种,要根据项目的具体情况予以识别。

▶ 5.4.2 风险分析的内容和程序

风险分析是认识项目可能存在的潜在风险因素,估计这些因素发生的可能性及由此造成的影响,研究防止或减少不利影响而采取对策的一系列活动。风险分析可以同时用于财务评价和国民经济评价。

1)风险分析的内容

(1)风险识别

风险识别是指采用系统论的观点对项目进行全面考察,找出各种潜在的风险因素,并对各种风险进行比较、分类,确定各因素间的相关性和独立性,判断其发生的可能性及对项目的影响程度,按其重要性进行排序,或赋予权重。风险识别是风险管理的基础,其主要任务是明确风险存在的可能性,为风险估计、风险评价和风险应对奠定一定的基础。

风险识别应借鉴历史经验,主要采用分析和分解原则,把综合性风险问题分解为多层次的风险因素。常用的方法有风险结构分解法、流程图法、头脑风暴法和情景分析法等。

(2)风险估计

风险估计是指在对不利事件所导致损失的历史资料分析的基础上,运用概率统计等方法对特定不利事件发生的概率以及风险事件发生所造成的损失作出定量估计的过程。

风险估计的方法包括风险概率估计方法和风险影响估计方法两类,前者分为主观概率估计和客观概率估计,后者有概率树分析、蒙特卡洛模拟等方法。

(3)风险评价

风险评价是在风险估计的基础上,通过相应的指标体系和评价标准对风险程度进行划分,揭示影响项目成败的关键风险因素,以便针对关键风险因素采取防范对策。风险评价包括单因素风险评价和整体风险评价。

单因素风险评价是指分析单个风险因素对项目的影响程度,以找出影响项目的关键风险因素。单因素风险评价方法主要有风险概率矩阵、专家评价法。

(4)风险对策

风险对策研究是整个项目风险管理的重要组成部分,对策研究应符合如下几个基本要求:

①风险对策应具有针对性。投资项目可能涉及各种各样的风险因素,且各个投资项目又不尽相同,应结合行业特点,针对特定项目主要的或关键因素提出措施,最大限度地降低影响。

②风险对策应有可行性。所谓可行,不仅仅指在技术上可行,还要在财力、人力、物力方面可行。

③风险对策必须有经济性。如果提出的风险对策所花费金额远大于可能造成的风险损失,则这个对策是没有意义的,在风险对策研究中要寻求以最少的费用获取最大的风险效益。

(5)风险分析结论

在完成前述风险识别和风险评估后,应归纳和总结项目的主要风险因素,分析原因及可能造成的后果,全面展现项目的主要风险因素,将风险对策研究结果进行汇总。

2)风险分析程序

风险分析是认识项目可能存在的潜在风险因素,估计这些因素发生的可能性及造成的影响,研究防止或减少不利影响。基本程序也就是在风险分析内容中包括的几个方面,从定性分析到定量分析,再从定量分析到定性分析这样一个循环过程,其基本流程如图 5.6 所示。

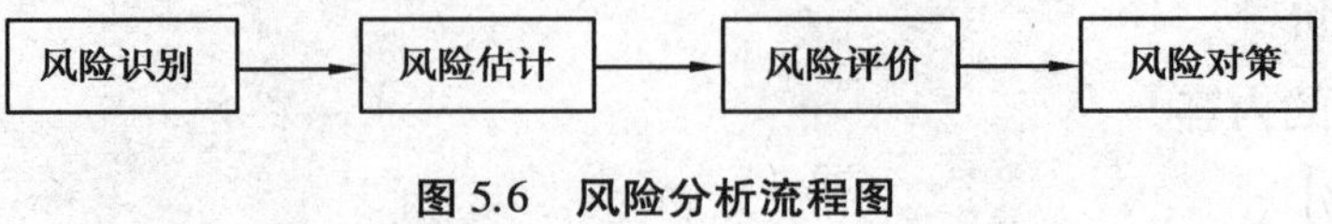

图 5.6 风险分析流程图

▶ 5.4.3 风险分析的主要方法

1)风险解析法

风险解析法也称为风险结构分解法,是风险识别的主要方法之一。这种方法是将复杂系统分解为若干子系统进行分析,通过分析子系统的特征来把握整个系统的特征。这种方法的好处是可以提醒风险识别人员风险产生的原因是多种多样的。具体一个项目的风险分解如图 5.7 所示。

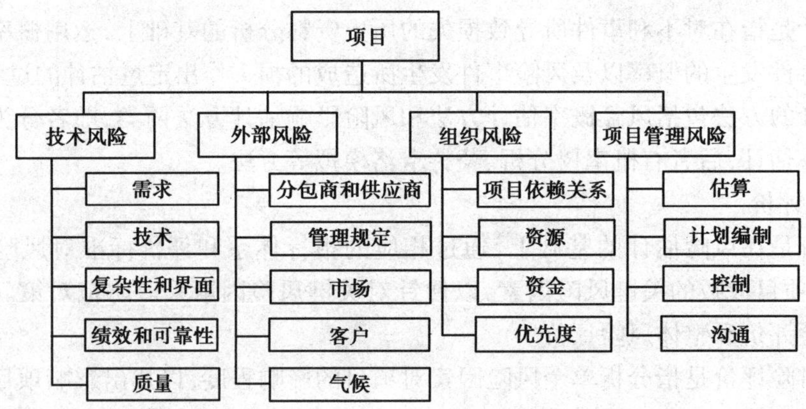

图 5.7 项目风险分解

2)专家调查法

专家调查法是在专家的知识、经验和直觉的基础上,通过开会或其他方式向专家进行调查,发现潜在的风险因素,对项目的风险程度进行评定,将专家的经验和意见集中起来形成最终的分析结论。它适用于风险分析的全过程。

专家调查法有很多种,其中头脑风暴法、德尔菲法、风险识别调查表法(见表 5.4)和风险评价表(见表 5.5)是最常用的几种。

表 5.4 风险识别调查表

风险项目名称	识别信息
风险类型	
风险描述	
风险的来源	
风险特征	
风险对项目目标的影响	

表 5.5 风险评价表

风险因素名称	风险程度					说 明
	重大	较大	一般	较小	微小	
1.市场风险						
市场需求量						
竞争能力						
价格						
2.技术风险						
可靠性						
适用性						
经济性						
3.工程风险						
地质条件						
施工能力						

3)风险概率估计法

风险概率估计法主要包括客观概率估计法和主观概率估计法。风险概率估计中常用的是正态分布、三角分布、贝塔分布等。

(1)客观概率估计法

客观概率是实际发生的概率,它并不取决于人的主观意志。客观概率是基于同样事件历史观测数据的,它只能用于完全可重复的事件,因此它并不适用于大部分现实事件。这种方法的缺点是需要足够的信息,通常这种情况也是很难满足的。

如某些风险因素有 $k_1,k_2,k_3\cdots k_m$ 共 m 个状态,对应出现的次数分别是 $n_1,n_2,n_3\cdots n_m$,则第 i 种状态出现的概率是:

$$P(x=k_i)=\frac{n_i}{n} \qquad (i=1,2,3,\cdots,m) \tag{5.11}$$

(2)主观概率估计法

主观概率是基于个人经验、预感或者直觉估算出来的概率,是个人的主观判断,反映出人们对风险现象的一种测度。当客观概率数据不足时,主观概率是唯一的选择。主观概率估计法的具体步骤如下:

①根据需要调查问题的性质组成专家工作小组;

②估计某一变量可能出现的状态数或范围,各种状态的概率或变量发生在状态范围内的概率,由专家独立以书面形式反映出来;

③整理专家组的意见,计算专家意见的期望值,同时总结意见分歧情况,再反馈给专家;

④专家组讨论并分析意见分歧的原因。专家组再独立填写变量可能出现的状态范围,如

此反复进行，直至专家意见分歧程度满足要求为止。

(3)风险概率分布

①离散型概率分布。当变量可能数值为有限个，这种随机变量称为离散型随机变量，其概率密度函数为间断函数。指标期望值为：

$$\bar{x} = \sum_{i=1}^{n} p_i \cdot x_i \tag{5.12}$$

式中 $\bar{x}$——指标期望值；

p_i——第 i 种状态发生的概率；

x_i——第 i 种状态下的指标值；

n——可能的状态数。

指标的方差 D 为：

$$D = \sum_{i=1}^{n} p_i (x_i - \bar{x})^2 \tag{5.13}$$

指标的均方差(标准差)σ 为：

$$\sigma = \sqrt{D} \tag{5.14}$$

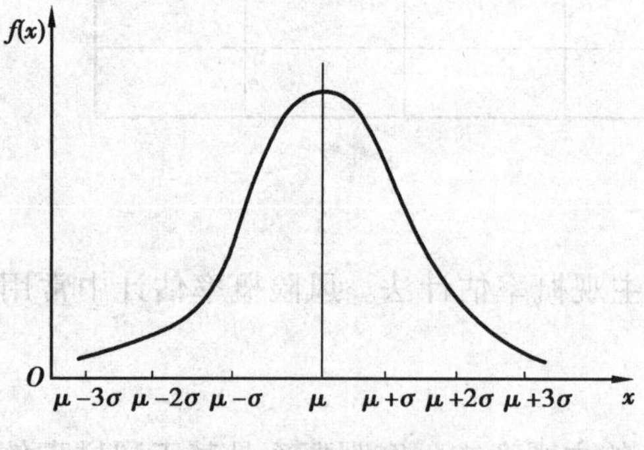

②连续型概率分布。当输入变量的取值在一个区间，无法按一定次序一一列出，这种随机变量称为连续型随机变量。常用的连续型概率分布有正态分布、三角分布、β 分布、经验分布。

正态分布是密度函数以均值为中心对称分布，是一种常用的概率分布。它适用于描述一般经济变量的概率分布，如销售量、价格和产品成本等。正态分布如图 5.8 所示。

图 5.8 正态分布图

三角分布是指密度函数由悲观值、最可能值和乐观值构成对称的或不对称的三角形。它一般适用于描述工期、投资等不对称分布的输入变量，也可以用于描述产量、成本等对称分布的输入变量，如图 5.9 所示。

β 分布，其概率密度在均值两边呈不对称分布。β 分布适用于描述工期等不对称分布的变量，如图 5.10 所示。

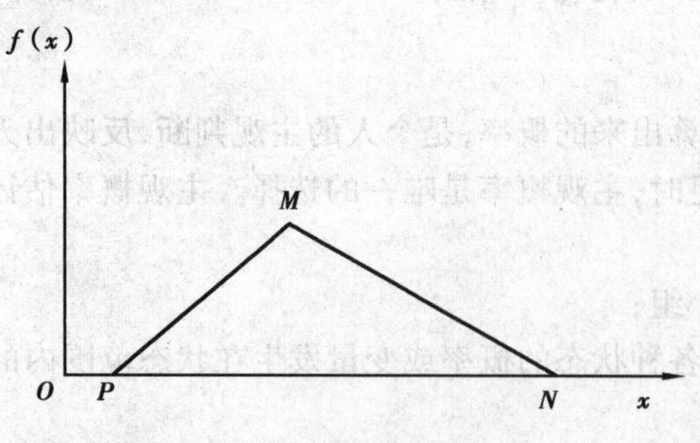

图 5.9 三角分布概率密度图

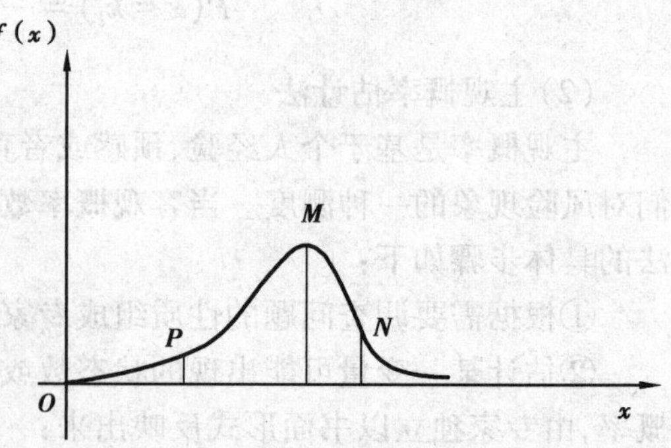

图 5.10 β 分布概率密度图

经验分布,其密度函数并不适合于某些标准的概率函数、可根据统计资料及主观经验估计的非标准概率分布。它比较适合于项目评价中的所有输入变量。

4)概率分析

概率分析的步骤如下:

①列出要考虑的各种风险因素,比如经营成本、投资额、销售价格等;

②设想各种风险因素可能发生的状态,确定其数值发生变化的个数;

③分别确定各种状态可能出现的概率,并使可能发生状态的概率之和等于1;

④分别求出各种风险发生变化时,方案净现金流量各状态发生的概率和相应状态下的净现值;

⑤求方案净现值的期望值$E(\text{NPV})$:

$$E(\text{NPV}) = \sum_{j=1}^{K} \text{NPV}^{(j)} \cdot p_j \tag{5.15}$$

式中 p_j——第j种状态出现的概率;

K——可能出现的状态数。

⑥求出方案净现值大于零的累积概率;

⑦对该类分析结果作出说明。

【例5.5】 某项目有关净现金流量及其发生概率如表5.6所示,假设各年份净现金流量之间互不相关,基准收益率$i_c=10\%$。请计算该方案的净现值的期望值、方差、均方差、净现值大于零的概率。

表5.6 净现金流量及概率数据表 单位:百万元

状态	概率	年份				NPV
		0	1	2~9	10	
S_1	$P_1=0.1$	−20	0	3	6	−3.137
S_2	$P_2=0.2$	−20	0	4	7	2.098
S_3	$P_3=0.4$	−20	0	7	10	17.805
S_4	$P_4=0.2$	−25	0	8	11	18.040
S_5	$P_5=0.1$	−27	0	8.5	12	18.851

【解】 对于状态S_1,计算净现值:

$$\begin{aligned}\text{NPV}^{(1)} &= -20 + 3(P/A,10\%,8)(P/F,10\%,1) + 6(P/F,10\%,10)\\ &= -20 + 3 \times 5.334\,9 \times 0.909\,1 + 6 \times 0.385\,5 = -3.137(\text{百万元})\end{aligned}$$

用相同的方法,求得其他状态的净现值,结果见表5.6。

依据式(5.15),计算方案净现值的期望值:

$$\begin{aligned}E(\text{NPV}) = \sum_{j=1}^{K} \text{NPV}^{(j)} \cdot p_j &= 0.1 \times (-3.137) + 0.2 \times 2.098 + \\ &\quad 0.4 \times 17.805 + 0.2 \times 18.040 + 0.1 \times 18.851\\ &= 12.721(\text{百万元})\end{aligned}$$

计算方案净现值的方差和均方差：

$$D(\mathrm{NPV}) = \sum_{j=1}^{k} [\mathrm{NPV}^{(j)} - E(\mathrm{NPV})]^2 \cdot p_j = [(-3.137) - 12.721]^2 \times 0.1 + (2.098 - 12.721)^2 \times 0.2 + (17.805 - 12.721)^2 \times 0.4 + (18.04 - 12.721)^2 \times 0.2 + (18.851 - 12.721)^2 \times 0.1 = 43.938(\text{百万元})$$

均方差 $=\sqrt{D(\mathrm{NPV})} = 6.629$(百万元)

该方案净现值的概率树图如图 5.11 所示，从图中可以看出，方案净现值大于零的概率为：

$$p(\mathrm{NPV} > 0) = 0.2 + 0.4 + 0.2 + 0.1 = 0.9$$

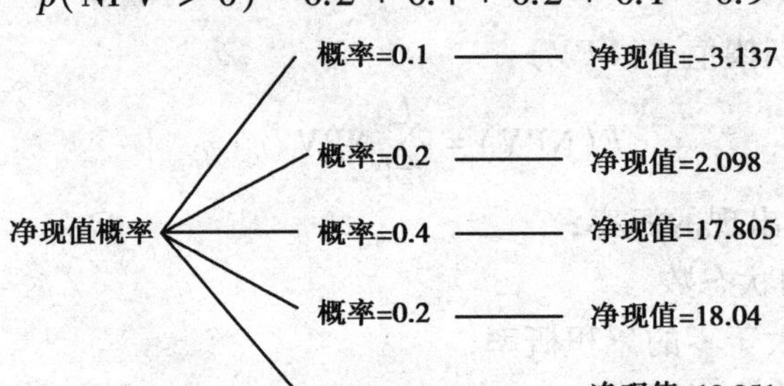

图 5.11　方案净现值的概率图

5)蒙特卡洛模拟法

蒙特卡洛模拟法的原理是用随机抽样的方法抽取一组输入变量的数值，并根据输入变量的数值计算项目评价指标，如内部收益率、净现值等，通过多次抽样计算可获得评价指标的概率分布及累计概率分布、期望值、方差、标准差，计算项目可行和不可行的概率，从而估计项目投资所承担的风险。

蒙特卡洛模拟法的一般程序如下：

①通过敏感性分析，确定风险随机变量；

②确定风险随机变量的概率分布；

③通过随机数表或计算机求出随机数，根据风险随机变量的概率分布模拟输入变量；

④选取经济评价指标，如内部收益率、净现值等；

⑤根据基础数据计算评价指标值；

⑥整理模拟结果可得评价指标的期望值、方差、标准差及其概率分布、累计概率分布，绘制累计概率图，计算项目可行和不可行的概率。

【例 5.6】　假设调查小组获得的某项目的年营业收入服从表 5.7 所列的离散型概率分布。

表 5.7　离散型随机变量的概率分布

年营业收入/万元	1 000	1 300	1 600	2 000
概率	0.1	0.45	0.3	0.15
累计概率	0.1	0.55	0.85	1

根据表中的数据绘制累计概率分布,如图5.12所示。

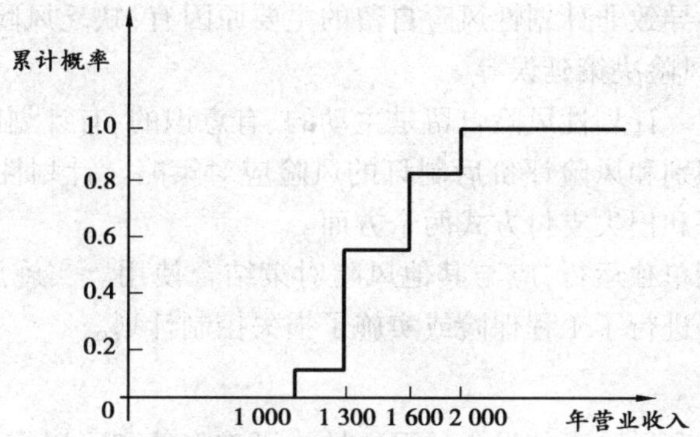

图5.12 累计概率分布图

若抽取的随机数为51 886,从累计概率图纵坐标上找到累计概率为0.518 86,画一条水平线与累计概率折线相交的交点的横坐标值为1 300万元/年,即为年营业收入的抽样值。

随机数、累计概率与抽样结果的关系,如表5.8所示。

表5.8 随机数、累计概率及抽样结果关系表

年营业收入/万元	1 000	1 300	1 600	2 000
随机数	00 000~09 999	10 000~59999	60 000~84 999	85 000~99 999
累计概率	0.1	0.55	0.85	1

▶ 5.4.4 常用的风险对策

工程项目风险的应对策略包括风险回避、风险自留、风险减轻和风险转移。

1)风险回避

风险回避是指在完成项目风险分析与评价后,如果发现风险发生的概率很高,而且可能的损失也很大,又没有其他有效的对策来降低风险时,应采取放弃项目、放弃原有计划或改变目标等方法,使风险不发生或不再发展,从而避免可能产生的潜在损失。风险回避是彻底规避风险的一种做法,即断绝风险的来源。但是有时放弃承担风险就意味着可能放弃某些机会,因此,某些情况下的风险回避是一种消极的风险处理方式。

通常遇到下列情况时,应考虑风险回避的策略:

①风险事件发生概率很大且后果损失也很大的项目;

②发生损失的概率并不大,但当风险事件发生后产生的损失是灾难性的、无法弥补的。

2)风险自留

顾名思义,风险自留就是将风险损失留给自己承担。风险自留措施可能是主动的,也可能是被动的。风险自留与其他风险对策的根本区别在于:它不改变项目风险的客观性质,也就是既不改变项目风险的发生概率,也不改变项目风险潜在损失的严重性。

风险自留可以分为非计划性风险自留和计划性风险自留两种。

①非计划性风险自留。由于风险管理人员没有意识到项目某些风险的存在,或者不曾有

意识地采取有效措施,以致风险发生后只好保留在风险管理主体内部。这样的风险自留就是非计划性的或被动的。导致非计划性风险自留的主要原因有:缺乏风险意识、风险识别失误、风险分析与评价失误、风险决策延误等。

②计划性风险自留。计划性风险自留是主动的、有意识的、有计划的选择,是风险管理人员在经过正确的风险识别和风险评价后制订的风险应对策略。计划性风险自留的计划性主要体现在风险自留水平和损失支付方式两个方面。

风险自留绝不可能单独运行,应与其他风险对策结合使用。实施风险自留时,应保证重大和较大项目风险已经进行了工程保险或实施了损失控制计划。

3)风险减轻

风险减轻是指把不利风险事件发生的可能性或影响降低到可以接受的临界值范围内,这也是绝大部分项目应用的主要风险对策。

针对项目具体情况提出风险减轻措施。风险减轻措施既可以是针对项目内部采取的技术措施、工程措施、管理措施,也可以针对项目向外分散,如银行为了降低自己的风险,只贷给投资项目所需资金的一部分,让其他银行和投资者共担风险。

4)风险转移

当有些风险无法回避,必须直接面对,而以自身的承受能力又无法有效承担时,这时可以将项目业主可能面临的风险转移给他人承担,以避免风险损失。转移的本身并不能消除风险,只是将风险管理的责任和可能从该风险管理中所能获得的利益移交给他人。

风险转移的方法有很多,主要包括非保险转移和保险转移两大类。

①非保险转移又称为合同转移,因为这种风险转移一般是通过签订合同的方式将项目风险转移给非保险人的对方当事人。非保险转移主要可以采取业主将合同责任和风险转移给对方当事人、承包商进行项目分包、第三方担保等方式。非保险转移的优点主要体现在:一是可以转移某些不可能的潜在损失,如法规变化、物价上涨、设计变更等引起的投资增加;二是被转移者往往能较好地进行损失控制,如承包商相对于业主能更好地把握施工技术风险、专业分包商相对于总承包商能更好地完成专业性强的工程内容。

②保险转移通常又称为工程保险。通过购买保险,业主或承包商作为投保人将本应由自己承担的项目风险(含第三方责任险)转移给保险公司,使自己免受风险损失。当然保险不是万能的,它并不能转移工程项目的所有风险,这是因为:一是存在不可保风险,二是因为有些风险不宜保险。因此,对于工程项目风险,应将保险转移和风险回避、风险自留和风险减轻结合起来运用。

无论采用何种风险转移方式,风险的接收方应具有更强的风险承受能力或更有利的处理能力。

本章小结

随着我国改革开放的进一步深入,中国已经全面融入了世界经济圈,企业对项目投资需求也不断增加,然而在市场经济条件下所有投资项目都含有一定的风险。本章重点阐述了项目在投资决策前的盈亏平衡分析、敏感性分析和风险分析的要点。结合定量和定性的描述，掌握分析方法，弥补对项目投资决策中的风险估计不足的问题，降低投资决策风险。

不确定性分析是项目经济评价中的一项重要内容，主要是对不确定因素进行分析，测算它们的增减变化对项目效益的影响。常用的不确定性分析方法主要有盈亏平衡分析、敏感性分析。

风险分析是认识项目可能存在的潜在风险因素，估计这些因素发生的可能性及由此造成的影响，研究防止或减少不利影响而采取对策的一系列活动。总而言之，风险分析是识别风险因素，估计风险概率，评价风险影响并制订风险对策的过程。

课后练习题

1.风险分析与不确定性分析的区别和联系有哪些？

2.线性盈亏平衡分析的假设前提有哪些？

3.敏感性分析的含义、分类和分析步骤是什么？

4.简述投资项目的主要风险，风险分析的内容及常用的风险分析对策。

5.某项目设计年产量为 6 万件，每件售价为 1 000 元，单位产品可变成本为 350 元，单位产品税金及附加为 150 元，固定成本为 360 万元，则用生产能力利用率表示的项目盈亏平衡点为多少？

6.某技术方案的设计年产量为 8 万元，单件产品销售价格为 100 元，单位产品可变成本为 20 元，单位产品税金及附加为 5 元，按设计生产能力生产时，年利润为 200 万元，则该技术方案的盈亏平衡点产销量为多少万件？

7.某投资项目的设计生产能力为年产 10 万台某种设备，主要经济参数的估算值为：初始投资额为 1 200 万元，预计产品价格为 40 元/台，年经营成本为 170 万元，运营年限为 10 年，运营期末残值为 100 万元，基准收益率为 12%。以净现值为分析对象，就项目的投资额、产品价格和年经营成本等因素进行敏感性分析并绘制敏感性分析图。

项目资金来源及资金成本

【教学要求】

知识要点	能力要求	相关知识
项目资金来源和资金筹措	(1)理解既有法人融资、新设法人融资的特点及适用情形 (2)理解项目资金来源 (3)掌握资本金筹措的方式 (4)掌握债务资金筹措的方式	(1)融资主体的基本概念 (2)既有法人融资的特点及适用情形 (3)新设法人融资的特点及适用情形 (4)资本金的筹措 (5)债务资金的筹措
资金成本	(1)了解资金成本的概念 (2)熟悉个别资金成本的计算 (3)掌握综合资金成本的计算	(1)资金成本 (2)普通股资金成本 (3)优先股资金成本 (4)借款资金成本 (5)债券资金成本 (6)加权平均资金成本

【关键术语】

融资主体,既有法人融资,新设法人融资,资本金筹措,债务资金筹措,资金成本,普通股资金成本,优先股资金成本,债券资金成本,加权平均资金成本

6.1　项目资金来源和资金筹措

►　6.1.1　项目的融资主体

融资主体是指进行融资活动、承担融资责任和风险的经济实体。为了建立投资责任约束机制,规范项目法人的行为,明确其责、权、利,提高投资效益,依照《中华人民共和国公司法》,原国家计划委员会特制定《关于实行建设项目法人责任制的暂行规定》。实行项目法人责任制,由项目法人对项目的策划、资金筹措、建设实施、生产经营、债务偿还和资产的保值增值实行全过程负责。项目的融资主体应是项目法人。根据项目是否组建新的项目法人,可对主体进行划分,具体可分为既有法人融资主体和新设法人融资主体两大类。两类项目法人在融资方式上和项目的财务分析方面存在较大不同。

1)既有法人融资主体

既有法人融资是指以既有法人作为项目法人进行项目建设的融资活动。既有法人融资具有以下几个特点:

①拟建项目不组建新的项目法人,由既有法人组织融资活动并承担风险;

②拟建项目一般是在既有法人信用和资产的基础上进行;

③一般从既有法人的财务状况分析融资后的偿债能力。

采用既有法人融资方式,项目的融资方案需要与既有法人公司的财务安排相协调,主要适用于以下项目:

①既有法人为扩大生产能力而进行的扩建或技术改造项目;

②与既有法人的资产以及经营活动联系密切的项目;

③项目的盈利能力较差,但项目对整个企业的持续发展具有重要作用,需要利用既有法人的整体资信获得债务资金。

2)新设法人融资

新设法人融资是指组建新的项目法人进行项目建设的融资活动。新设法人融资具有以下几个特点:

①项目投资由新设法人筹集项目的资本金和债务资金;

②由新设法人承担项目的融资责任和风险;

③凭借项目投产后的经济效益分析项目偿债能力。

新设法人可按《中华人民共和国公司法》的规定设立有限责任公司(包括国有独资公司)和股份有限公司。新设法人享有法人财产权,并承担责任和风险。新设法人融资主要适用于以下项目:

①拟建项目的投资规模较大,既有法人不具有为项目进行融资和承担全部融资责任的经济实力;

②既有法人财务状况较差,难以获得债务资金,同时项目与既有法人的经营活动联系不密切;

③项目自身具有较强的盈利能力,依靠项目自身未来的现金流量可以按期偿还债务的项目。

▶ 6.1.2 项目的资金来源

1)资金来源

制订融资方案必须要明确资金来源,同时围绕可能的资金来源,选择合适的融资方式,制订可行的融资方案。项目资金来源按照融资主体不同可分为内部融资来源和外部融资来源两类,相应的融资也可以分为内源融资和外源融资两个方面。由于内源融资不需要实际对外支付利息或者股息,因此首先考虑内源融资,然后再考虑外源融资。

(1)内源融资

内源融资也称为内部融资,即将作为融资主体的既有法人内部的资金转化为项目投资的过程。既有法人内部融资的渠道和方式主要有货币资金、资产变现、企业产权转让、直接使用非现金资产。

(2)外源融资

外源融资即吸收融资主体外部的资金来源。当然,外部资金来源渠道有很多,可以根据外部资金来源供应的可靠性、充足性、融资成本、融资风险等因素选择合适的外部资金来源渠道。

目前我国建设项目外部资金来源渠道主要有:

①中央和地方政府可用于项目建设的财政性资金;

②商业银行和政策性银行的信贷资金;

③证券市场的资金;

④非银行金融机构的资金;

⑤国际金融机构的信贷资金;

⑥外国政府提供的信贷资金、赠款;

⑦企业、团体和个人可用于项目建设投资的资金;

⑧外国公司或个人直接投资的资金。

2)融资方式

融资方式是指为了筹集资金所采取的方式、方法以及具体的手段和措施。同一资金来源渠道可以采取不同的融资方式,同一融资方式也可以运用于不同的资金来源渠道。在制订融资方案时,不仅要明确资金来源渠道,还必须要有针对该资金来源渠道所采取的切实可行的融资方式、手段和措施。

从资金来源的两个方面看,这里的融资方式主要是针对外源融资而言。外源融资可以分为直接融资和间接融资。直接融资方式是指融资主体不通过银行等金融机构,而从资金提供者手中直接融资。例如发行股票和企业债券融资。间接融资方式是指融资主体通过银行等金融中介机构向资金提供者间接融资。例如向商业银行申请贷款、委托信托公司进行证券化融资等。

▶ 6.1.3 资本金的筹措

项目资本金指投资项目总投资中必须包含一定比例的由投资方认缴的资金。投资人以资本金形式向项目或企业投入的资金称为权益资金。除了主要由中央和地方政府用财政预算投资建设的公益性项目等部分特殊项目外,大部分投资项目都应实行资本金制度。

对投资者来说,项目资本金是非债务性资金,项目法人不承担这部分资金的任何利息和债务;投资者可按其出资比例依法享有所有者权益,也可以转让出资,但不得以任何形式抽回投资。

投资项目资本金可以用货币出资,也可用实物、非专利技术、工业产权、土地使用权等作价出资。对于以实物、工业产权、非专利技术、土地使用权出资的,必须经过有资格的评估机构依照法律法规评估作价,不得高估或低估。以工业产权、非专利技术作价出资的比例不得超过资本金总额的20%,但国家对采用高新技术成果有特别规定的除外。

1)既有法人项目资本金筹措

既有法人可用于项目资本金的资金来源分为内外两个方面。

(1)内部资金来源

内部资金来源主要是既有法人的自有资金,主要包括以下几个方面:

①企业的现金。企业现金在扣除必要的日常经营后,多余的资金可以用于项目投资。

②未来生产经营中获得的可用于项目的资金。在未来的项目建设期间,企业可以从生产经营中获得新的现金,扣除生产经营开支及其他必要开支,剩余的部分可以用于项目投资。

③企业资产变现。企业可以将现有资产变现,取得的资金用于项目投资。一般情况下资产变现包括长期投资、短期投资、固定资产、无形资产的变现。

④企业产权转让。企业可以将原来拥有的产权部分或全部转让给他人,换取资金用于新项目投资。

融资方案研究中,公司如果不具备足够的资金能力,或者不愿意失掉原有的资产权益,这时就可以考虑外部资金来源来筹集资本金。

(2)外部资金来源

①企业增资扩股。企业可以通过原有股东增资扩股或吸收新的股东增资扩股,主要有国家股、企业法人股、个人股等。

②优先股。优先股的股东不参与公司的经营管理,没有公司的控制权。它是介于股本资金与负债之间的融资方式,同时发行优先股不需要还本,但是要支付固定股息,固定的股息一般高于银行的贷款利息。

2)新设法人项目资本金筹措

新设法人项目的资本金由新设法人负责筹集。它的来源分为两种:其一是在新法人设立时由发起人和投资人按项目资本金额度要求提供足额资金;其二是由新法人在资本市场上发行股票进行融资。

▶ 6.1.4　债务资金的筹措

债务资金是项目投资中以负债方式取得的资金。在制订债务资金筹措方案时,需要考虑债务期限、债务偿还、债务序列、债权保证、违约风险、货币结构与国家风险、利率结构等因素。

债务资金的融资方式分为3种,如图6.1所示。

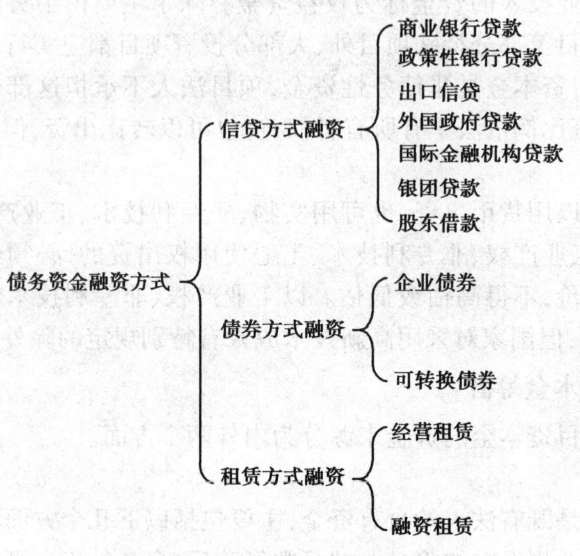

图 6.1 债务资金融资方式

1)信贷方式融资

(1)商业银行贷款

商业银行贷款按照期限分为短期贷款、中期贷款、长期贷款。贷款期限在 1 年以内的为短期贷款,期限为 1~3 年的为中期贷款,3 年以上期限的为长期贷款。一般情况下,商业银行贷款期限不超过 10 年,如果期限超过 10 年,需要到中国人民银行备案。

(2)政策性银行贷款

政策性银行贷款的利率通常会比商业银行贷款利率低,主要是为了支持一些特殊的生产、贸易和基础设施建设项目。在我国,中国进出口银行、中国农业发展银行等都属于政策性银行。

(3)出口信贷

出口信贷分为买方信贷和卖方信贷。针对项目建设需要进口设备的,可以使用设备出口国的出口信贷。

买方信贷以设备进口商为借款人,设备进口商作为借款人取得贷款资金用于支付进口设备货款同时对银行还本付息。当然,买方信贷可以通过本国的商业银行转贷,也可以不通过本国商业银行转贷。通过本国商业银行转贷时,设备出口国的贷款银行将贷款贷给进口国的一家转贷银行,再由进口国转贷银行将贷款贷给设备进口商。

卖方信贷以设备出口商为借款人,贷款从设备出口国的银行取得。

出口信贷一般不支持对设备的价款进行全额贷款,只能提供设备价款的 85%,其余的 15%需要由设备进口商用现金支付。

(4)外国政府贷款

外国政府贷款的利率一般较低,可以为 2%~4%,有时会无息,还款期限可达 20~30 年之久。项目使用外国政府贷款需要得到我国政府的支持,外国政府贷款经常与出口信贷混合使用,有时还伴有一部分赠款。

(5)国际金融机构贷款

能够提供项目贷款的主要国际金融机构有世界银行、国际金融公司、欧洲复兴与开发银行、亚洲开发银行、美洲开发银行等。国际金融机构的贷款利率低于商业银行,通常有一定的优惠,但是也有可能支付某些附加费用。

(6)银团贷款

银团贷款除了支付贷款利率外,借款人还要支付一些附加费,主要有安排费、管理费、承诺费、代理费和其他杂费。

组成银团贷款需要有一家或数家牵头银行,联络其他的参加银行,研究考察项目,代表银团成员谈判和拟订贷款条件,起草法律文件等。银团贷款中还需要由一家或数家代理银行,负责监管借款人的账户,监控他们的资金,划收及划转贷款本息。

(7)股东借款

股东借款是指公司的股东对公司提供贷款,对于借款公司来说,在法律上是一种负债。项目的股东借款是否后于其他的项目贷款受偿,需要依照预先的约定。如果没有预先约定顺序,股东借款与其他债务处于同等受偿顺序。

2)债券方式融资

(1)企业债券

企业债券融资是一种直接融资方式,从资金市场直接获得资金,利率一般低于银行贷款利率。企业债券既可以在国内市场上发行,也可以在国外资本市场上发行。在国内发行需要得到国家金融监管机构和国家证券监管机构的审批。发行债券需要证券公司或者银行进行承销,承销机构要收取承销费用,比如发行手续费、兑付手续费等。

(2)可转换债券

可转换债券是股票的衍生品种,遵循股票管理规则。可转换债券的持有人有权按照预先规定的条件将债权转换为发行人公司的股权。当公司经营业绩好时,可转换债券的持有人可以将债权转为公司的股权;当公司业绩不好时,则可以将债券进行兑付本息。

3)租赁方式融资

租赁主要包括经营租赁、融资租赁两种。租赁作为一种融资方式,主要是针对融资租赁。融资租赁的主要特点是租赁期限长、租赁合同稳定,承租人负责维修,期满后承租方可以将租赁物退还给出租方,也可以买下租赁物。

6.2 资金成本

▶ 6.2.1 资金成本的概念

资金成本是指为筹集和使用资金而付出的代价,由资金占用费和资金筹集费两部分组成,即

$$资金成本 = 资金占用费 + 资金筹集费 \tag{6.1}$$

资金占用费是指在资金使用过程中发生的,向资金提供者支付的代价。它主要包含借款利息、优先股股息、债券利息、普通股红利及权益收益。

资金筹集费是指资金在筹集过程中发生的各种费用。它主要包含律师费、资信评估费、

证券印刷费、公证费、发行手续费、担保费、承诺费、银团贷款管理费。

资金成本用相对数表示,通常说资金成本率。

▶ 6.2.2 个别资金成本的计算

1)权益资金成本计算

(1)普通股资金成本

普通股资金成本一般可以采用资本定价模型进行估算,按照股东要求的投资收益率确定。

$$K_s = R_f + \beta(R_m - R_f) \tag{6.2}$$

式中 K_s——普通股资金成本;

R_f——社会无风险投资收益率;

β——项目的投资风险系数;

R_m——市场投资组合预期收益率。

【例 6.1】 假如社会无风险投资收益率为 3%,市场投资组合预期收益率为 12%,该项目的投资风险系数是 1.3,请采用资本定价模型计算普通股资金成本。

【解】 $K_s = R_f - \beta(R_m + R_f) = 3\% + 1.3 \times (12\% - 3\%) = 14.7\%$

(2)优先股资金成本

优先股是有固定股息的,优先股股息用税后净利润支付。优先股资金成本的计算式为:

$$\text{优先股资金成本} = \frac{\text{优先股股息}}{\text{优先股发行价格} - \text{发行成本}} \tag{6.3}$$

【例 6.2】 某项目发行的优先股面值为 100 元,发行价格为 96 元,发行成本为 2%,每年付息 1 次,固定股息率为 6%。请计算优先股的资金成本。

【解】 $\text{优先股资金成本} = \frac{\text{优先股股息}}{\text{优先股发行价格} - \text{发行成本}} = \frac{100 \times 6\%}{96 - 100 \times 2\%} = 6.38\%$

2)债务资金成本计算

(1)借款资金成本

企业以向金融机构借款的方式筹集资金,应分析借款的利率水平、利率的计算方式、计息和付息方式、偿还期限等因素。对于每年年末支付利息、贷款期末一次还本的借款,借款资金成本的计算公式为:

$$K_g = \frac{I(1 - T)}{G - F} = i_g \frac{1 - T}{1 - f} \tag{6.4}$$

式中 K_g——借款资金成本;

G——贷款总额;

I——贷款年利息;

i_g——贷款年利率;

F——贷款费用;

T——所得税税率;

f——筹资费费率。

【例 6.3】 某企业期初向银行借款 100 万元,年利率为 6%,按年付息,期限 3 年,到期一次还清借款,资金筹集费为借款额的5%,所得税税率为17%,请计算该借款资金成本。

【解】 $K_g = i_g \dfrac{1-T}{1-f} = 6\% \times \dfrac{1-17\%}{1-5\%} = 5.24\%$

(2)债券资金成本

债券的发行价格有以下3种:

①超价发行(溢价发行),是指以高于债券票面金额的价格发行;

②低价发行(折价发行),是指以低于债券票面金额的价格发行;

③等价发行,是指以债券票面金额的价格发行。

债券资金成本可以按下式计算:

$$K_B = \frac{I(1-T)}{B(1-f)} = i_B \frac{1-T}{1-f} \tag{6.5}$$

6.2.3 综合资金成本的计算

项目融资的综合资金成本可以用加权平均资金成本表示。将各种融资的资金成本以融资额占总融资额的比例为权数加权平均,即

$$K = \sum_{i=1}^{n} w_i \cdot k_i \tag{6.6}$$

式中 w_i——第i种来源资金的权重,即第i种来源资金所占的百分比;

k_i——第i种来源资金的资金成本。

【例6.4】 某项目通过长期借款、短期借款和发行股票分别融资4 000万元、1 000万元和7 000万元,融资的资金成本分别为8%、6%和15%,请计算该项目的加权平均资金成本。

【解】 项目融资的总额:4 000+1 000+7 000=12 000(万元)

加权平均资金成本 = 8% × 4 000/12 000 + 6% × 1 000/12 000 + 15% × 7 000/12 000 = 11.92%

本章小结

本章主要介绍融资主体、融资模式、项目资本金和债务资金筹措等问题。通过本章的学习,应了解融资主体的概念,熟悉融资的方式及渠道,掌握权益资金成本和债务资金成本的计算。

融资主体是指进行融资活动,承担融资责任和风险的经济实体。项目的融资主体应是项目法人。根据项目是否组建新的项目法人,可对主体进行划分,具体可分为既有法人融资主体和新设法人融资主体两大类。

制订融资方案必须要明确资金来源,同时围绕可能的资金来源,选择合适的融资方式,制订可行的融资方案。项目资金来源按照融资主体可分为内部融资来源和外部融资来源,相应的融资也可以分为内源融资和外源融资两个方面。

项目资本金指投资项目总投资中必须包含一定比例的由投资方认缴的资金。投资人以资本金形式向项目或企业投入的资金称为权益资金。投资项目资本金可以用货币出资,也可

用实物、非专利技术、工业产权、土地使用权等作价出资。债务资金是项目投资中以负债方式取得的资金。

资金成本是指为筹集和使用资金而付出的代价,主要表现为个别资金成本和综合资金成本。个别资金成本又包括权益资金成本和债务资金成本;综合资金成本用加权平均资金成本来表示。

课后练习题

1.项目资本金的资金来源有哪些?

2.债务资金的资金来源主要有哪些?

3.资金成本的含义和内容是什么?

4.某优先股面值为100元,发行价格为98元,发行成本为3%,每年付息一次,固定股息率为5%。请计算该优先股资金成本。

5.某项目投入总资金1 000万元。筹资方案为:银行借款600万元、优先股100万元、普通股300万元,其融资成本分别为5%、8%、10%。请计算该项目的加权平均资金成本。

工程项目财务分析及报表

【教学要求】

知识点	能力要求	相关知识
工程项目财务分析概述	(1)了解工程项目财务分析的含义 (2)了解工程项目财务分析的作用 (3)掌握工程项目财务分析的内容及步骤	(1)工程项目财务分析的含义 (2)工程项目财务分析的作用 (3)工程项目财务分析的内容及步骤
工程项目财务效益与费用的估算	(1)掌握工程项目财务效益及估算 (2)掌握工程项目财务费用及估算	(1)收入、建设投资、建设期利息、流动资金、总成本费用的估算 (2)经营成本 (3)折旧费和摊销费 (4)税费
财务分析与财务报表	(1)了解工程项目财务分析报表的含义 (2)掌握工程项目财务分析报表的编制 (3)掌握工程项目财务分析指标与报表的对应关系 (4)理解工程项目财务分析指标的计算	(1)辅助财务报表的编制 (2)基本财务报表的编制 (3)盈利能力分析 (4)偿债能力分析 (5)财务生存能力分析

【关键术语】

工程项目财务效益与费用,收入,投资,总成本费用,经营成本,折旧费和摊销费,税费,盈利能力分析,偿债能力分析,财务生存能力分析,辅助财务报表,基本财务报表

7.1 工程项目财务分析概述

▶ 7.1.1 财务分析的含义与作用

1)财务分析的含义

建设项目经济评价是项目前期工作的重要内容,对于加强固定资产投资宏观调控、提高投资决策的科学化水平、引导和促进各类资源合理配置、优化投资结构、减少和规避投资风险、充分发挥投资效益具有重要作用。建设项目经济评价应根据国民经济与社会发展以及行业、地区发展规划的要求,在项目初步方案的基础上,采用科学的分析方法,对拟建项目的财务可行性和经济合理性进行分析论证,为项目的科学决策提供经济方面的依据。建设项目的经济评价包括财务分析和国民经济分析。本章主要涉及工程项目的财务分析,在第8章讲解国民经济分析。

财务分析又称为财务评价,是建设项目可行性研究中经济评价的重要组成部分。对于经营性项目,财务分析是指在对投资和资金筹措、成本与费用、营业收入、税金及附加等进行估算的基础上,根据国家现行财税制度、价格体系和项目评估的有关规定,从项目的财务角度,分析计算项目直接发生的财务费用和效益,编制财务(辅助和基本)报表,计算财务指标,对项目的盈利能力、清偿能力及外汇平衡能力等进行分析,以判断项目在财务上的可行性,为项目的投资决策提供科学依据。对于非经营性项目,财务分析应主要分析项目的财务生存能力。

2)财务分析的作用

①项目决策分析与评价的重要组成部分。项目评价应从多角度、多方面进行,无论是项目的前评价、中间评价和后评价,财务分析都是必不可少的重要内容。在项目的前评价——决策分析与评价的各个阶段中,无论是机会研究报告、项目建议书、初步可行性研究报告,还是可行性研究报告,财务分析都是重要的组成部分。

②重要的决策依据。在经营性项目决策过程中,财务分析结论是重要的决策依据。项目发起人决策是否发起或进一步推进该项目,权益投资人决策是否投资于该项目,债权人决策是否贷款给该项目,审批人决策是否批准该项目,这些都要以财务分析为依据。对于那些需要政府核准的项目,各级核准部门在作出是否核准该项目的决策时,许多相关财务数据可作为项目社会和经济影响大小的估算基础。

③在项目或方案比选中起着重要作用。项目决策分析与评价的精髓是方案比选。在规模、技术、工程等方面都必须通过方案比选予以优化,财务分析结果可以反馈到建设方案构造和研究中,用于方案比选,优化方案设计,使项目整体更趋于合理。

④财务分析中的财务生存能力分析,对项目,特别是对非经营性项目的财务可持续性的考查起着重要作用。

▶ 7.1.2 财务分析的内容和步骤

财务分析应在工程项目财务效益与费用估算的基础上进行。财务分析的内容应根据项目的性质和目标确定,如表 7.1 所示。

表 7.1　财务分析的内容

评价内容	基本报表		评价指标	
			静态指标	动态指标
盈利能力分析	融资前分析	项目投资现金流量表	项目投资回收期	项目投资财务内部收益率
				项目投资财务净现值
	融资后分析	项目资本金现金流量表		项目资本金财务内部收益率
		投资各方现金流量表		投资各方财务内部收益率
		利润与利润分配表	总投资收益率	
			项目资本金净利润率	
偿债能力分析	借款还本付息计划表		偿债备付率	
			利息备付率	
	资产负债表		资产负债率	
			流动比率	
			速动比率	
财务生存能力分析	财务计划现金流量表		累计盈余资金	
不确定性分析	盈亏平衡分析		盈亏平衡产销量	
			盈亏平衡生产能力利用率	
	敏感性分析		敏感度系数	
			不确定因素的临界值	
风险分析	概率分析		NPV≥0 的累计概率	
			定性分析	

项目决策可分为投资决策和融资决策两个层次。投资决策重在考查项目净现金流量的价值是否大于其投资成本,融资决策重在考查资金筹措方案能否满足要求。严格来说,投资决策在前,融资决策在后。因此,根据不同决策的需要,财务分析可分为融资前分析和融资后分析,一般宜先进行融资前分析,在融资前分析结论满足要求的情况下,初步拟订融资方案,再进行融资后分析。

1)融资前分析

融资前分析是指在考虑融资方案前就可以进行的财务分析,即不考虑债务融资条件下进行的财务分析。融资前分析排除了融资方案变化的影响,从项目投资总获利能力的角度,考查项目方案设计的合理性。融资前分析只进行盈利能力分析,并以动态分析(折现现金流量)为主、静态分析(非折现现金流量)为辅。主要的计算指标是项目投资内部收益率和净现值,也可以计算静态投资回收期。

融资前动态分析应以营业收入、建设投资、经营成本和流动资金的估算为基础,考查整个计算期内现金流入和现金流出,编制项目投资现金流量表,利用资金时间价值的原理计算折现,计算项目投资内部收益率和净现值等指标。

2)融资后分析

融资后分析应以融资前分析和初步的融资方案为基础,考查项目在拟订融资条件下的盈利能力、偿债能力和财务生存能力,判断项目方案在融资条件下的可行性。融资后分析用于比选融资方案,帮助投资者作出融资决策。

对于经营性项目,应按以下内容与步骤进行全面的财务分析;对于非经营性项目,可以适当简化,重点进行财务生存能力分析。

①在明确项目范围的基础上,根据项目性质(新建项目或改扩建项目、经营性项目或非经营性项目等)选取适宜的方法。

②研究、确定财务分析的基础数据与参数,包括主要投入品和产出品财务价格、税率、利率、汇率、计算期、运营负荷、折旧年限、摊销年限、财务基准收益率等基础数据与参数。

③进行现金流量预测与计算,编制财务辅助报表,包括营业收入、税金及附加和总成本费用估算表等。

④汇总编制财务报表,包括各类现金流量表、利润与利润分配表、财务计划现金流量表、资产负债表和借款还本付息计划表。

⑤计算财务指标,进行融资前财务盈利能力分析和融资后财务盈利能力、偿债能力、财务生存能力分析。

⑥按以上内容和步骤对初步确定的项目建设方案(称为基本方案)完成财务分析后,还应结合不确定性分析和风险分析的结果,作出项目财务分析的结论。

⑦根据财务分析信息的反馈,为完善项目建设方案,有时需要对原先初步确定的建设方案进行较大的调整。在此情况下,需要对调整后的建设方案重新进行财务分析。

⑧编写财务分析报告。

7.2 工程项目财务效益与费用的估算

财务效益与费用是财务分析的重要基础,其估算的准确性与可靠程度对项目财务分析影响极大。财务效益与费用估算应遵循"有无对比"的原则,正确识别和估算"有项目"和"无项目"状态下的财务效益与费用。财务效益与费用估算应反映行业特点,符合依据明确、价格合理、方法适宜和表格清晰的要求。

财务效益与费用的估算应注意以下问题:

①财务效益与费用的估算应遵守现行财务、会计以及税收制度的规定。由于财务效益与费用的估算是对将来情况的预测,经济评价中允许做有别于财会制度的处理,但是要求财务效益与费用的估算在总体上与会计准则和会计以及税收制度相适应。

②财务效益与费用的估算应遵循"有无对比"的原则。"有无对比"是国际上项目评价中通用的效益与费用估算的基本原则,与项目评价的许多方面一样,财务效益与费用的估算同样需要遵循这条原则。所谓"有项目"是指实施项目后的将来状况,"无项目"是指不实施项目时的将来状况。

③财务效益与费用的估算应体现效益和费用对应一致的原则。即在合理确定的项目范

围内,对等地估算财务主体的直接效益以及相应的直接费用,避免高估或低估项目的净收益。

④财务效益与费用的估算应根据项目性质、类别和行业特点,明确相关的政策和其他依据,选取适宜的方法,进行文字说明,并编制相关表格。

财务效益的估算应与项目性质和项目目标相联系。项目的财务效益是指项目实施后所获得的营业收入。对于适用增值税的经营性项目,除营业收入外,其可得到的增值税返还也应作为补贴收入计入财务效益;对于非经营性项目,财务效益应包括可能获得的各种补贴收入。

项目所支出的费用主要包括投资、成本与费用和税金等。

在财务效益与费用估算中,通常可首先估算营业收入或建设投资,然后依次是经营成本和流动资金。当进行融资后分析时,可在初步融资方案的基础上再进行建设期利息估算,最后完成总成本费用的估算。

▶ 7.2.1 收 入

狭义上的收入即营业收入,是指在销售商品、提供劳务及让渡资产使用权等日常活动中形成的经济利益的总流入,包括主营业务收入和其他业务收入,不包括为第三方或客户代收的款项。

广义上的收入,包括营业收入、投资收益、补贴收入和营业外收入。项目财务效益估算中涉及的收入,工程中主要包括营业收入和补贴收入。

营业收入是构成企业利润的主要来源。项目财务评价中的营业收入包括销售商品或提供服务所获得的收入,其估算的基础数据包括产品或服务的数量和价格。

$$\text{营业收入} = \text{产品或服务的数量} \times \text{价格} \tag{7.1}$$

营业收入估算应分析、确认产品或服务的市场预测分析数据,特别要注重目标市场有效需求的分析;说明项目建设规模、产品或服务方案;分析产品或服务的价格,采用的价格基点、价格体系、价格预测方法;论述采用价格的合理性。

各期运营负荷(产品或服务的数量)应根据技术的成熟度、市场的开发程度、产品的寿命期、需求量的增减变化等因素,结合行业和项目特点,通过制订运营计划,合理确定。

对于先征后返的增值税、按销量或工作量等依据国家规定的补助定额计算并按期给予的定额补贴,以及属于财政扶持而给予的其他形式的补贴等,应按相关规定合理估算,并记作补贴收入。

▶ 7.2.2 投 资

项目评价中总投资是指项目建设和投入运营所需要的全部投资,包括建设投资、建设期利息和流动资金。

1)建设投资

建设投资是项目费用的重要组成,是项目财务分析的基础数据。按照费用归集形式,建设投资的构成可按概算法分类或按形成资产法分类。按概算法分类,建设投资包括工程费用(建筑工程费、设备购置费、安装工程费)、工程建设其他费用和预备费(基本预备费和涨价预备费)3个部分,如表7.2所示;按形成资产法分类,建设投资包括固定资产投资、无形资产投资、其他资产投资和预备费4项内容。

表 7.2　建设工程项目总投资组成(概算法分类)

<table>
<tr><th colspan="4">费用项目名称</th><th>形成的资产</th></tr>
<tr><td rowspan="21">建设工程
项目总投资</td><td rowspan="19">建设投资</td><td rowspan="2">工程费用</td><td>设备及工器具购置费</td><td rowspan="21">固定资产
无形资产
其他资产
流动资产</td></tr>
<tr><td>建筑安装工程费</td></tr>
<tr><td rowspan="15">工程建设
其他费用</td><td>土地使用费</td></tr>
<tr><td>建设管理费</td></tr>
<tr><td>可行性研究费</td></tr>
<tr><td>研究试验费</td></tr>
<tr><td>勘察设计费</td></tr>
<tr><td>环境影响评价费</td></tr>
<tr><td>劳动安全卫生评价费</td></tr>
<tr><td>场地准备及临时设施费</td></tr>
<tr><td>引进技术和进口设备其他费用</td></tr>
<tr><td>工程保险费</td></tr>
<tr><td>特殊设备安全监督检查费</td></tr>
<tr><td>市政公用设施建设及绿化补偿费</td></tr>
<tr><td>联合试运转费</td></tr>
<tr><td>生产准备费</td></tr>
<tr><td>办公和生活家具购置费</td></tr>
<tr><td rowspan="2">预备费</td><td>基本预备费</td></tr>
<tr><td>涨价预备费</td></tr>
<tr><td colspan="3">建设期利息</td></tr>
<tr><td colspan="3">流动资金</td></tr>
</table>

建设投资估算应在给定的建设规模、产品方案和工程技术方案的基础上,估算项目建设所需的费用。建设投资估算采用何种方法应取决于要求达到的精确度,而精确度又由项目前期研究阶段的不同以及资料数据的可靠性决定。因此,建设投资估算可根据项目前期研究的不同阶段、对投资估算精度的要求及相关规定,选用详细估算方法、生产规模指数估算法、资金周转率法、分项比例估算法等。

2)建设期利息

建设期利息是指筹措债务资金时在建设期内发生并按规定允许在投产后计入固定资产原值的利息,即资本化利息。建设期利息包括银行借款和其他债务资金的利息,以及其他融资费用。其他融资费用是指债务融资中发生的手续费、承诺费、管理费、信贷保险费等融资费用,一般情况下应将其单独计算并计入建设期利息。

估算建设期利息,需要根据项目进度计划,提出建设投资分年计划,列出各年投资额,并明确其中的外汇和人民币。估算建设期利息,应注意名义利率和实际利率的换算。

计算建设期利息时,为了简化计算,通常假定借款均在每年的年中支用,借款当年按半年计息,其余各年按全年计息。当建设期用自有资金按期支付利息时,可直接采用名义年利率计算建设期利息。

采用自有资金付息时,按单利计算:

$$各年应计利息=(年初借款本金累计+本年借款额/2)\times名义年利率 \tag{7.2}$$

采用复利方式计息时:

$$各年应计利息=(年初借款本息累计+本年借款额/2)\times有效年利率 \tag{7.3}$$

对有多种借款资金来源,每笔借款的年利率各不相同的项目,既可分别计算每笔借款的利息,也可先计算出各笔借款加权平均的年利率,并以加权平均年利率计算全部借款的利息。

在项目评估中,对于分期建设投产的项目,应注意按各期投产时间分别停止借款费用的资本化,即投产后继续发生的借款费用不作为建设期利息计入固定资产原值,而是作为运营期利息计入总成本费用。

3)流动资金

流动资金是指运营期内长期占用并周转使用的营运资金,不包括运营中需要的临时性营运资金。流动资金通常是在工业项目投产前预先垫付,在投产后的生产经营过程中,用于购买原材料、燃料动力、备品备件、支付工资和其他费用以及被在产品、半成品、产成品和其他存货占用的周转资金。在生产经营活动中,流动资金以现金及各种存款、存货,应收及预付款项等流动资产的形态出现。

流动资金估算可采用分项详细估算法。分项详细估算法是对流动资产和流动负债主要构成要素即存货、现金、应收账款、预付账款以及应付账款和预收账款等几项内容进行估算,计算公式为:

$$流动资金=流动资产-流动负债 \tag{7.4}$$

$$流动资产=应收账款+预付账款+存货+现金 \tag{7.5}$$

$$流动负债=应付账款+预收账款 \tag{7.6}$$

$$流动资金本年增加额=本年流动资金-上年流动资金 \tag{7.7}$$

流动资金估算的具体步骤是首先确定各分项最低周转天数,计算出周转次数,然后进行分项估算。

(1)周转次数的计算

$$周转次数=\frac{360天}{最低周转天数} \tag{7.8}$$

各类流动资产和流动负债的最低周转天数参照同类企业的平均周转天数并结合项目特点确定,或按部门(行业)规定,在确定最低周转天数时应考虑储存天数、在途天数,并考虑适当的保险系数。

(2)流动资产的估算

①存货的估算。存货是指企业在日常生产经营过程中持有以备出售,或者仍然处在生产过程,或者在生产或提供劳务过程中将消耗的材料或物料等,包括各类材料、商品、在产品、半成品和产成品等。为简化计算,项目评价中仅考虑外购原材料、燃料及动力,其他材料,在产品和产成品,并分项进行计算。计算公式为:

$$存货=外购原材料、燃料及动力+其他材料+在产品+产成品 \tag{7.9}$$

$$外购原材料、燃料及动力=\frac{年外购原材料、燃料及动力费用}{分项周转次数} \tag{7.10}$$

$$其他材料=\frac{年其他材料费用}{其他材料周转次数} \tag{7.11}$$

$$在产品=\frac{年外购原材料、燃料及动力费用+年工资及福利费+年修理费+年其他制造费用}{在产品周转次数} \tag{7.12}$$

$$产成品=\frac{年经营成本-年营业费用}{产成品周转次数} \tag{7.13}$$

其他制造费用是指由制造费用中扣除生产单位管理人员工资及福利费、折旧费、修理费后的其余部分。

②应收账款估算。应收账款是指企业对外销售商品、提供劳务尚未收回的资金,计算公式为:

$$应收账款=\frac{年经营成本}{应收账款周转次数} \tag{7.14}$$

③预付账款估算。预付账款是指企业为购买各类材料、半成品或服务所预先支付的款项,计算公式为:

$$预付账款=\frac{外购商品或服务年费用金额}{预付账款周转次数} \tag{7.15}$$

④现金需要量估算。项目流动资金中的现金是指为维持正常生产运营必须预留的货币资金,计算公式为:

$$现金=\frac{年工资及福利费+年其他费用}{现金周转次数} \tag{7.16}$$

$$\begin{aligned}年其他费用=&制造费用+管理费用+营业费用-\\&(以上三项费用中所含的工资及福利费、折旧费、摊销费、修理费)\end{aligned} \tag{7.17}$$

(3)流动负债估算

流动负债是指将在1年(含1年)或者超过1年的一个营业周期内偿还的债务,包括短期借款、应付票据、应付账款、预收账款、应付工资、应付福利费、应付股利、应交税金、其他暂收应付款项、预提费用和一年内到期的长期借款等。在项目评价中,流动负债的估算可以只考虑应付账款和预收账款两项,计算公式为:

$$应付账款=\frac{外购原材料、燃料动力及其他材料年费用}{应付账款周转次数} \tag{7.18}$$

$$预收账款=\frac{预收的营业收入年金额}{预收账款周转次数} \tag{7.19}$$

▶ 7.2.3 成本与费用

工程经济分析中不严格区分成本与费用,均视为现金流出(折旧费和摊销费是成本,但不是现金流出)。

1)总成本费用

总成本费用是指在运营期内为生产产品或提供服务所产生的全部费用,其组成如表 7.3 所示。根据成本和产量之间的关系,总成本费用可分解为固定成本和可变成本。固定成本一般包括折旧费、摊销费、修理费、工资及福利费(计件工资除外)和其他费用等,通常把运营期发生的全部利息也作为固定成本。可变成本主要包括外购原材料、燃料及动力费和计件工资等。有些成本费用属于半固定半可变成本,必要时可进一步分解为固定成本和可变成本。项目评价中可根据行业特点进行简化处理。

表 7.3　总成本费用组成

<table>
<tr><td rowspan="6">总成本费用</td><td rowspan="2">生产成本</td><td>直接费用</td><td>直接材料费、直接燃料及动力费、直接工资、其他直接费</td></tr>
<tr><td>制造费用</td><td>制造费用是指企业为生产产品和提供劳务而发生的各项间接费用,包括生产单位管理人员工资和福利费、折旧费、修理费(生产单位和管理用房屋、建筑物、设备)、办公费、水电费、物料消耗、劳动保护费、季节性和修理期间的停工损失等</td></tr>
<tr><td rowspan="3">期间费用</td><td>管理费用</td><td>管理费用是指企业为管理和组织生产经营活动所发生的各项费用,包括公司经费、工会经费、职工教育经费、劳动保险费、待业保险费、董事会费、咨询费、聘请中介机构费、诉讼费、业务招待费、排污费、房产税、车船使用税、土地使用税、印花税、矿产资源补偿费、技术转让费、研究与开发费、无形资产与其他资产摊销、职工教育经费、计提的坏账准备和存货跌价准备等</td></tr>
<tr><td>营业费用</td><td>营业费用是指企业在销售商品过程中发生的各项费用以及专设销售机构的各项经费,包括应由企业负担的运输费、装卸费、包装费、保险费、广告费、展览费以及专设销售机构人员工资及福利费、类似工程性质的费用、业务费等经营费用</td></tr>
<tr><td>财务费用</td><td>筹集资金等财务活动中发生的费用,包括生产经营期间发生的利息净支出、汇兑净损失、银行手续费以及为筹集资金发生的其他费用</td></tr>
</table>

成本与费用的估算应根据国家现行企业财务会计制度规定的成本和费用核算方法,同时应遵循有关税收制度中准予在所得税前列支科目的规定。当两者有矛盾时,一般应按从税的原则处理。各行业成本费用的构成各不相同,制造业项目可直接采用下述公式估算,其他行业的成本费用估算应根据行业规定或结合行业特点另行处理。总成本费用可按下列方法估算:

(1)生产成本加期间费用估算法

$$\text{总成本费用} = \text{生产成本} + \text{期间费用} \tag{7.20}$$

其中:

$$\text{生产成本} = \text{直接材料费} + \text{直接燃料和动力费} + \text{直接工资} + \text{其他直接费} + \text{制造费用} \tag{7.21}$$

$$\text{期间费用} = \text{管理费用} + \text{营业费用} + \text{财务费用} \tag{7.22}$$

按照生产成本加期间费用法估算的总成本费用,编制如表 7.4 所示的总成本费用估算表。

表7.4 总成本费用估算表(生产成本加期间费用法) 人民币单位:万元

序号	项 目	合计	计算期					
			1	2	3	4	…	n
1	生产成本							
1.1	直接材料费							
1.2	直接燃料及动力费							
1.3	直接工资及福利费							
1.4	制造费用							
1.4.1	折旧费							
1.4.2	修理费							
1.4.3	其他制造费							
2	管理费用							
2.1	无形资产摊销							
2.2	其他资产摊销							
2.3	其他管理费用							
3	财务费用							
3.1	利息支出							
3.1.1	长期借款利息							
3.1.2	流动资金借款利息							
3.1.3	短期借款利息							
4	营业费用							
5	总成本费用合计(1+2+3+4)							
5.1	其中:可变成本							
5.2	固定成本							
6	经营成本(5-1.4.1-2.1-2.2-3.1)							

注:①本表适用于新设法人项目与既有法人项目的“有项目”“无项目”和增量总成本费用的估算。

②生产成本中的折旧费、修理费是指生产性设施的固定资产折旧费和修理费。

③生产成本中的工资和福利费指生产性人员工资和福利费。车间或分厂管理人员工资和福利费可在制造费用中单独列项或含在其他制造费中。

④本表其他管理费用中含管理设施的折旧费、修理费以及管理人员的工资和福利费。

(2)生产要素估算法

在工程经济分析中,为了便于分析计算,通常按照各费用要素的经济性质及表现形态,把总成本费用分为9类,它们与总成本费用的关系如下式所示:

$$\begin{aligned}\text{总成本费用} = &\ \text{外购原材料、燃料及动力费} + \text{工资及福利费} + \text{折旧费} + \text{摊销费} + \\ &\ \text{修理费} + \text{财务费用(利息支出)} + \text{其他费用}\end{aligned} \tag{7.23}$$

其中,其他费用包括其他制造费用、其他管理费用和其他营业费用这3项。其他制造费用是指由制造费用中扣除生产单位管理人员工资及福利费、折旧费、修理费后的其余部分。其他管理费用是指由管理费用中扣除工资及福利费、折旧费、摊销费、修理费后的其余部分。其他营业费用是指由营业费用中扣除工资及福利费、折旧费、修理费后的其余部分。

按照生产要素法估算的总成本费用,编制如表7.5所示的总成本费用估算表。

表7.5 总成本费用估算表(生产要素法) 人民币单位:万元

序号	项 目	合计	计算期					
			1	2	3	4	…	n
1	外购原材料费							
2	外购燃料及动力费							
3	工资及福利费							
4	修理费							
5	其他费用							
6	经营成本(1+2+3+4+5)							
7	折旧费							
8	摊销费							
9	利息支出							
10	总成本费用合计(6+7+8+9)							
	其中:可变成本							
	固定成本							

注:本表适用于新设法人项目与既有法人项目的“有项目”“无项目”和增量成本费用的估算。

2)经营成本

经营成本是项目经济评价中所使用的特定概念,作为项目运营期的主要现金流出,其构成和估算可用下列方法表达:

$$经营成本 = 外购原材料、燃料及动力费 + 工资及福利费 + 修理费 + 其他费用 \tag{7.24}$$

或

$$经营成本 = 总成本费用 - 折旧费 - 摊销费 - 利息支出 \tag{7.25}$$

3)折旧费和摊销费

(1)折旧费估算

固定资产折旧是指固定资产在使用过程中因逐渐损耗而转移到产品成本或商品流通费的那部分价值。折旧既是固定资产价值的一种补偿方式,也是固定资产在使用过程中会逐渐损耗的现象。通过折旧计入产品成本或商品流通费的那部分固定资产转移价值,称为折旧费。固定资产折旧影响因素如下:

①固定资产原值。固定资产原值是固定资产原始价值的简称,也称为固定资产原始成本、原始购置成本或历史成本,指企事业单位建造、购置固定资产时实际发生的全部费用支出,包括建造费、买价、运杂费、安装费等。固定资产原值反映企业在固定资产方面的投资和企业的生产规模、装备水平等。它还是进行固定资产核算、计算折旧的依据。

②预计净残值。预计净残值是指假定固定资产预计使用寿命已满并处于使用寿命终了时的预期状态，企业目前从该项资产处置中获得的扣除预计处置费用后的金额。企业应当根据固定资产的性质和使用情况，合理确定固定资产的使用寿命和预计净残值。固定资产的使用寿命、预计净残值一经确定，不得随意变更。

③固定资产使用寿命。固定资产使用寿命的确定，应当考虑固定资产的预计生产能力、预计有形损耗和无形损耗、法律或者类似规定对资产使用的限制。

我国现行固定资产的折旧方法主要有平均年限法、工作量法、双倍余额递减法和年数总和法等。平均年限法和工作量法也统称为直线法。

①平均年限法。平均年限法是指将固定资产按预计使用年限平均计算折旧，均衡分摊到各期的一种方法。采用这种方法计算的每期（年、月）折旧额都是相等的。其计算公式为：

$$固定资产年折旧额 = \frac{固定资产原值 - 固定资产净残值}{固定资产预计使用年限} \tag{7.26}$$

$$固定资产月折旧额 = \frac{年折旧额}{12} \tag{7.27}$$

每年固定资产折旧额与固定资产原值之比称为固定资产年折旧率。

②工作量法。工作量法是按照固定资产预计可完成的工作量计提折旧额的一种方法。其计算公式为：

$$单位工作量折旧额 = \frac{固定资产原值 - 固定资产净残值}{预计总工作量} \tag{7.28}$$

$$某固定资产月折旧额 = 该项固定资产当月工作量 \times 单位工作量折旧额 \tag{7.29}$$

施工企业常用的工作量法有以下两种：

a.行驶里程法：按固定资产行驶里程平均计算折旧额的方法，适用于机动车辆、船舶等运输设备计提折旧。其计算公式为：

$$每单位里程折旧额 = \frac{固定资产原值 - 固定资产净残值}{总行驶里程} \tag{7.30}$$

$$某固定资产月折旧额 = 该项固定资产当月行驶里程 \times 每单位里程折旧额 \tag{7.31}$$

b.工作台班法：按工作台班数平均计算折旧额的方法，适用于机械、设备等计提折旧。其计算公式为：

$$每工作台班折旧额 = \frac{固定资产原值 - 固定资产净残值}{总工作台班} \tag{7.32}$$

$$某固定资产月折旧额 = 该项固定资产当月工作台班 \times 每工作台班折旧额 \tag{7.33}$$

【例 7.1】 某施工机械预算价格为 200 万元，预计可使用 10 年，每年平均工作 250 个台班，预计净残值 40 万元。按工作量法计算该机械年折旧费。

【解】 $每工作台班折旧额 = \frac{200 - 40}{250 \times 10} = 0.064(万元)$

$施工机械年折旧额 = 0.064 \times 250 = 16(万元)$

③双倍余额递减法。双倍余额递减法是在不考虑固定资产残值的情况下，根据每期期初固定资产账面余额和双倍的直线法折旧率计算固定资产折旧的一种方法。采用这种折旧方法，固定资产账面余额随着折旧的计提逐年减少，而折旧率不变，因此各期计提的折旧额必然逐年减少。双倍余额递减法是加速折旧的方法，是在不缩短折旧年限和不改变净残值率的情况下，改变固定资产折旧额在各年之间的分布，在固定资产使用前期提取较多的折旧，而在使

用后期则提取较少的折旧。

$$年折旧率 = \frac{2}{折旧年限} \times 100\% \tag{7.34}$$

$$年折旧额 = 年折旧率 \times 固定资产净值 \tag{7.35}$$

由于双倍余额递减法不考虑固定资产的残值收入,因此,在应用这种方法时必须注意不能使固定资产的账面折余价值(指折旧后剩余价值)降低到它的预计残值收入以下。应当在其固定资产折旧年限到期以前两年内,将固定资产折余价值扣除预计残值后的余额平均摊销,即最后两年改用直线折旧法计算折旧。最后两年的折旧额为:

$$年折旧额 = \frac{固定资产折余价值 - 固定资产净残值}{2} \tag{7.36}$$

④年数总和法。年数总和法又称为合计年限法,是以固定资产原值扣除预计净残值后的余额乘以一个逐年递减的折旧率计提折旧的一种方法。采用年数总和法的关键是每年都要确定一个不同的折旧率。

$$年折旧率 = \frac{尚可使用年限}{预计使用年限的年数总和} \times 100\% \tag{7.37}$$

$$年折旧额 = (固定资产原值 - 预计净残值) \times 年折旧率 \tag{7.38}$$

【例 7.2】 某企业一台机器的原值是 50 000 元,预计净残值是 2 000 元,预计使用年限为 5 年,分别按双倍余额递减法和年数总和法计算其折旧。

【解】 采用双倍余额递减法计算的各年折旧额,如表 7.6 所示。

$$年折旧率 = \frac{2}{折旧年限} \times 100\% = \frac{2}{5} \times 100\% = 40\%$$

表 7.6 双倍余额递减法计算各年折旧

序号	期初账面净值/元	折旧率	折旧额/元	累计折旧额/元	期末账面净值/元
1	50 000	40%	20 000	20 000	30 000
2	30 000	40%	12 000	32 000	18 000
3	18 000	40%	7 200	39 200	10 800
4	10 800		4 400	43 600	6 400
5	6 400		4 400	48 000	2 000

采用年数总和法计算的各年折旧额,如表 7.7 所示。

$$年折旧率 = \frac{尚可使用年限}{预计使用年限的年数总和} \times 100\%$$

表 7.7 年数总和法计算各年折旧

序号	原值-预计净残值/元	尚可使用的年数	折旧率/%	年折旧额/元	累计折旧额/元
1	48 000	5	5/15	16 000	16 000
2	48 000	4	4/15	12 800	28 800
3	48 000	3	3/15	9 600	38 400
4	48 000	2	2/15	6 400	44 800
5	48 000	1	1/15	3 200	48 000

(2)摊销费估算

无形资产是指不具有实物形态,而以某种特殊权利、技术、知识、素质、信誉等价值形态存在于企业并对企业长期发挥作用的资产,如专利权、租赁权、特许经营权、版权、商标权、土地使用权等。无形资产属于企业的长期资产,能在较长的时间里给企业带来效益。但无形资产也有一定的有效期限,它所具有的价值的权利或特权总会终结或消失,因此,企业应将入账的寿命有限的无形资产的价值在一定年限内摊销,其摊销金额计入管理费用,并同时冲减无形资产的账面价值。

摊销费是指无形资产和其他资产等一次性投入费用的分摊。企业通过计提摊销费,回收无形资产及其他资产的资本支出。其计算公式为:

$$\text{摊销费} = \frac{\text{无形资产原值}}{\text{无形资产摊销年限}} + \frac{\text{其他资产原值}}{\text{其他资产摊销年限}} \tag{7.39}$$

折旧费和摊销费不是一种经常性的实际支出,而是以前一次性投资支出的分摊。从项目整个投资周期看,固定资产、无形资产和其他资产的投资都已作为一次性的支出,所以不能再把折旧和摊销看作是支出,因而折旧费和摊销费不是现金流出。

▶ 7.2.4 相关税费

税收是政府为了满足社会公共需要,凭借政治权利,强制、无偿地取得财政收入的一种形式。我国现行税收制度所包含的税种,按征税对象大致分为5类:流转税类、所得税类、财产和行为税类、资源税类、特定目的税类。项目评价所涉及的税费主要包括增值税、消费税、所得税、资源税、城市维护建设税和教育费附加、关税等。

1)增值税

增值税是一种对我国境内以商品生产、流通和劳务服务中各环节的增值额为征收对象的实行税款抵扣制的流转税。增值税的特点是对增值额计税,实行价外计税,征收范围广,连续征收且不重复纳税。实际中,商品新增价值或附加值在生产和流通过程中是很难准确计算的,因此我国也采用国际上普遍采用的税款抵扣的办法,即根据销售商品或劳务的销售额,按规定的税率计算出销售税额,然后扣除取得该商品或劳务时所支付的增值税款,也就是进项税额,其差额就是增值部分应交的税额。这种计算方法体现了按增值因素计税的原则。

增值税实行凭增值税专用发票抵扣税款的制度,因此对纳税人的会计核算水平要求较高,要求能够准确核算销项税额、进项税额和应纳税额。但实际情况是有众多的纳税人达不到这一要求,因此《中华人民共和国增值税暂行条例》将纳税人按其经营规模大小以及会计核算是否健全划分为一般纳税人和小规模纳税人,一般纳税人可以适用增值税专用发票。根据《中华人民共和国增值税暂行条例》(根据2017年11月19日《国务院关于废止〈中华人民共和国营业税暂行条例〉和修改〈中华人民共和国增值税暂行条例〉的决定》第二次修订)和《财政部 税务总局关于调整增值税税率的通知》(财税〔2018〕32号),现行增值税税率如下:

①纳税人销售货物、劳务、有形动产租赁服务或者进口货物,除以下②、④、⑤项另有规定外,税率为16%。

②纳税人销售交通运输、邮政、基础电信、建筑、不动产租赁服务,销售不动产,转让土地使用权,销售或者进口下列货物,税率为10%:

a.粮食等农产品、食用植物油、食用盐;

b.自来水、暖气、冷气、热水、煤气、石油液化气、天然气、二甲醚、沼气、居民用煤炭制品；

c.图书、报纸、杂志、音像制品、电子出版物；

d.饲料、化肥、农药、农机、农膜；

e.国务院规定的其他货物。

③纳税人销售服务、无形资产，除①、②、⑤项另有规定外，税率为6%。

④纳税人出口货物，税率为零；但是，国务院另有规定的除外。

⑤境内单位和个人跨境销售国务院规定范围内的服务、无形资产，税率为零。

增值税一般纳税人销售货物或者提供应税劳务的应纳税额，应该等于当期销项税额抵扣当期进项税额后的余额。其计算公式为：

$$\begin{aligned}\text{当期应纳税额} &= \text{当期销项税额} - \text{当期进项税额}\\ &= \text{当期销售额} \times \text{适用税率} - \text{当期进项税额}\end{aligned} \tag{7.40}$$

小规模纳税人发生应税销售行为，实行按照销售额和征收率计算应纳税额的简易办法，并不得抵扣进项税额。小规模纳税人增值税征收率为3%，国务院另有规定的除外。小规模纳税人的标准由国务院财政、税务主管部门规定。应纳税额计算公式为：

$$\text{应纳税额} = \text{销售额} \times \text{征收率} \tag{7.41}$$

2)消费税

消费税是对在我国境内从事生产、委托加工和进口税法规定的应税消费品的单位和个人征收的一种流转税，是对特定的消费品和消费行为在特定的环节征收的一种间接税。消费税是在对货物普遍征收增值税的基础上，选择少数消费品再征收的一个税种，主要是为了调节产品结构，引导消费方向，保证国家财政收入。现行消费税的征收范围主要包括烟、酒、化妆品、贵重首饰及珠宝玉石等14个税目。消费税属于价内税，实行单一环节征收，一般在应税消费品的生产、委托加工和进口环节缴纳；在以后的批发、零售等环节中，由于价款中已包含消费税，因此不必再缴纳消费税。

3)所得税

所得税是指以单位或个人在一定时期内的纯所得额为征税对象的各个税种，包括企业所得税和个人所得税。企业所得税的纳税义务人，是指在中华人民共和国境内的企业和其他取得收入的组织。企业所得税实行比例税率。在我国，一般企业所得税的税率为25%。

4)资源税

资源税是对在我国境内开采应税矿产品和生产盐的单位和个人，就其应税数量征收的一种税。资源税的纳税义务人是指在我国境内及管辖的海域开采应税资源的矿产品或者生产盐的单位和个人。资源税的税目包括7大类：原油、天然气、煤炭、其他非金属矿原矿、黑色金属矿原矿、有色金属矿原矿和盐。

5)城市维护建设税

城市维护建设税是我国为了加强城市的维护建设，扩大和稳定城市维护建设资金的来源，而对有经营收入的单位和个人征收的一个税种。城市维护建设税的纳税义务人为负有缴纳增值税、消费税和营业税义务的单位和个人。城市维护建设税按纳税人所在地的不同，设置了3档地区差别比例税率：除特殊规定外，纳税人所在地为市区的，税率为7%；纳税人所在地为县城、镇的，税率为5%；纳税人所在地不在市区、县城或者镇的，税率为1%。城市维护建设税纳税人的应纳税额大小是由纳税人实际缴纳的“三税”税额决定的，其计算公式为：

$$应纳税额 = (增值税 + 消费税 + 营业税) \times 适用税率 \tag{7.42}$$

6）教育费附加

教育费附加是对缴纳增值税、消费税、营业税的单位和个人征收的一种附加费。其作用是发展地方性教育事业，扩大地方教育经费的资金来源。凡是缴纳增值税、消费税的单位和个人，均为教育费附加的纳费义务人（简称纳费人），教育费附加费率为3%。

7）关税

关税是以进出口的应税货物为纳税对象的税种。进口货物的收货人、出口货物的发货人、进出境物品的所有人，是关税的纳税义务人。项目评价中涉及引进设备、技术和进口原材料时，可能需要估算进口关税。项目评价中应按有关税法和国家的税收优惠政策，加强进口关税的估算。我国仅对少数货物征收出口关税，而对大部分货物免征出口关税。

营业收入、税金及附加估算表，如表7.8所示。

表7.8　营业收入、税金及附加估算表　　人民币单位：万元

序号	项　目	合计	计算期					
			1	2	3	4	…	*n*
1	营业收入							
1.1	产品A营业收入							
	单价							
	数量							
	销项税额							
1.2	产品B营业收入							
	单价							
	数量							
	销项税额							
	…							
2	税金及附加							
2.1	增值税							
	销项税额							
	进项税额							
2.2	消费税							
2.3	城市维护建设税							
2.4	教育费附加							

注：①本表适用于新设法人项目与既有法人项目的“有项目”“无项目”和增量的营业收入、税金及附加的估算。

②根据行业或产品的不同可增减相应税收科目。

7.3　财务分析与财务报表

► 7.3.1　工程项目财务评价报表概述

财务报表包括基本报表和辅助报表。为计算评价指标,考查项目的盈利能力、偿债能力和财务生存能力等财务状况,需要在编制财务评价辅助报表的基础上编制财务评价基本报表。财务评价采用的财务基本报表是根据国内外目前使用的一些不同的报表格式,结合我国实际情况和现行有关规定设计的。通过这些基本报表可以直接计算出一系列评价指标,进行盈利能力、偿债能力、财务生存能力及不确定性和风险分析。

基本报表有各类现金流量表、利润与利润分配表、财务计划现金流量表、资产负债表和借款还本付息计划表。

辅助报表主要有投资估算表(见表 7.9),建设期利息估算表(见表 7.10),流动资金估算表(见表 7.11),项目总投资使用计划与资金筹措表(见表 7.12),营业收入、税金及附加估算表(见表 7.8),总成本费用估算表(见表 7.4、表 7.5)等。

表 7.9　投资估算表　　　　人民币单位:万元

序号	工程或费用名称	估算价值					比例/%
		建筑工程费	设备购置费	安装工程费	其他费用	合计	
1	工程费用						
1.1	主体工程						
	×××						
1.2	辅助工程						
	×××						
1.3	公用工程						
	×××						
1.4	服务性工程						
	×××						
1.5	厂外工程						
	×××						
1.6	×××						
2	工程建设其他费用						
	×××						
3	预备费						
	基本预备费						
	涨价预备费						

续表

序号	工程或费用名称	估算价值					比例/%
		建筑工程费	设备购置费	安装工程费	其他费用	合计	
4	建设投资合计						
	比例/%						

注:①“比例”分别指各主要科目的费用占建设投资的比例。

②本表适用于新设法人项目与既有法人项目的新增建设投资的估算。

③“工程或费用名称”可依不同行业的要求调整。

表 7.10　建设期利息估算表　　人民币单位:万元

序号	项　目	合计	计算期					
			1	2	3	4	…	*n*
1	借款							
1.1	建设期利息							
1.1.1	期初借款余额							
1.1.2	当期借款							
1.1.3	当期应计利息							
1.1.4	期末借款余额							
1.2	其他融资费用							
1.3	小计(1.1+1.2)							
2	债券							
2.1	建设期利息							
2.1.1	期初债券余额							
2.1.2	当期债券余额							
2.1.3	当期应计利息							
2.1.4	期末债券余额							
2.2	其他融资费用							
2.3	小计(2.1+2.2)							
3	合计(1.3+2.3)							
3.1	建设期利息合计(1.1+2.1)							
3.2	其他融资费用合计(1.2+2.2)							

注:①本表适用于新设法人项目与既有法人项目的新增建设期利息的估算。

②如果有多种借款或债券,必要时应分别列出。

表 7.11　流动资金估算表　　人民币单位:万元

序号	项　目	最低周转天数	周转次数	计算期					
				1	2	3	4	…	n
1	流动资产								
1.1	应收账款								
1.2	存货								
1.2.1	原材料								
1.2.2	×××								
	…								
1.2.3	燃料								
	×××								
	…								
1.2.4	在产品								
1.2.5	产成品								
1.3	现金								
1.4	预付账款								
2	流动负债								
2.1	应付账款								
2.2	预收账款								
3	流动资金(1-2)								
4	流动资金当期增加额								

注：本表适用于新设法人项目与既有法人项目的“有项目”“无项目”和增量流动资金的估算。

表 7.12　项目总投资使用计划与资金筹措表　　人民币单位:万元

序号	项　目	合　计	1	…
1	总投资			
1.1	建设投资			
1.2	建设期利息			
1.3	流动资金			
2	资金筹措			
2.1	项目资本金			
2.1.1	用于建设投资			
	××方			
	…			

续表

序号	项　目	合　计	1	…
2.1.2	用于流动资金			
	××方			
	…			
2.1.3	用于建设期利息			
	××方			
	…			
2.2	债务资金			
2.2.1	用于建设投资			
	××借款			
	××债券			
	…			
2.2.2	用于建设期利息			
	××借款			
	××债券			
	…			
2.2.3	用于流动资金			
	××借款			
	××债券			
	…			
2.3	其他资金			
	××			
	…			

▶ 7.3.2　盈利能力分析与报表编制

盈利能力分析考查项目投资的盈利水平，它直接关系到项目投产后能否生存和发展，是评价项目财务可行性的基本依据。盈利能力的大小是企业进行投资活动的原动力，也是进行投资决策的首要因素。

盈利能力分析的主要指标包括项目投资财务内部收益率、财务净现值、项目资本金财务内部收益率、投资回收期、总投资收益率、项目资本金净利润率等，可根据项目的特点及财务分析的目的、要求等选用。根据是否考虑资金时间价值，财务分析分为动态分析和静态分析两种情况。

1)动态分析

动态分析是通过编制财务现金流量表,根据资金时间价值原理,计算财务内部收益率、财务净现值等指标,分析项目的获利能力。按投资计算基础的不同,现金流量表分为项目投资现金流量表、项目资本金现金流量表和投资各方现金流量表。项目投资现金流量表以项目为一个独立系统,从融资前的角度出发,不考虑投资来源,假设全部投资都是自有资金。项目资本金现金流量表从项目法人(或投资者整体)的角度出发,以项目资本金作为计算基础,把借款还本付息作为现金流出。投资各方现金流量表分别从各个投资者的角度出发,以投资者的出资额作为计算基础。

(1)项目投资现金流量表

项目投资现金流量表(见表7.13)主要用于融资前的盈利能力分析,根据此现金流量表,计算项目投资财务内部收益率、项目投资财务净现值、项目投资回收期等指标,考查项目的获利能力。为了体现与融资方案无关的要求,项目投资现金流量表中的基础数据都要剔除利息的影响,例如采用不含利息的经营成本作为现金流出,而不是总成本费用。

表7.13 项目投资现金流量表 人民币单位:万元

序号	项 目	合计	计算期					
			1	2	3	4	…	*n*
1	现金流入							
1.1	营业收入							
1.2	补贴收入							
1.3	回收固定资产余值							
1.4	回收流动资金							
2	现金流出							
2.1	建设投资							
2.2	流动资金							
2.3	经营成本							
2.4	税金及附加							
2.5	维持运营投资							
3	所得税前净现金流量(1-2)							
4	累计所得税前净现金流量							
5	调整所得税							
6	所得税后净现金流量(3-5)							
7	累计所得税后净现金流量							

续表

序号	项　目	合计	计算期					
			1	2	3	4	…	n
计算指标： 项目投资财务内部收益率(%)(所得税前) 项目投资财务内部收益率(%)(所得税后) 项目投资财务净现值(所得税前) 项目投资财务净现值(所得税后) 项目投资回收期(年)(所得税前) 项目投资回收期(年)(所得税后)								

注:①本表适用于新设法人项目与既有法人项目的增量和“有项目”的现金流量分析。

②调整所得税为以息税前利润为基数计算的所得税,区别于“利润与利润分配表”“项目资本金现金流量表”和“财务计划现金流量表”中的所得税。

(2)项目资本金现金流量表

项目资本金现金流量分析是从项目权益投资者整体的角度,考查项目给项目权益投资者带来的收益水平。它是在拟订的融资方案下进行的息税后分析,依据项目资本金现金流量表(见表7.14)计算项目资本金内部收益率指标。该表将各年投入项目的项目资本金作为现金流出,各年缴付的所得税和还本付息也作为现金流出,因此其净现金流量可以表示在缴税和还本付息之后的剩余,即项目增加的净收益,也是投资者的权益性收益。通过该表计算的项目资本金内部收益率指标反映的是从投资者整体权益角度考查盈利能力的要求,也就是从项目发起人角度对盈利能力进行判断的要求。

表7.14　项目资本金现金流量表　　人民币单位:万元

序号	项　目	合计	计算期					
			1	2	3	4	…	n
1	现金流入							
1.1	营业收入							
1.2	补贴收入							
1.3	回收固定资产余值							
1.4	回收流动资金							
2	现金流出							
2.1	项目资本金							
2.2	借款本金偿还							
2.3	借款利息支付							
2.4	经营成本							
2.5	税金及附加							
2.6	所得税							
2.7	维持运营投资							

续表

序号	项　目	合计	计算期					
			1	2	3	4	…	n
3	净现金流量(1-2)							
计算指标: 资本金财务内部收益率(%)								

注:①项目资本金包括用于建设投资、建设期利息和流动资金的资金。

②对外商投资项目,现金流出中应增加职工奖励及福利基金科目。

③本表适用于新设法人项目与既有法人项目"有项目"的现金流量分析。

(3)投资各方现金流量表

工程项目财务分析时,还应从投资各方实际收入和支出的角度,确定其现金流入和现金流出,分别编制投资各方现金流量表(表7.15),计算投资各方的财务内部收益率指标,考查投资各方可能获得的收益水平。

表7.15　投资各方现金流量表　　人民币单位:万元

序号	项　目	合计	计算期					
			1	2	3	4	…	n
	生产负荷/%							
1	现金流入							
1.1	股利分配							
1.2	资产处置收益分配							
1.3	租赁费收入							
1.4	技术转让收入							
1.5	其他现金流入							
2	现金流出							
2.1	股权投资							
2.2	租赁资产支出							
2.3	其他现金流出							
3	净现金流量(1-2)							
计算指标: 投资各方财务内部收益率(%)								

注:本表可按不同投资方分别编制。

①投资各方现金流量表既适用于内资企业,也适用于外商投资企业;既适用于合资企业,也适用于合作企业。

②投资各方现金流量表中现金流入是指出资方因该项目的实施将实际获得的各种收入;现金流出是指出资方因该项目的实施将实际投入的各种支出。表中科目应根据项目具体情况调整。

投资各方现金流量表中的数据解释：

①股利分配是指投资者由项目获取的利润。

②资产处置收益分配是指对有明确的合营期限或合资期限的项目，在期满时对资产余值按股比或约定比例的分配。

③租赁费收入是指出资方将自己的资产租赁给项目使用所获得的收入，此时应将资产价值作为现金流出，列为租赁资产支出科目。

④技术转让收入是指出资方将专利或专有技术转让或允许该项目使用所获得的收入。

2）静态分析

静态分析是不采取折现方式处理数据，主要依据利润与利润分配表（见表 7.16），并借助现金流量表计算总投资收益率、项目资本金利润率等指标。

表 7.16　利润与利润分配表　　人民币单位：万元

序号	项　目	合计	计算期					
			1	2	3	4	…	n
	生产负荷(%)							
1	营业收入							
2	税金及附加							
3	总成本费用							
4	其他收益							
5	营业利润(1-2-3+4)							
6	营业外收益							
7	营业外支出							
8	利润总额(5+6-7)							
9	所得税							
10	税后利润(8-9)							
	其中：持续经营净利润							
	终止经营净利润							
11	期初未分配利润							
12	可供分配利润(10+11)							
13	提取法定盈余公积金							
14	可供投资者分配的利润(12-13)							
15	应付优先股股利							
16	提取任意盈余公积金							
17	应付普通股股利(14-15-16)							
18	各方投资利润分配							
	其中：××方							

续表

序号	项　目	合计	计算期					
			1	2	3	4	…	n
19	未分配利润(14-15-16-17-18)							
20	息税前利润(利润总额+利息支出)							
21	息税折旧前利润(息税前利润+折旧+摊销)							

注:①对于外商出资项目由第 12 项减去储备基金、职工奖励与福利基金和企业发展基金后,得出可供投资者分配的利润。

②"持续经营净利润"和"终止经营净利润"项目,分别反映净利润中与持续经营相关的净利润和与终止经营相关的净利润;如为净亏损,以"—" 号填列。

③第 15~17 项根据企业性质和具体情况选择填列。

④法定盈余公积金按净利润计提。

▶ 7.3.3 偿债能力分析与报表编制

偿债能力分析主要是考查项目的财务状况和按期偿还债务的能力,直接关系到企业面临的财务风险和企业的财务信用程度。偿债能力的大小是企业进行筹资决策的重要依据,应从以下两个方面进行评价:

①项目偿还固定资产投资国内借款所需的时间,即通过计算借款偿还期,判别项目是否能满足贷款机构的要求。

②项目资金的流动水平,即通过计算资产负债率、偿债备付率、利息备付率、流动比率和速动比率,用于反映项目寿命期内各年的利润、盈亏、资产和负债、资金来源与运营、资金流动和债务运用等财务状况及资产结构的合理性。

偿债能力分析主要需编制借款还本付息计划表和资产负债表。借款还本付息计划表(见表 7.17)反映项目计算期内各年借款本金偿还和利息支付情况。资产负债表用于综合反映项目计算期内各年年末资产、负债和所有者权益的增减变化及对应关系。

表 7.17　借款还本付息计划表　　人民币单位:万元

序号	项　目	合计	计算期					
			1	2	3	4	…	n
1	借款 1							
1.1	期初借款余额							
1.2	当期还本付息							
	其中:还本							
	付息							
1.3	期末借款余额							
2	借款 2							
2.1	期初借款余额							

续表

序号	项　目	合计	计算期					
			1	2	3	4	…	n
2.2	当期还本付息							
	其中:还本							
	付息							
2.3	期末借款余额							
3	债券							
3.1	期初债务余额							
3.2	当期还本付息							
	其中:还本							
	付息							
3.3	期末债务余额							
4	借款和债券合计							
4.1	期初余额							
4.2	当期还本付息							
	其中:还本							
	付息							
4.3	期末余额							
计算指标: 利息备付率(%) 偿债备付率(%)								

注:①本表与财务分析辅助报表"建设期利息估算表"可合二为一。

②本表直接适用于新设法人项目,如有多种借款或债券,必要时应分别列出。

③对于既有法人项目,在按"有项目"范围进行计算时,可根据需要增加项目范围内原有借款的还本付息计算;在计算企业层次的还本付息时,可根据需要增加项目范围外借款的还本付息计算;当直接进行项目层次新增借款还本付息简化计算时,可直接按新增数据进行计算。

④本表可另加流动资金借款的还本付息计算。

表 7.18　资产负债表　　人民币单位:万元

序号	项　目	合计	计算期					
			1	2	3	4	…	n
1	资产							
1.1	流动资产总额							
1.1.1	货币资金							
1.1.2	应收账款							
1.1.3	预付账款							

续表

序号	项　目	合计	计算期					
			1	2	3	4	…	n
1.1.4	存货							
1.1.5	其他							
1.2	在建工程							
1.3	固定资产净值							
1.4	无形及其他资产净值							
2	负债及所有者权益(2.4+2.5)							
2.1	流动负债总额							
2.1.1	短期借款							
2.1.2	应付账款							
2.1.3	预收账款							
2.1.4	其他							
2.2	建设投资借款							
2.3	流动资金借款							
2.4	负债小计(2.1+2.2+2.3)							
2.5	所有者权益							
2.5.1	资本金							
2.5.2	资本公积金							
2.5.3	累计盈余公积金							
2.5.4	累计未分配利润							
计算指标： 资产负债率(%)								

注:①对外商投资项目,第 2.5.3 项改为累计储备基金和企业发展基金。

②对既有法人项目,一般只针对法人编制,可按需要增加科目,此时表中资本金是指企业全部实收资本,包括原有和新增的实收资本;必要时,也可针对“有项目”范围编制,此时表中资本金仅指“有项目”范围的对应数值。

③货币资金包括现金和累计盈余资金。

▶ 7.3.4　财务生存能力分析与报表编制

在项目(企业)运营期间,确保从各项经济活动中得到足够的净现金流量是项目能够持续生存的条件。财务分析中应根据财务计划现金流量表(见表 7.19),综合考虑项目计算期内各年的投资活动、融资活动和经营活动所产生的各项现金流入和现金流出,计算净现金流量和累计盈余资金,分析项目是否有足够的净现金流量维持正常运营。因此,财务生存能力分析也可称为资金平衡分析。

表 7.19　财务计划现金流量表　　人民币单位:万元

序号	项　目	合计	计算期					
			1	2	3	4	…	n
1	经营活动净现金流量(1.1-1.2)							
1.1	现金流入							
1.1.1	营业收入							
1.1.2	增值税销项税额							
1.1.3	补贴收入							
1.1.4	其他流入							
1.2	现金流出							
1.2.1	经营成本							
1.2.2	增值税进项税额							
1.2.3	税金及附加							
1.2.4	所得税							
1.2.5	其他流出							
2	投资活动净现金流量(2.1-2.2)							
2.1	现金流入							
2.2	现金流出							
2.2.1	建设投资							
2.2.2	维持运营投资							
2.2.3	流动资金							
2.2.4	其他流出							
3	筹资活动净现金流量(3.1-3.2)							
3.1	现金流入							
3.1.1	项目资本金投入							
3.1.2	建设投资借款							
3.1.3	流动资金借款							
3.1.4	债券							
3.1.5	短期借款							
3.1.6	其他流入							
3.2	现金流出							
3.2.2	偿还债务本金							

续表

序号	项　目	合计	计算期					
			1	2	3	4	…	n
3.2.3	应付利润(股利分配)							
3.2.4	其他流出							
4	净现金流量(1+2+3)							

注:①对于新设法人项目,本表投资活动的现金流入为零。

②对于既有法人项目,可适当增加科目。

③必要时,现金流出中可增加应付优先股股利科目。

④对外商投资项目应将职工奖励与福利基金作为经营活动现金流出。

财务生存能力分析应结合偿债能力分析进行,如果拟安排的还款期过短,致使还本付息负担过重,导致为维持资金平衡必须筹措的短期借款过多,可以调整还款期,减轻各年还款负担。通常因运营期前期的还本付息负担过重,故应特别重视运营期前期的财务生存能力分析。

可以从以下两个方面来判断项目的财务生存能力:

①拥有足够的经营净现金流量是财务可持续的基本条件,特别是在运营初期。一个项目具有较大的经营净现金流量,说明项目方案比较合理,实现自身资金平衡的可能性大,不会过分依赖融资来维持运营;反之,一个项目不能产生足够的经营净现金流量,或经营净现金流量为负值,说明维持项目正常运行会遇到财务上的困难,项目方案缺乏合理性,实现自身资金平衡的可能性小,有可能要靠短期融资来维持运营;或者是非经营项目本身无能力实现自身资金平衡,这意味着要靠政府补贴。

②各年累计盈余资金不出现负值是财务生存的必要条件。在整个运营期间,允许个别年份的净现金流量出现负值,但不能容许任一年份的累计盈余资金出现负值。一旦出现负值,应适时进行短期融资,该短期融资应体现在财务计划现金流量表中,同时短期融资的利息也应纳入成本费用和其后的计算。较大的或较频繁的短期融资,有可能导致以后的累计盈余资金无法实现正值,致使项目难以持续经营。

财务计划现金流量表是项目财务生存能力分析的基本报表,其编制基础是财务分析辅助报表和利润与利润分配表。

7.4　案例分析

某新设法人项目财务分析

1)项目概况

某高新技术产业化项目,其可行性研究已完成市场需求预测、生产规模、工艺技术方案、建厂条件和厂址方案、环境保护、工厂组织和劳动定员以及项目实施规划各方面的研究论证和多方案比较。项目财务分析在此基础上进行。项目基准收益率为12%(融资前税前),基准投资回收期为 8.3 年(融资前税前)。

2)基础数据

①生产规模和产品方案。生产规模为年产 1.2 万 t 某工业原料。产品方案为 A 型及 B 型两种,以 A 型为主。

②实施进度。项目拟两年建成,第 3 年投产,当年生产负荷达到设计能力的 70%,第 4 年达到 90%,第 5 年达到 100%。生产期按 8 年计算,计算期为 10 年。

③建设投资估算。建设投资估算见表 7.20。

④流动资金估算采用分项详细估算法,估算总额为 3 133.95 万元。流动资金借款为 2 325.63 万元。流动资金估算见表 7.21。

⑤资金来源。项目资本金为 7 121.43 万元,其中用于流动资金 808.32 万元,其余为借款。资本金由甲、乙两个投资方出资,其中甲方出资 3 000 万元,分别于建设期每年年初投入 1 500 万元,从还完建设投资长期借款年开始,每年分红按出资额的 25%进行,经营期末收回投资。建设投资债务资金由中国人民银行和中国建设银行提供贷款,其中中国人民银行贷款年利率为 7.47%,中国建设银行贷款年利率为 7.56%;流动资金由中国工商银行提供贷款,年利率为 7.29%。投资分年使用计划按第一年 60%、第二年 40%的比例分配。项目资金使用计划与资金筹措见表 7.22。

⑥工资及福利费估算。全厂定员 100 人,工资及福利费按每人每年 40 000 元估算,全年工资及福利费估算为 400 万元(其中福利费按工资总额的 14%计算)。

⑦年营业收入、税金及附加估算。产品售价以市场价格为基础,预测生产期初的市场价格,每吨出厂价按 16 150 元计算(不含增值税)。产品增值税税率为 17%。本项目采用价外计税方式考虑增值税。城市维护建设税按增值税的 7%计算,教育费附加按增值税的 3%计算。年营业收入、税金及附加估算见表 7.23。

⑧产品成本估算。总成本费用估算见表 7.24。成本估算说明如下:

a.固定资产原值中除工程费中的设备及工器具投资、建筑安装工程投资及其他费用中的土地费用外,还包括建设期利息以及预备费用。固定资产原值为 19 458.65 万元,按平均年限法计算折旧,折旧年限为 8 年,残值率为 5%,折旧率为 11.85%,年折旧额为 2 310.71 万元。固定资产折旧费估算见表 7.25。

b.其他费用中其余部分均作为无形资产及其他资产。无形资产为 368.90 万元,采用平均年限法,按 8 年摊销,年摊销额为 46.11 万元;其他资产为 400 万元,采用平均年限法,按 5 年摊销,年摊销额为 80 万元。无形资产及其他资产摊销费估算见表 7.26。

c.修理费计算。修理费按年折旧额的 50%提取,每年 1 155.36 万元。

d.借款利息计算。流动资金借款年应计利息为 169.54 万元,建设投资长期借款采用量入偿付法的方式清偿,利息计算见表 7.32。量入偿付法是以一个较长期限来计算每期偿还额,但以短期贷款期限确定贷款利率,贷款人在前期分期偿还本息,剩余本金到期一次偿还。简单来说,就是长贷短供。其贷款利息和部分本金分期偿还,剩余本金到期一次偿还。

e.固定成本和可变成本。可变成本包含外购原材料、外购燃料、动力费;固定成本包含总成本费用中除可变成本外的费用。

⑨利润与利润分配。利润与利润分配见表 7.30。利润总额正常年为 3 950.18 万元。所得税按利润总额的 25%计取,法定盈余公积金在长期借款还本之后提取,按税后利润的 10%计取。

3)融资前分析

项目投资现金流量表,见表7.27。根据该表计算的评价指标为:所得税前项目投资财务内部收益率(FIRR)为15.40%,项目投资财务净现值($i_c=12\%$)为3 868.54万元,静态投资回收期(含建设期)为5.97年;所得税后项目投资财务内部收益率(FIRR)为12.42%,项目投资财务净现值($i_c=12\%$)为439.73万元,静态投资回收期(含建设期)为6.54年。

项目投资财务内部收益率大于基准收益率,项目投资财务净现值大于零,该项目在财务上是可以接受的。

4)融资后分析

①项目资本金现金流量表见表7.28,根据该表计算资本金财务内部收益率为18.59%。

②甲方投资现金流量表见表7.29,根据该表计算甲方投资财务内部收益率为10.27%。

③根据利润与利润分配表(见表7.30)、资金使用计划与资金筹措表(见表7.22)计算以下指标:

$$\text{总投资收益率}=\frac{\text{运营期内年平均息税前利润}}{\text{总投资}}\times 100\%$$

$$=\frac{\dfrac{29\ 136.89}{8}}{23\ 361.5}\times 100\%=\frac{3\ 642.11}{23\ 361.5}\times 100\%=15.59\%$$

该项目投资收益率大于行业平均利润率8%,说明单位投资收益水平达到行业标准。

$$\text{项目资本金利润率}=\frac{\text{运营期内年平均净利润}}{\text{项目资本金}}\times 100\%$$

$$=\frac{\dfrac{18\ 947.34}{8}}{7\ 121.43}\times 100\%=\frac{2\ 368.42}{7\ 121.43}\times 100\%=33.26\%$$

④根据利润与利润分配表(见表7.30)、财务计划现金流量表(见表7.31)、建设期利息估算及还本付息计划表(见表7.32)、固定资产折旧费估算表(见表7.25)、无形资产及其他资产摊销费估算表(见表7.26)计算借款偿还期内以下项目综合利息备付率和综合偿债备付率。各年利息备付率与偿债备付率见表7.32。

$$\text{利息备付率}=\frac{\text{息税前利润}}{\text{当期应付利息费用}}=\frac{12\ 738.02}{3\ 195.62}=3.99$$

$$\text{偿债备付率}=\frac{\text{当期用于还本付息资金}}{\text{当期应还本付息金额}}=\frac{\text{息税前利润}+\text{折旧}+\text{摊销}-\text{所得税}}{\text{借款利息支付}+\text{借款本金偿还}}$$

$$=\frac{12\ 738.02+9\ 242.86+504.45-2\ 385.6}{3\ 195.62+13\ 914.45}=1.17$$

式中利息支付的计算见表7.33。

通过计算,项目综合利息备付率为3.99,综合偿债备付率为1.17。借款偿还期内第1年利息备付率小于2,其余各年利息备付率均大于2,并随着借款本金的偿还而逐年上升,借款偿还期末利息备付率达12.03,项目付息保证程度较高。项目按照最大能力偿还借款本金,借款偿还期内前3年偿债备付率均为1,偿还期末偿债备付率达2.17,说明项目的偿债能力较强。

⑤根据财务计划现金流量表(见表7.31),项目计算期内各年的净现金流量累计盈余均为正值,各年均有足够的净现金流量维持项目的正常运营,可保证项目财务的可持续性。

5)财务分析说明

①本项目财务分析分融资前分析和融资后分析两个层次。融资前分析从项目投资总获利能力角度,考查项目方案设计的合理性,重在考查项目净现金流量的价值是否大于其投资成本,为项目投资决策提供依据;融资后分析包括项目的盈利能力分析、偿债能力分析以及财务生存能力分析,重在考查资金筹措方案是否能够满足要求,进而判断项目方案在融资条件下的合理性。

②本项目采用量入偿付法归还长期借款本金。总成本费用估算表(见表7.24)、利润与利润分配表(见表7.30)、建设期利息估算及还本付息计划表(见表7.32),通过利息支付、当年还本和净利润互相联系,利用三表联算得出借款偿还计划。在全部借款偿还后,再计提法定盈余公积金和确定利润分配方案。

6)评价结论

财务分析结论详见财务评价结论汇总表,见表7.34。

从主要指标上看,财务分析结果均可行,而且生产的产品是国家急需的,所以项目是可以接受的。

表7.20 建设投资估算表

单位:万元

序号	工程或费用名称	估算价值					比例/%
		建筑工程费	设备购置费	安装工程费	其他费用	合计	
1	工程费用	1 559.25	10 048.95	3 892.95		15 501.15	81%
1.1	主要生产项目	463.50	7 849.35	3 294.00		11 606.85	
1.2	辅助生产车间	172.35	473.40	22.95		668.70	
1.3	公用工程	202.05	1 119.60	457.65		1 779.30	
1.4	环境保护工程	83.25	495.00	101.25		679.50	
1.5	总图运输	23.40	111.60			135.00	
1.6	厂区服务性工程	117.90				117.90	
1.7	生活福利工程	496.80				496.80	
1.8	厂外工程			17.10		17.10	
2	工程建设其他费用				1 368.90	1 368.90	7%
	其中:土地费用				600.00	600.00	
3	预备费				2 273.40	2 273.40	12%
4	建设投资合计	1 559.25	10 048.95	3 892.95	3 642.30	19 143.45	100%
	比例/%	8%	53%	20%	19%	100%	

表 7.21　流动资金估算表　　单位:万元

序号	项　目	最低周转天数	周转次数	投产期		达到设计生产能力期			
				3	4	5	6	7	8
1	流动资产			2 952.29	3 668.08	4 024.15	4 024.15	4 024.15	4 024.15
1.1	应收账款	30	12	795.96	793.96	1 062.96	1 062.96	1 062.96	1 062.96
1.2	存货			2 117.99	2 655.78	2 922.85	2 922.85	2 922.85	2 922.85
1.3	现金	15	24	38.34	38.34	38.34	38.34	38.34	38.34
2	流动负债			622.80	800.93	890.20	890.20	890.20	890.20
2.1	应付账款	30	12	622.80	800.93	890.20	890.20	890.20	890.20
2.2	预收账款								
3	流动资金(1-2)			2 329.49	2 867.15	3 133.95	3 133.95	3 133.95	3 133.95
4	流动资金当期增加额			2 329.49	537.66	266.80			

表 7.22　资金使用计划与资金筹措表　　单位:万元

序　号	项　目	合　计	0	1	2	3	4
1	总投资	23 361.50	11 486.07	7 947.09	3 123.88	537.66	266.80
1.1	建设投资	19 143.45	11 486.07	7 947.09			
1.2	建设期利息	1 084.10		289.71	794.39		
1.3	流动资金	3 133.95			2 329.49	537.66	266.80
2	资金筹措	23 361.50	11 486.07	7 947.09	3 123.88	537.66	266.80
2.1	项目资本金	7 121.43	3 787.87	2 525.24	808.32		
2.1.1	用于建设投资	6 313.11	3 787.87	2 525.24			
2.1.2	用于流动资金	808.32			808.32		
2.1.3	用于建设期利息						
2.2	债务资金	16 240.07	7 698.20	5 421.85	2 315.56	537.66	266.80
2.2.1	用于建设投资	12 830.34	7 698.20	5 132.14			
2.2.2	用于流动资金	2 325.63			1 521.17	537.66	266.80
2.2.3	用于建设期利息	1 084.10		289.71	794.39		
2.3	其他资金						

表 7.23 年营业收入、税金及附加估算表 单位:万元

序号	项目	合计	3 生产负荷 70%	4 生产负荷 90%	5 生产负荷 100%	6~10 生产负荷 100%
1	营业收入	147 288	13 566	17 442	19 380	19 380
	单价		16 150	16 150	16 150	16 150
	数量	91 200	8 400	10 800	12 000	12 000
	销项税额	25 038.96	2 306.22	2 965.14	3 294.6	3 294.6
2	税金及附加	1 124.04	103.53	133.11	147.90	147.90
2.1	增值税	11 240.40	1 035.30	1 331.10	1 479.00	1 479.00
	销项税额	25 038.96	2 306.22	2 965.14	3 294.60	3 294.60
	进项税额	13 798.56	1 270.92	1 634.04	1 815.60	1 815.60
2.2	消费税					
2.3	城市维护建设税	786.83	72.47	93.18	103.53	103.53
2.4	教育费附加	337.21	31.06	39.93	44.37	44.37

表 7.24 总成本费用估算表(生产要素法) 单位:万元

序号	项目	合计	计算期					
			3	4	5	6	7	8~10
	生产负荷/%		70	90	100	100	100	100
1	外购原材料费	71 811.00	6 614.40	8 503.80	9 448.80	9 448.80	9 448.80	9 448.80
2	外购燃料及动力费	9 357.00	861.60	1 108.20	1 231.20	1 231.20	1 231.20	1 231.20
3	工资及福利费	3 200.00	400.00	400.00	400.00	400.00	400.00	400.00
4	修理费	9 242.86	1 155.36	1 155.36	1 155.36	1 155.36	1 155.36	1 155.36
5	折旧费	18 485.72	2 310.71	2 310.71	2 310.71	2 310.71	2 310.71	2 310.71
6	摊销费	768.90	126.11	126.11	126.11	126.11	126.11	46.11
7	利息支出	3 873.77	1 158.21	995.28	706.37	335.76	169.54	169.54
	长期借款利息	2 595.56	1 047.32	845.19	536.83	166.22		
	流动资金借款利息	1 278.21	110.89	150.09	169.54	169.54	169.54	169.54
8	其他费用	4 161.60	520.20	520.20	520.20	520.20	520.20	520.20

续表

序号	项目	合计	计算期					
			3	4	5	6	7	8~10
9	总成本费用合计(1+2+3+4+5+6+7+8)	120 900.85	13 146.60	15 119.66	15 898.76	15 528.14	15 361.92	15 281.92
	其中:可变成本	81 168.00	7 476.00	9 612.00	10 680.00	10 680.00	10 680.00	10 680.00
	固定成本	39 732.84	5 670.60	5 507.66	5 218.76	4 848.14	4 681.14	4 601.92
10	经营成本(9-5-6-7)	97 772.46	9 551.56	11 687.56	12 755.56	12 755.56	12 755.56	12 755.56

表 7.25 固定资产折旧费估算表 单位:万元

序号	项目	合计	计算期							
			3	4	5	6	7	8	9	10
1	固定资产									
1.1	原值	19 458.65								
1.2	当期折旧费	18 485.72	2 310.71	2 310.71	2 310.71	2 310.71	2 310.71	2 310.71	2 310.71	2 310.71
	净值		17 147.93	14 837.22	12 526.51	10 215.79	7 905.08	5 594.36	3 283.65	972.93

表 7.26 无形资产及其他资产摊销费估算表 单位:万元

序号	项目	摊销年限	原值	3	4	5	6	7	8	9	10
1	无形资产	8	368.90								
1.1	摊销			46.11	46.11	46.11	46.11	46.11	46.11	46.11	46.11
1.2	净值			322.79	276.68	230.56	184.45	138.34	92.22	46.11	0.00
2	其他资产(开办费)	5	400.00								
2.1	摊销			80.00	80.00	80.00	80.00	80.00			
2.2	净值			320.00	240.00	160.00	80.00	0.00			
3	无形及其他资产合计		768.90								
3.1	摊销			126.11	126.11	126.11	126.11	126.11	46.11	46.11	46.11
3.2	净值			642.79	516.68	390.56	264.45	138.34	92.22	46.11	0.00

表 7.27　项目投资现金流量表

人民币单位:万元

序号	项　目	合　计	计算期										
			0	1	2	3	4	5	6	7	8	9	10
	生产负荷/%												
1	现金流入	151 394.88				13 566.00	17 442.00	19 380.00	19 380.00	19 380.00	19 380.00	19 380.00	23 486.88
1.1	营业收入	147 288.00				13 566.00	17 442.00	19 380.00	19 380.00	19 380.00	19 380.00	19 380.00	19 380.00
1.2	补贴收入												
1.3	回收固定资产余值	972.93											972.93
1.4	回收流动资金	3 133.95											3 133.95
2	现金流出	121 173.90	11 486.87	7 657.38	2 329.49	10 192.75	12 087.47	12 903.46	12 903.46	12 903.46	12 903.46	12 903.46	12 903.46
2.1	建设投资	19 143.45	11 486.07	7 657.38									
2.2	流动资金	3 133.95			2 329.49	537.66	266.80						
2.3	经营成本	97 772.46				9 551.56	11 687.56	12 755.56	12 755.56	12 755.56	12 755.56	12 755.56	12 755.56
2.4	税金及附加	1 124.04				103.53	133.11	147.90	147.90	147.90	147.90	147.90	147.90
2.5	维护运营投资												

3	所得税前净现金流量(1-2)	30 220.98	-11 486.07	-7 657.38	-2 329.49	3 373.25	5 354.53	6 476.54	6 476.54	6 476.54	6 476.54	6 476.54	10 583.43
4	累计所得税前净现金流量		-11 486.07	-19 143.45	-21 472.94	-18 099.69	-12 745.15	-6 268.61	207.93	6 684.47	13 161.02	19 637.56	30 220.98
5	调整所得税	7 284.22				368.52	796.13	1 009.93	1 009.93	1 009.93	1 029.93	1 029.93	1 029.93
6	所得税后净现金流量(3-5)	22 936.76	-11 486.07	-7 657.38	-2 329.49	3 004.73	4 558.41	5 466.61	5 466.61	5 466.61	5 466.61	5 466.61	9 553.50
7	累计所得税后净现金流量		-11 486.07	-19 143.45	-21 472.94	-18 468.21	-13 909.80	-8 443.19	-2 976.57	2 490.04	7 936.65	13 383.27	22 936.76

计算指标：

项目投资财务内部收益率(FIRR)= 15.40%(调整所得税前)；项目投资财务净现值(FNPV)(i_c = 12%)= 3 868.54 万元(调整所得税前)

项目投资财务内部收益率(FIRR)= 12.42%(调整所得税后)；项目投资财务净现值(FNPV)(i_c = 12%)= 439.73 万元(调整所得税后)

项目投资回收期(从建设期算起)= 5.97 年(调整所得税前)；项目投资回收期(从建设期算起)= 6.54 年(调整所得税后)

表 7.28　项目资本金现金流量表

人民币单位:万元

序号	项　目	合　计	计算期										
			0	1	2	3	4	5	6	7	8	9	10
	生产负荷/%					70	90	100	100	100	100	100	100
1	现金流入	151 394.88				13 566.00	17 442.00	19 380.00	19 380.00	19 380.00	19 380.00	19 380.00	23 486.88
1.1	营业收入	147 288.00				13 566.00	17 442.00	19 380.00	19 380.00	19 380.00	19 380.00	19 380.00	19 380.00
1.2	补贴收入												
1.3	回收固定资产余值	972.93											972.93
1.4	回收流动资金	3 133.95											3 133.95
2	现金流出	132 447.56	3 787.87	2 525.24	808.32	13 566.00	17 442.00	19 380.00	16 390.34	14 040.54	14 060.54	14 060.54	16 386.17
2.1	项目资本金	7 121.43	3 787.87	2 525.24	808.32								
2.2	借款本金偿还	16 240.08				2 673.73	4 078.75	4 936.83	2 225.13				2 325.63
2.3	借款利息支付	3 873.77				1 158.21	995.28	706.37	335.76	169.54	169.54	169.54	169.54
2.4	经营成本	97 772.46				9 551.56	11 687.56	12 755.56	12 755.56	12 755.56	12 755.56	12 755.56	12 755.56
2.5	税金及附加	1 124.04				103.53	133.11	147.90	147.90	147.90	147.90	147.90	147.90
2.6	所得税	6 315.78				78.97	547.31	833.34	925.99	967.54	987.54	987.54	987.54
2.7	维护运营投资												
3	净现金流量(1−2)	18 947.33	−3 787.87	−2 525.24	−808.32				2 989.66	5 339.46	5 319.46	5 319.46	7 100.71

计算指标:

资本金财务内部收益率=18.59%。

表 7.29 甲方投资现金流量表 人民币单位:万元

序号	项 目	合计	计算期							
			0	1	2	3	4	5	6~9	10
	生产负荷/%					70	90	100	100	100
1	现金流入	6 750							750	3 750
1.1	股利分配	6 750							750	3 750
1.2	资产处置收益分配									
1.3	租赁费收入									
1.4	技术转让收入									
1.5	其他现金流入									
2	现金流出	3 000	1 500	1 500						
2.1	股权投资	3 000	1 500	1 500						
2.2	租赁资产支出									
2.3	其他现金流出									
3	净现金流量(1-2)	3 750	-1 500	-1 500					750	3 750
计算指标: 甲方投资财务内部收益率=10.27%										

表 7.30 利润与利润分配表 人民币单位:万元

序号	项 目	合 计	计算期					
			3	4	5	6	7	8~10
	生产负荷/%		70	90	100	100	100	100
1	营业收入	147 288.00	13 566.00	17 442.00	19 380.00	19 380.00	19 380.00	19 380.00
2	税金及附加	1 124.04	103.53	133.11	147.90	147.90	147.90	147.90
3	总成本费用	120 900.85	13 146.60	15 119.66	15 898.76	15 528.14	15 361.92	15 361.92

续表

序号	项　目	合　计	计算期					
			3	4	5	6	7	8~10
4	其他收益							
5	营业利润(1-2-3+4)	25 263.11	315.87	2 189.23	3 333.34	3 703.96	3 870.18	3 950.18
6	营业外收益							
7	营业外支出							
8	利润总额(5+6-7)	25 263.11	315.87	2 189.23	3 333.34	3 703.96	3 870.18	3 950.18
9	所得税	6 315.78	78.97	547.31	833.34	925.99	967.54	987.54
10	税后利润(8-9)							
	其中：持续经营净利润	18 947.34	236.90	1 641.92	2 500.01	2 777.97	2 902.63	2 962.63
	终止经营净利润							
11	期初未分配利润							
12	可供分配利润(10+11)	18 947.34	236.90	1 641.92	2 500.01	2 777.97	2 902.63	2 962.63
13	提取法定盈余公积金	1 179.05					290.26	296.26
14	未分配利润	17 768.28	236.90	1 641.92	2 500.01	2 777.97	2 612.37	2 666.37
15	息税前利润(利润总额+利息支出)	29 136.89	1 474.09	3 184.51	4 039.72	4 039.72	4 039.72	4 119.72
26	息税折旧摊销前利润(息税前利润+折旧+摊销)	48 391.50	3 910.91	5 621.33	6 476.54	6 476.54	6 476.54	6 476.54
其中：提取法定盈余公积金按10%比例，待长期借款还本之后提取								

表 7.31　财务计划现金流量表

人民币单位:万元

序号	项　目	合　计	计算期										
			0	1	2	3	4	5	6	7	8	9	10
	生产负荷/%					70	90	100	100	100	100	100	100
1	经营活动现金流量（1.1−1.2）	42 075.72				3 831.94	5 074.03	5 643.21	5 550.55	5 509.55	5 489.00	5 489.00	5 489.00
1.1	现金流入	172 326.96				15 872.22	20 407.14	22 674.60	22 674.60	22 674.60	22 674.60	22 674.60	22 674.60
1.1.1	营业收入	147 288.00				13 566.00	17 442.00	19 380.00	19 380.00	19 380.00	19 380.00	19 380.00	19 380.00
1.1.2	增值税销项税额	25 038.96				2 306.22	2 965.14	3 294.60	3 294.60	3 294.60	3 294.60	3 294.60	3 294.60
1.2	现金流出	130 251.24				12 040.28	15 333.11	17 031.39	17 124.05	17 165.60	17 185.60	17 185.60	17 185.60
1.2.1	经营成本	97 772.46				9 551.56	11 687.56	12 755.56	12 755.56	12 755.56	12 755.56	12 755.56	12 755.56
1.2.2	增值税进项税额	13 798.56				1 270.92	1 634.04	1 815.60	1 815.60	1 815.60	1 815.60	1 815.60	1 815.60
1.2.3	税金及附加	1 124.04				103.53	133.11	147.90	147.90	147.90	147.90	147.90	147.90
1.2.4	增值税	11 240.40				1 035.30	1 331.10	1 479.00	1 479.00	1 479.00	1 479.00	1 479.00	1 479.00
1.2.5	所得税	6 315.78				78.97	547.31	833.34	925.99	967.54	987.54	987.54	987.54
2	投资活动净现金流量（2.1−2.2）	−22 277.40	−11 486.07	−7 657.38	−2 329.49	−537.66	−266.80						
2.1	现金流入												
2.2	现金流出	22 277.40	11 486.07	7 657.38	2 329.49	537.66	266.80						

续表

序号	项　目	合　计	计算期										
			0	1	2	3	4	5	6	7	8	9	10
2.2.1	建设投资	19 143.45	11 486.07	7 657.38									
2.2.2	流动资金	3 133.95			2 329.49	537.66	266.80						
3	筹资活动净现金流量（3.1–3.2）	2 163.54	11 486.07	7 657.38	2 329.49	−3 294.28	−4 807.23	−5 643.21	−2 560.89	−169.54	−169.54	−169.54	−2 495.17
3.1	现金流入	22 277.40	11 486.07	7 657.38	2 329.49	537.66	266.80						
3.1.1	项目资本金投入	7 121.43	3 787.87	2 525.24	808.32								
3.1.2	建设投资借款	12 830.34	7 698.20	5 132.14									
3.1.3	流动资金借款	2 325.63			1 521.17	537.66	266.80						
3.2	现金流出	20 113.85				3 831.94	5 074.03	5 643.21	2 560.89	169.54	169.54	169.54	2 495.17
3.2.1	各种利息支出	3 873.77				1 158.21	995.28	706.37	335.76	169.54	169.54	169.54	169.54
3.2.2	偿还债务本金	16 240.08				2 673.73	4 078.75	4 936.83	2 225.13				2 325.63
4	净现金流量	21 961.87							2 989.66	5 339.46	5 319.46	5 319.46	2 993.83
5	累计盈余资金								2 989.66	8 329.12	13 648.58	18 968.04	21 961.87

计算指标：

资本金财务内部收益率=18.59%

表 7.32 建设期利息估算及还本付息计划表 人民币单位:万元

序号	项 目	合 计	计算期					
			1	2	3	4	5	6
1	中国建设银行借款							
1.1	建设期利息	687.73	183.77	503.96				
1.1.1	期初借款余额			5 045.50	8 790.61	6 116.88	2 038.14	
1.1.2	当期借款	8 102.88	4 861.73	3 241.15				
1.1.3	当期应计利息	1 968.82	183.77	503.96	664.57	462.44	154.08	
1.1.4	期末借款余额		5 045.50	8 790.61	6 116.88	2 038.13		
1.2	其他融资费用							
1.3	小计(1.1+1.2)	687.73	183.77	503.96				
2	中国银行借款							
2.1	建设期利息	396.37	105.94	290.43				
2.1.1	期初借款余额			2 942.42	5 123.84	5 123.84	5 123.84	2 225.13
2.1.2	当期借款	4 727.47	2 836.48	1 890.99				
2.1.3	当期应计利息	1 710.84	105.94	290.43	382.75	382.75	382.75	166.22
2.1.4	期末借款余额		2 942.42	5 123.84	5 123.84	5 123.84	2 225.13	
2.2	其他融资费用							
2.3	小计(2.1+2.2)	396.37	105.94	290.43				
3	当期还本付息	16 510.01			3 721.05	4 923.94	5 473.67	2 391.35
	其中:还本	13 914.45			2 673.73	4 078.75	4 936.83	2 225.13
	付息	2 595.56			1 047.32	845.19	536.83	166.22
4	还款来源							
4.1	净利润	7 156.80			236.90	1 641.92	2 500.01	2 777.97
4.2	折旧费	9 242.86			2 310.71	2 310.71	2 310.71	2 310.71
4.3	摊销费	504.45			126.11	126.11	126.11	126.11
4.4	偿还本金来源合计				2 673.73	4 078.75	4 936.83	5 214.80
4.5	偿还本金后余额	2 989.66						2 989.66
	计算指标							
	利息备付率				1.27	3.20	5.72	12.03
	偿债备付率				1.00	1.00	1.00	2.17

表 7.33　利息支付计算表　　人民币单位:万元

项　目	合　计	3	4	5	6	7~10
中国建设银行借款利息支付	1 281.09	664.57	462.44	154.08		
中国银行借款利息支付	1 314.47	382.75	382.75	382.75	166.22	
流动资金中的借款数额		1 521.17	2 058.83	2 325.63	2 325.63	2 325.63
流动资金借款利息支付	1 278.21	110.89	150.09	169.54	169.54	169.54
各种借款利息支付总和	3 873.77	1 158.21	995.28	706.37	335.76	169.54

表 7.34　评价结论汇总表

财务分析指标		计算结果	评价标准	是否可行
融资前分析指标	项目投资财务内部收益率(所得税前)	15.4%	>12%	是
	项目投资回收期(所得税前)	5.97 年	<8.3 年	是
	项目投资财务净现值(所得税前)	3 868.54 万元	>0	是
融资后分析指标	资本金财务内部收益率	18.59%		是
	借款偿还期	5.43 年		是
	利息备付率	3.99	>2.0	是
	偿债备付率	1.17	>1.0	是

本章小结

本章主要围绕经营性工程项目财务分析的 3 个方面即盈利能力、偿债能力和财务生存能力进行系统介绍,对工程项目财务效益与费用的估算、财务报表的编制进行了全面分析。通过本章的学习,能对工程项目财务评价的整体,尤其是现金流量要素及现金流量表等主要报表的编制有一个系统的认识和了解。

工程项目财务分析应通过编制财务报表,计算财务指标,分析财务的盈利能力、偿债能力和财务生存能力,判断项目的财务可接受性,明确项目对财务主体及投资者的价值贡献,为项目决策提供依据。

课后练习题

1.财务评价的目的和内容有哪些?

2.总投资要素包括哪些方面? 如何去估算?

3.什么叫经营成本? 为什么要在工程项目评价中引入经营成本这一概念?

4.固定资产折旧的方法有哪些?

5.某建设项目为期 3 年,分年度贷款,第 1 年贷款 400 万元,第 2 年贷款 650 万元,第 3 年贷款 400 万元,年利率为 15%,请计算建设期贷款利息总额。

6.某固定资产的原值为 240 000 元,预计净产值为 24 000 元,预计使用期限为 6 年。要求:采用年数总和法和双倍余额递减法计算该项固定资产各年的折旧额。

7.假定已知某拟建项目达到设计生产能力后,全场定员 500 人,工资和福利费按照每人每年 1.2 万元估算。每年的其他费用为 600 万元。年外购原材料、燃料及动力费估算为 18 000 万元。年经营成本为 24 000 万元,年修理费占年经营成本的 10%。各项流动资金的最低周转天数均为 30 天。用分项详细估算法对该项目进行流动资金的估算。

8.某工业项目计算期为 15 年,建设期为 3 年,第 4 年投产,第 5 年开始达到设计生产能力。项目建设投资(未包含建设期借款利息)为 8 000 万元,其中自有投资为 4 000 万元,不足部分向银行借款,银行借款利率为 10%,假定每年借款发生在年中。建设期只计息不还款,第 4 年初投产后开始还贷,每年付清利息并分 10 年等额偿还建设期利息资本化后的全部借款本金。现金流量的发生时点遵循年末习惯法。分年投资情况见表 7.35。

表 7.35　分年投资情况表　　单位:万元

时　点	1	2	3	合计
建设投资	2 500	3 500	2 000	8 000
其中:自有资金投资	1 500	1 500	100	4 000

第 4 年初投入生产所需的全部流动资金 2 490 万元,全部为银行借款,年利率为 10%。项目税金及附加和经营成本的预测值见表 7.36。

表 7.36　税金及附加和经营成本的预测值　　单位:万元

时　点	4	5	6	…	15
营业收入	5 600	8 000	8 000	…	8 000
税金及附加	320	480	480	…	480
经营成本	3 500	5 000	5 000	…	5 000

固定资产折旧采用平均年限法,折旧年限为 15 年,残值率为 5%,建设期利息计入固定资产原值。所得税税率为 25%,基准收益率为 12%。

试计算完成表 7.37 至表 7.40,并计算该项目投资财务净现值和静态投资回收期。

表 7.37　建设期利息计算表　　单位:万元

时　点	1	2	3	4
年初欠款	0			
当年借款				
当前利息				
年末欠款累计				

表 7.38　借款偿还计划及利息计算表　　单位:万元

时　点	4	5	6	7	8	9	10	11	12	13
年初欠款	4 631									
当年利息支付	463									
当年还本	463									
年末尚欠										

表 7.39　利润与所得税计算表　　单位:万元

时　点	4	5	6	7	8	9	10	11	12	13	14	15
营业收入												
经营成本												
折旧												
建设投资借款利息												
流动资金借款利息												
税金及附加												
利润总额												
所得税												
净利润												

表 7.40　项目投资现金流量表　　单位:万元

年　末	1	2	3	4	5	6	7	8	9	10	11	12	13	14	15
(一)现金流入															
1.营业收入															
2.回收固定资产余值															
3.回收流动资金															
(二)现金流出															
1.建设投资(不含建设期利息)															
2.流动资金															

续表

年　末	1	2	3	4	5	6	7	8	9	10	11	12	13	14	15
3.经营成本															
4.税金及附加															
5.调整所得税															
(三)净现金流量															

工程项目经济分析

【教学要求】

知识要点	能力要求	相关知识
工程项目经济分析概述	(1)了解经济分析的含义和适用范围 (2)熟悉经济分析与财务分析的联系与区别	(1)经济分析 (2)市场配置资源失灵
经济效益与费用识别	(1)了解经济效益与费用识别的基本要求 (2)理解外部效果 (3)理解转移支付	(1)内部效果 (2)外部效果 (3)转移支付
经济分析参数	(1)了解影子价格的含义 (2)了解社会折现率	(1)影子价格 (2)社会折现率
经济分析指标与报表	(1)熟悉经济分析常用指标 (2)了解经济分析报表	(1)经济内部收益率 (2)经济净现值 (3)效益费用比

【关键术语】

经济分析、经济效益、经济费用、外部效果、影子价格、社会折现率、经济内部收益率、经济净现值、效率费用比

8.1　概述

▶ 8.1.1　经济分析的含义

经济分析是按合理配置资源的原则，采用社会折现率、影子汇率、影子工资和货物影子价格等经济分析参数，从项目对社会经济所作贡献以及社会经济为项目付出代价的角度，识别项目的效益和费用，分析计算项目对社会经济（社会福利）的净贡献，评价项目投资的经济效率，即经济合理性。

经济分析是市场经济体制下政府对建设项目的外部经济性和外部不经济性进行分析评价的重要方法，是政府部门履行对拟建项目的外部性管理职能的重要依据；经济分析强调从资源配置经济效率的角度分析包括项目外部效果在内的各种经济影响效果，通过费用效益分析及费用效果分析等方法判断建设项目的经济合理性，是政府审批或核准项目的重要依据。

▶ 8.1.2　经济分析的适用范围

1）确定适用范围的原则

（1）市场自行调节的行业项目一般不必进行经济分析

在理想的市场经济条件下，依赖市场调节的行业项目，项目投资通常由投资者自行决策。对这类项目，项目调控的主要作用发挥在构建合理有效的市场机制上，而不在具体的项目投资决策上。因此，除特别要求外，这类项目一般不必进行经济分析，而是由市场竞争决定其生存，由市场竞争优胜劣汰机制促进生产力的不断发展和进步。

（2）市场配置资源失灵的项目需要进行经济分析

在现实经济中，由于市场本身的原因及政府不恰当的干预，都可能导致市场配置资源的失灵，市场价格难以反映项目各项效益和费用的真实经济价值，需要通过经济分析来予以正确反映，判断项目的经济合理性，为投资决策提供依据。

市场配置资源的失灵主要体现在以下几类项目：

①有自然垄断特征的项目；

②产品具有公共产品特征的项目，即项目提供的产品或服务在同一时间内可以被共同消费，具有“消费的非排他性”（未花钱购买公共产品的人不能被排除在此产品或服务的消费之外）和“消费的非竞争性”（一人消费一种公共产品并不以牺牲其他人的消费为代价）特征；

③外部效果显著的项目，如对环境、公共利益等影响较大的项目；

④国家控制的战略性资源开发和关系国家经济安全的项目，这类项目往往具有公共性、外部效果等综合特征，不能完全依靠市场配置资源；

⑤受过度行政干预的项目。

2）需要进行经济分析的项目类别

从投资管理角度，现阶段需要进行经济分析的项目可以分为以下几类：

①政府预算内投资用于关系国家安全、国土开发和市场不能有效配置资源的公益性项目

和公共基础设施项目,保护和改善生态环境项目,重大战略性资源开发项目。

②政府各类专项建设基金投资用于交通运输、农林水利等基础设施、基础产业建设项目。

③利用国际金融组织和外国政府贷款,需要政府主权信用担保的建设项目。

④法律、法规规定的其他政府性资金投资的建设项目。

⑤企业投资建设的涉及国家经济安全,影响环境资源、不可再生自然资源和公众利益,可能出现垄断,涉及整体布局等公共性问题,需要政府核准的建设项目;主要产出品不具备实物形态且明显涉及公众利益的无形产品项目,如水利水电、交通运输、市政建设、医疗卫生等公共基础设施项目;具有明显外部性影响的有形产品项目,如污染严重的工业产品项目等。

8.1.3 经济分析与财务分析的联系与区别

1)经济分析与财务分析的共同之处

①评价方法相同。两种分析都是经济效果评价,都使用基本的经济评价理论,即效益与费用比较的理论方法;都要求以最小的投入获取最大的产出;都要考虑资金的时间价值,采用内部收益率、净现值等反映盈利能力的指标评价工程项目的经济效果。

②评价的基础工作相同。两种分析都要在完成产品需求预测、工艺技术选择、投资估算、资金筹措方案等可行性研究内容的基础上进行。

③评价的计算期相同。

2)经济分析与财务分析的区别

①两种评价所占的层次不同。财务分析是站在项目的层次上,从项目经营者、投资者、未来债权人的角度,分析项目在财务上能够生存的可能性,分析各方的实际利益与损失,分析投资或贷款的风险及收益;经济分析则是站在国民经济的层次上,从全社会的角度分析项目的国民经济费用和效益。

②费用和效益的含义和划分范围不同。财务分析只根据项目直接发生的财务收支,计算项目的费用和效益;经济分析则从全社会的角度考虑项目的经济分析,此时项目的有些收入和支出不能作为社会费用和效益,例如税金和补贴、银行贷款利息。

③财务分析与经济分析所使用的价格体系不同。财务分析是用实际的市场预测价格,经济分析则使用一套专用的影子价格体系。

④两种评价所用的参数不同。如衡量盈利性指标内部收益率的判据,在财务分析中用财务基准收益率,在经济分析中则用社会折现率。财务基准收益率依行业的不同而不同,而社会折现率在全国各行业、各地区都是一致的。

⑤评价内容不同。财务分析主要有两个方面,一是盈利能力分析,二是清偿能力分析;而经济分析只作盈利能力分析,不作清偿能力分析。

8.2 经济效益与费用识别

8.2.1 经济效益与费用识别的基本要求

1)对经济效益与费用进行全面识别

凡项目对社会经济所作的贡献均计为项目的经济效益,包括项目的直接经济效益和间接经济效益。凡社会经济为项目所付出的代价(即社会资源的耗费,或称为社会成本)均计为项目的经济费用,包括直接费用和间接费用。因此,经济分析应考虑关联效果,对项目涉及的所有社会成员的有关效益和费用进行全面识别。

2)遵循有无对比的原则

识别项目的经济效益和费用,要从有无的角度进行分析,将“有项目”(项目实施)与“无项目”(项目不实施)的情况加以对比,以确定某项效益或费用的存在。

3)遵循效益和费用识别与计算口径对应一致的基本原则

效益和费用识别与计算口径对应一致是正确估算项目净效益的基础,在经济分析时尤为重要。因为经济分析中既包括直接经济效益和直接经济费用,也包括间接经济效益和间接经济费用,识别时要予以充分关注。

4)合理确定经济效益与费用识别的时间跨度

经济效益与费用识别的时间跨度应足以包含项目所产生的全部重要效益和费用,不完全受财务分析计算期的限制。不仅要分析项目的近期影响,还需要分析项目将带来的中期、远期影响。

5)正确处理“转移支付”

正确处理“转移支付”是经济效益与费用识别的关键。对社会成员之间发生的财务收入与支出,应从是否新增加社会资源消耗的角度加以识别。将不增加社会资源的财务收入(如政府给企业的补贴)和不减少社会资源的财务支出(如企业向政府缴纳的所得税)视作社会成员之间的“转移支付”,不作为经济分析中的效益和费用。

6)遵循以本国社会成员作为分析对象的原则

经济效益与费用的识别应以本国社会成员作为分析对象。对于跨越国界,对本国之外的其他社会成员也产生影响的项目,应重点分析项目给本国社会成员带来的效益和费用,项目对国外社会成员所产生的影响应予以单独陈述。

▶ 8.2.2　外部效果

经济效益分为直接经济效益和间接经济效益,经济费用分为直接经济费用和间接经济费用。直接经济效益和直接经济费用可称为内部效果,间接经济效益和间接经济费用可称为外部效果。

1)内部效果

直接经济效益是指由项目产出物直接生成,并在项目范围内计算的经济效益。一般表现为:增加项目产出物或者服务的数量以满足国内需求的效益;替代效益低的相同或类似企业的产出物或者服务,使被替代企业减产(停产),从而减少国家有用资源耗费或者损失的效益;增加出口或者减少进口,从而增加或者节约的外汇等。

直接经济费用是指项目使用投入物所形成,并在项目范围内计算的费用。一般表现为:其他部门为本项目提供投入物;需要扩大生产规模所耗费的资源费用;减少对其他项目或者最终消费投入物的供应而放弃的效益;增加进口或者减少出口,从而耗用或者减少的外汇等。

2)外部效果

间接经济效益与间接经济费用(或称外部效果),是指项目对国民经济作出的贡献与国民经济为项目付出的代价中,在直接效益与直接费用中未得到反映的那部分效益与费用。外部效果应包括以下几个方面:

①产业关联效果。例如建设一个水电站,一般除发电、泄洪、灌溉和供水等直接效果外,还可能带来养殖业、水上运动以及旅游业的发展等间接效益。此外,农牧业还会因土地淹没而遭受一定的损失(间接费用)。这些都是因水电站兴建而产生的产业关联效果。

②环境和生态效果。例如发电厂排放的烟尘可使附近田园的作物产量减少、质量下降,化工厂排放的污水可使附近江河的鱼类资源骤减、人们的健康甚至生命受到威胁等。

③技术扩散效果。技术扩散效果是由于建设技术先进的项目会培养和造就大量的技术人员和管理人员,他们除了为本项目服务外,通过人员流动、技术交流等也会对整个社会经济发展带来好处。

外部效果反映了社会生产和消费的真实变化,这种真实变化必然引起资源配置的变化,因此应在效益与费用中加以考虑。

为防止外部效果计算扩大化,项目的外部效果一般只计算一次相关效果,不应连续计算。

▶ 8.2.3 转移支付

项目的有些财务收入和支出是社会经济内部成员之间的“转移支付”。从社会经济角度看,并没有造成资源的实际增加或减少,不应计作经济效益与费用。经济分析中,转移支付主要包括:项目(企业)向政府缴纳的所得税、增值税、消费税等,政府给予项目(企业)的各种补贴,项目向国内银行等金融机构支付的贷款利息和获得的存款利息。在财务分析基础上进行经济分析时,要注意从财务效益和费用中删除转移支付部分。

需要注意的是,有些税费体现的是资源价值的补偿,若没有更好的方式体现资源的真实价值时,一般可暂不作为转移支付处理。这些税费主要有体现资源稀缺价值的资源税和补偿税、体现环境价值补偿的税费等。

8.3 经济分析参数

▶ 8.3.1 影子价格的含义

影子价格是进行项目经济分析专用的计算价格。影子价格依据经济分析的定价原则测定,反映项目投入和产出的真实经济价值、市场供求关系、资源稀缺程度、资源合理配置的要求。进行项目的经济分析时,项目的主要投入和产出原则上应采用影子价格。

影子价格理论最初来自求解数学规划,在求解一个“目标”最大化数学规划的过程中,发现每种“资源”对于“目标”有着边际贡献。即这种“资源”每增加一个单位,“目标”就会增加一定的单位,不同的“资源”有着不同的边际贡献。这种“资源”对于目标的边际贡献被定义为“资源”的影子价格。经济分析中采用了这种影子价格的基本思想,采取不同于财物价格的影子价格来衡量项目耗用资源及产出贡献的真实价值。

影子价格应当根据项目投入和产出对社会经济的影响,从“有无对比”的角度研究确定。项目使用了资源,将造成两种影响:对社会经济造成资源消耗或挤占其他用户的使用。项目生产的产品及提供的服务也会造成两种影响:用户使用得到效益或挤占其他供应者的市场份额。

▶ 8.3.2　社会折现率

社会折现率反映社会成员对于社会效益费用价值的时间偏好,以及对于现在的社会价值与未来价值之间的权衡。社会折现率又代表着社会投资所要求的最低动态收益率。

社会折现率是经济分析的重要通用参数,既用作经济内部收益率的判别基准,也用作计算经济净现值的折现率。

社会折现率根据社会经济发展多种因素综合测定。根据社会经济发展目标、发展战略、发展优先顺序、发展水平、宏观调控意图、社会成员的效益费用时间偏好、社会投资的边际收益水平、资金供求状况、资金机会成本等因素的综合分析，由国家专门机构统一组织测定和发布。2006 年我国发布的社会折现率为 8%。

对于永久性工程或者受益期超长的项目，如水利工程等大型基础设施和具有长远环境保护效益的建设项目,社会折现率可适当降低,但不应低于 6%。

社会折现率可用于间接调控投资规模。社会折现率的取值高低直接影响项目经济合理性的判断结果。社会折现率取值提高，会使一些本来可以通过的投资项目因达不到判别标准而被舍弃，从而使可以获得通过的项目总数减少，使投资总规模下降，间接地起到调控国家投资规模的作用。因此，社会折现率可以作为国家建设投资总规模的间接调控参数，需要缩小投资规模时，就提高社会折现率；需要扩大投资规模时，就降低社会折现率。

社会折现率的取值高低会影响项目的选优和方案的比选。社会折现率较高，则较为不利于初始投资大而后期费用节省或收益增大的方案或项目，因为后期的效益折算为现值时的折减率较高;而社会折现率较低时,情况正好相反。

8.4　经济分析指标与报表

▶ 8.4.1　经济分析常用指标

1)经济内部收益率(EIRR)

经济内部收益率是反映项目对国民经济净贡献的相对指标。它是项目在计算期内各年经济净效益流量的现值累计等于零时的折现率。其表达式为:

$$\sum_{t=0}^{n}(B-C)_t(1+\mathrm{EIRR})^{-t}=0 \tag{8.1}$$

式中　B——经济效益流量;

C——经济费用流量;

$(B-C)_t$——第 t 年的经济净效益流量;

n——计算期。

判别准则:经济内部收益率等于或大于社会折现率,表明项目对国民经济的净贡献达到或超过了要求的水平,这时应认为项目是可以接受的。

2)经济净现值(ENPV)

经济净现值是反映项目对国民经济净贡献的绝对指标。它是指用社会折现率将项目计算期内各年的净效益流量折算到建设期初的现值之和。其表达式为:

$$\mathrm{ENPV}=\sum_{t=0}^{n}(B-C)_t(1+i_s)^{-t} \tag{8.2}$$

式中 i_s——社会折现率。

判别准则:工程项目经济净现值等于或大于零,表示国家为拟建项目付出代价后,可以得到符合社会折现率的社会盈余,或除了得到符合社会折现率的社会盈余外,还可以得到以现值计算的超额社会盈余,这时就认为项目是可以接受的。

按分析的口径不同,效益费用可分为整个项目的经济内部效益率和经济净现值、国内投资经济内部收益率和经济净现值。如果项目没有国外投资和国外借款,全投资指标与国内投资指标相同;如果项目有国外资金流入与流出,但国外资金指定用途时,应以国内投资的经济内部收益率和经济净现值作为项目效益费用分析的指标;如果项目使用非指定用途的国外资金时,还应计算全投资经济内部收益率和经济净现值指标。

3)效益费用比(R_{BC})

效益费用比是项目在计算期内效益流量的现值与费用流量的现值之比,是经济费用效益分析的辅助评价指标。其计算公式为:

$$R_{BC}=\frac{\sum_{t=1}^{n}B_t(1+i_s)^{-t}}{\sum_{t=1}^{n}C_t(1+i_s)^{-t}} \tag{8.3}$$

式中 R_{BC}——效益费用比;

B_t——第 t 期的经济效益;

C_t——第 t 期的经济费用。

如果效益费用比大于1,表明项目资源配置的经济效率达到了可以被接受的水平。

▶ 8.4.2 经济分析报表

经济分析报表主要指经济分析流量表,此表一般在项目财务评价基础上进行编制,有些项目也可以直接编制。

在财务评价基础上编制经济分析流量表应注意以下问题:

①剔除转移支付,将财务现金流量表中列支的税金及附加、所得税、特种基金、国内借款利息作为转移支付剔除。

②计算外部效益与外部费用,并保持效益与费用计算口径的统一。

③用影子价格、影子汇率逐项调整建设投资中的各项费用,剔除涨价预备费、税金、国内借款建设期利息等转移支付项目。进口设备购置费通常要剔除进口关税、增值税等转移支付。建筑安装工程费按材料费、劳动力的影子价格进行调整;土地费用按土地影子价格进行调整。

④应收、应付款及现金并没有实际耗用国民经济资源,在经济分析中应将其从流动资金中剔除。

⑤用影子价格调整各项经营费用,对主要原材料、燃料及动力费,用影子价格进行调整;对劳动工资及福利费,用影子工资进行调整。

⑥用影子价格调整计算项目产出物的销售收入。

⑦对各项销售收入和费用支出中的外汇部分进行经济分析时,应用影子汇率进行调整,计算外汇价值;从国外引入的资金和向国外支付的投资收益、贷款本息,也应用影子汇率进行调整。

项目投资经济分析流量表,如表8.1所示。

表8.1 项目投资经济分析流量表 单位:万元

序 号	项 目	计算期								
		1	2	3	4	5	6	7	8	9
1	效益流量			2 766	2 766	2 766	2 766	2 766	2 766	3 662
1.1	项目直接效益			2 610	2 610	2 610	2 610	2 610	2 610	2 610
1.2	回收固定资产余值									374
1.3	回收流动资金									522
1.4	项目间接效益			156	156	156	156	156	156	156
2	费用流量	3 300	6 494	1 021	1 021	1 021	1 021	1 021	1 021	1 021
2.1	建设投资	3 300	5 000							
2.2	流动资金		522							
2.3	经营费用		972	972	972	972	972	972	972	972
2.4	项目间接费用			49	49	49	49	49	49	49
3	净效益流量	−3 300	6 494	1 745	1 745	1 745	1 745	1 745	1 745	2 641
计算指标: 经济内部收益率:5.8% 经济净现值:−996元										

本章小结

在市场经济条件下,大部分工程项目财务评价结论可以满足投资决策需要。但对于财务现金流量不能全面、真实地反映其经济价值的项目,还需要进行工程项目的经济分析。经济分析是按照合理配置资源的原则,采用社会折现率、影子汇率、影子工资和货物影子价格等经济分析参数,从项目对社会经济所作贡献以及社会经济为项目付出代价的角度,识别项目的效益和费用,分析计算项目对社会经济(社会福利)的净贡献,评价项目投资的经济效率,即经济合理性。

经济分析与财务分析既有联系又有区别。共同之处包括:评价方法相同;评价的基础工作相同;评价的计算期相同。不同之处包括:两种评价所占的层次不同;费用和效益含义和划分范围不同;评价所使用的价格体系不同;两种评价所用的参数不同;评价内容不同。

外部效果和转移支付是经济评价中经济效益与费用识别的两个关键。间接经济效益与间接经济费用(或称为外部效果),是指项目对国民经济作出的贡献与国民经济为项目付出的代价中,在直接效益与直接费用中未得到反映的那部分效益与费用。外部效果应包括:产业关联效果、环境和生态效果、技术扩散效果。

经济分析中,转移支付主要包括:项目(企业)向政府缴纳的所得税、增值税和消费税等,政府给予项目(企业)的各种补贴,项目向国内银行等金融机构支付的贷款利息和获得的存款利息。

影子价格是进行项目经济分析专用的计算价格。影子价格依据经济分析的定价原则测定,反映项目投入和产出的真实经济价值、市场供求关系、资源稀缺程度、资源合理配置的要求。进行项目的经济分析时,项目的主要投入和产出原则上应采用影子价格。

社会折现率是经济分析的重要通用参数,既用作经济内部收益率的判别基准,也用作计算经济净现值的折现率。

课后练习题

1.什么是经济分析?它与财务分析有何异同?

2.在经济分析中,识别效益与费用的原则是什么?与财务分析的原则有何不同?

3.项目的外部效果分为哪几种类型?哪些外部效果需要列入经济分析的现金流量表中?

4.在经济分析中进行价格调整的主要原因是什么?

5. 甲企业拟投资建设某项目,项目的设计生产能力为 20 万 t/年,建设期 1 年,生产经营期 5 年且各年均达产;项目建设投资 20 亿元。项目产品的市场销售价格(不含税)为 4 000 元/t,各年的经营成本均为 3.5 亿元,年销售税金及附加为 400 万元。由于项目生产符合循环经济和节能减排的鼓励政策,政府给予每吨产品 700 元的补贴,同时免征所得税。该项目使用的原料之一是乙企业无偿提供的一种工业废料,由此每年可以为乙企业节省 1 亿元的废料处理费用。此外,项目不产生其他间接费用和效益。假定项目各项投入和产出的价格均能反映其经济价值,所有流量均发生在年末。甲企业设定的项目投资财务基准收益率为 10%,社会折现率为 8%。

问题:(1)分项列出该项目投资现金流量表中的现金流入、现金流出的组成内容,计算项目投资财务净现值并判断项目的财务可行性;(2)分项列出该项目投资经济效益、经济费用的组成内容,计算该项目的经济净现值并判断该项目的经济合理性。

9

设备更新与方案比选

【教学要求】

知识要点	能力要求	相关知识
设备磨损的类型	(1)掌握设备磨损的具体类型 (2)掌握每种设备磨损的补偿方式	(1)有形磨损 (2)无形磨损 (3)综合磨损 (4)设备磨损的3种补偿方式
设备的寿命	(1)了解设备寿命的概念 (2)掌握设备经济寿命的估算	(1)自然寿命 (2)技术寿命 (3)经济寿命 (4)折旧寿命
设备更新方案的比选	(1)了解设备更新的概念 (2)掌握设备更新的策略 (3)了解设备更新方案的比选原则	(1)原型更新 (2)技术更新 (3)设备更新方案的比选原则
设备租赁的概念及特征	(1)了解设备租赁的概念 (2)掌握设备租赁的优缺点 (3)掌握设备租赁费用的构成及租金的计算	(1)经营租赁 (2)融资租赁 (3)租赁保证金 (4)租金 (5)租赁担保费 (6)附加费率法 (7)年值法
设备租赁与购买的比选分析	(1)了解设备租赁与购买的分析步骤 (2)掌握设备租赁与购买的年净现金流量构成 (3)掌握设备租赁与购买的比选方法	(1)净现值法 (2)净年值法

【关键术语】

有形磨损,无形磨损,综合磨损,自然寿命,技术寿命,经济寿命,设备更新,经营租赁,融资租赁

设备是企业生产的物质基础和前提条件,设备装备水平直接影响企业的生存和发展。因此,设备的更新换代已越来越引起众多企业的重视。但并不是只要更新就会有效益,近年来,由于大型成套设备更新决策失误而使企业陷入困境的实例屡见不鲜。

9.1 设备磨损与补偿

▶ 9.1.1 设备磨损的类型

设备在使用(或闲置)过程中均会发生磨损。磨损有有形磨损和无形磨损两种形式。

1)设备的有形磨损

机器设备在使用或闲置过程中,由于力的作用发生的实体磨损或损失,称为有形磨损,也称为物质(理)磨损。有形磨损严重到一定程度,会导致设备不能正常使用。有形磨损有以下两种形式:

(1)第一种有形磨损

设备在使用过程中,由于外力作用使零部件发生摩擦、振动和疲劳等现象,导致机器设备的实体发生磨损,这种磨损称为第一种有形磨损。通常表现为:设备零部件的原始尺寸甚至形状发生变化(如尺寸精度、形状精度改变);公差配合性质改变,精度降低(如位置精度改变);零部件损坏。这种磨损的程度与使用强度和使用时间的长短有关。

(2)第二种有形磨损

设备在闲置(或封存)过程中,由于自然力的作用使其丧失了工作精度和使用价值,这种现象表明设备遭受了第二种有形磨损。其表现形式为生锈、腐蚀、老化等。这种磨损与闲置的时间长短和所处环境有关。

2)设备的无形磨损

设备的无形磨损是指由于科学技术进步而不断出现性能更加完善、生产效率更高的设备,使原有设备的价值降低,或者是生产同样结构设备的价值不断降低,使原有设备贬值。机器设备的无形磨损(经济磨损、精神磨损)是由于科技进步,使原设备陈旧落后或再生产价值降低,但是原设备仍能正常(按设计性能)使用。无形磨损有以下两种形式:

(1)第一种无形磨损

第一种无形磨损是指由于工艺的改善、成本的降低,劳动生产率不断提高,使得生产相同结构性能的设备的劳动消耗降低,原有设备受到贬值。

这种无形磨损的后果只是现有设备原始价值部分贬值,设备本身的技术特性和功能并未发生变化,故不影响现有设备的使用,因此设备的使用价值没有降低,无须更新设备。

(2)第二种无形磨损

由于不断出现技术上更加完善、经济上更加合理的新设备,使原有设备显得陈旧落后,其经济效益相对降低而发生贬值,这种磨损称为第二种无形磨损。第二种无形磨损不仅使原有

设备的价值相对贬值,而且由于技术上更先进的新设备的发明和应用使原有设备的使用价值局部或全部丧失。如果继续使用设备,会相对降低经济效益。

有形磨损和无形磨损都引起设备原始价值的贬值,这一点两者是相同的。不同的是,遭受有形磨损的设备,特别是有形磨损严重的设备,在修理之前常常不能工作;而遭受无形磨损的设备,并不表现为设备实体的变化和损坏,即使无形磨损很严重,其固定资产物质形态却可能没有磨损,仍然可以使用,只不过继续使用它在经济上是否合算需要分析研究。

3)设备的综合磨损

设备购置安装后,不论使用与否,同时遭受着有形磨损和无形磨损,两者的共同作用使设备的价值降低,两种磨损同时作用于现有机器设备上,称为设备的综合磨损。

▶　9.1.2　设备磨损的补偿方式

设备受到磨损需要补偿。设备磨损的形式不同,补偿方式也不同。补偿方式一般有修理、现代化改装和更新。设备修理是修复由于正常或不正常的原因而造成的设备损坏和精度劣化,通过修理更换已经磨损、老化和腐蚀的零部件,使设备性能得到恢复,其实质是对设备有形磨损进行补偿,按修理的程度和工作量的大小一般分为小修、大修。所谓设备的现代化改装,就是应用现代化的技术成就和先进经验,根据生产的具体需要,改变旧设备的结构或增加新装置、新部件等,以改变旧设备的技术性能与使用指标,使它局部达到或全部达到目前生产的新设备的水平。如果有形磨损较轻,可通过修理进行补偿;如果磨损严重,可以通过大修理或更新补偿。无形磨损的补偿可以通过现代化改装或更新来实现。设备补偿可分为局部补偿和完全补偿。设备大修理属于局部补偿,设备更新属于完全补偿。

正确地使用和良好地维护、保养设备,只能减轻、延缓有形磨损,而不能消除有形磨损。只有通过修理或更换,才能恢复设备原有的精度与技术性能,有效地补偿有形磨损。

由于第一类无形磨损并不引起原有设备本身技术性能的降低和使用费用的升高,因而不用进行补偿。第二类无形磨损的存在,使原设备的使用价值降低,以致经济效率降低,从而不宜继续使用。当第二种无形磨损不严重时,可以通过现代化改装使原设备恢复使用价值。

当设备的有形磨损或第二种无形磨损达到严重程度时,就必须通过设备更新的方式来补偿设备的磨损。

设备磨损的3种补偿方式如图9.1所示。

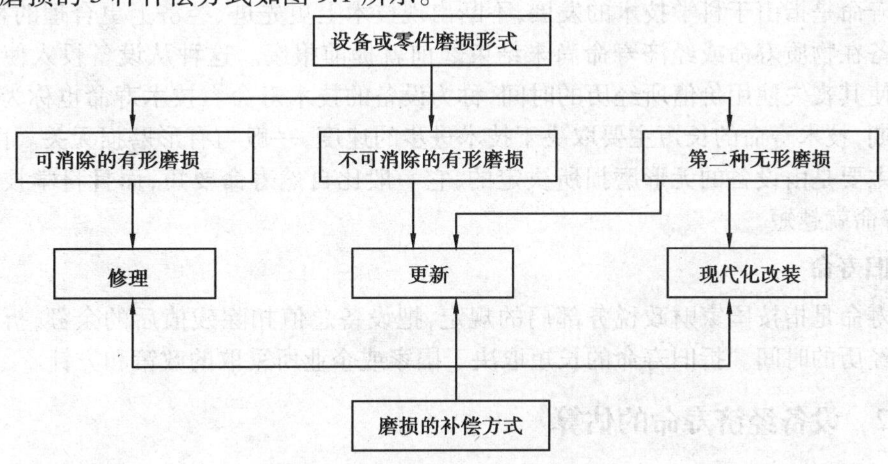

图9.1　设备磨损的3种补偿方式

9.2 设备的寿命

由于设备磨损的存在,设备的使用价值和经济价值都会逐渐降低,使得设备最终停用或被淘汰,因而设备具有一定的寿命。设备的寿命通常是设备进行更新和改造的重要决策依据。设备更新改造通常是为提高产品质量、促进产品升级换代、节约能源而进行的。其中,设备更新也可以从设备经济寿命来考虑,设备改造有时也是从延长设备的技术寿命、经济寿命的角度出发的。

▶ 9.2.1 设备寿命的概念

从不同角度可以将设备的寿命划分为自然寿命(物质寿命)、经济寿命、技术寿命和折旧寿命。

1)自然寿命

自然寿命也称为物质寿命,是由有形磨损决定的设备的使用寿命,指一台设备从全新状态开始使用,产生有形磨损,造成设备逐渐老化、损坏直至报废所经历的全部时间。正确使用、维护保养、定时检修可以延长设备的自然寿命,但不能从根本上避免其磨损。任何一台设备磨损到一定程度时,就必须进行修理或更新。

2)经济寿命

在设备自然寿命的后期,因设备故障频繁而引起的损失急剧增加。购置设备后,使用的年数越多,每年分摊的设备购置费用越少,但是设备的保养和操作费用却越多,因此从经济上考虑,要对设备的使用费用加以限制,从而终止自然寿命,这便产生了经济寿命的概念。经济寿命是指设备开始使用到其年平均费用最低年份的延续时间。它是由维护费用的提高和使用价值的降低决定的。设备的经济寿命就是从经济观点(即成本观点或收益观点)确定的设备更新的最佳时刻。

3)技术寿命

技术寿命是指由于科学技术的发展,不断出现技术上更先进、经济上更合理的替代设备,使现有设备在物质寿命或经济寿命尚未结束之前就提前报废。这种从设备投入使用到因技术进步而使其丧失使用价值所经历的时间,称为设备的技术寿命。技术寿命也称为设备的技术老化周期,技术寿命的长短主要取决于技术进步的速度,一般与有形磨损无关。由此可见,技术寿命主要是由设备的无形磨损所决定的,它一般比自然寿命要短,而且科学技术进步越快,技术寿命就越短。

4)折旧寿命

折旧寿命是指按国家财政税务部门的规定,把设备总值扣除残值后的余额,折旧到接近于零时所经历的时间。折旧寿命的长短取决于国家或企业所采取的政策和方针。

▶ 9.2.2 设备经济寿命的估算

设备在使用过程中发生的年度费用通常包括两个部分,即资金恢复费用和年度使用费用。资金恢复费用是指设备的一次性投资费用扣除设备弃置不用时的估计产值(净残值)后分摊到设备使用各年上的费用;年度使用费用是指机械设备的日常使用和维修费用。设备的使用年限越长,其一次投资费用摊销到每一年的费用就越低,从这个角度上来讲,我们希望设备的使用年限越长越好;但是,设备的经营费用是逐年增加的,如果设备的使用年限过长,其经营费用将会很高,随着经营费用进一步增加,与其继续维护使用,还不如购置新的设备。也就是说设备存在一个合理的使用年限,使得设备的一次投资费用的年摊销费和年经营费用的总和最少。因此,设备的年度费用曲线呈先降后升的U形曲线,如图9.2所示。U形曲线的最低点,即年度费用最小处所对应的时间就是该设备的经济寿命,记为 T^*。

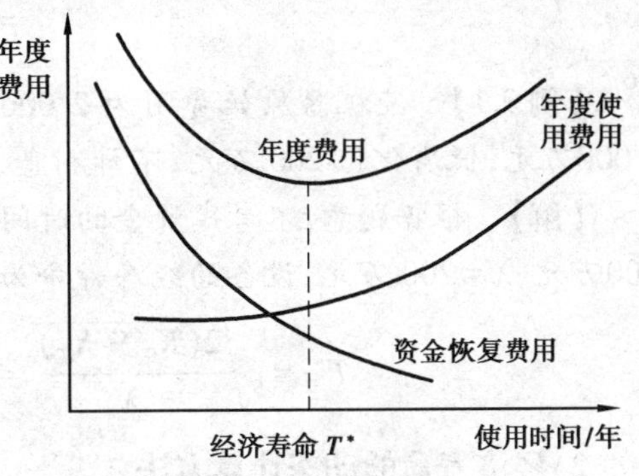

图9.2　年度费用图

1)经济寿命的静态计算方法

若不考虑资金时间价值的影响,则

$$\text{资金恢复费用 } S_T = \frac{K_0 - K_T}{T} \tag{9.1}$$

$$\text{年度使用费用 } C_T = \frac{1}{T}\sum_{j=1}^{T} C_j \tag{9.2}$$

$$\text{设备年度费用 } AC_T = S_T + C_T = \frac{K_0 - K_T}{T} + \frac{1}{T}\sum_{j=1}^{T} C_j \tag{9.3}$$

式中　T——设备使用年限;

S_T——设备使用 T 年时的资金恢复费用;

K_0——设备的原始价值;

K_T——设备在第 T 年末的净残值;

C_T——设备使用到第 T 年的年度使用费用;

C_j——第 j 年设备的使用费用;

AC_T——设备的年度费用。

设备的经济寿命即为最小的 AC_T 所对应的年限,可以通过列表计算求得。

特殊情况:设备的年度使用费用可能会发生变化,如果设备劣化过程是均匀的,即年度使用费用呈线性增长,假设设备在第一年的使用费用为 C_1,以后每年的使用费用比上一年的增加额为 λ(低劣化值),则

第 j 年的使用费用为:

$$C_j = C_1 + (j-1)\lambda \tag{9.4}$$

年度费用为:

$$AC_T = \frac{K_0 - K_T}{T} + \frac{1}{T}\sum_{j=1}^{T} C_j = \frac{K_0 - K_T}{T} + C_1 + \frac{T-1}{2}\lambda \tag{9.5}$$

根据经济寿命的定义,能使设备年等额总成本 AC_T 最低的那个使用期限,就是设备的经

济寿命。令$\frac{\partial AC_T}{\partial T}=0$,则设备的经济寿命为:

$$T^* = \sqrt{\frac{2(K_0 - K_T)}{\lambda}} \tag{9.6}$$

【例9.1】 某机器原始费用为2 000万元,净残值固定为300万元,第一年运行费用为1 000万元,低劣化值200万元,不计利息,求该设备的经济寿命。

【解】 根据题意,不考虑资金的时间价值,按照式(9.6)计算,已知$K_0=2\ 000$万元,$K_T=300$万元,$\lambda=200$万元,设备的经济寿命为:

$$T^* = \sqrt{\frac{2(K_0 - K_T)}{\lambda}} = \sqrt{\frac{2\times(2\ 000 - 300)}{200}} \approx 4(\text{年})$$

2)经济寿命的动态计算方法

当考虑资金时间价值的影响时,首先需要将有关的费用支出折算到一个时间点上,该时间点通常为初始购置设备费用支出的时间,然后将折算值换算成年值即年度费用AC_T。

$$AC_T = K_0(A/P,i,T) - K_T(A/F,i,T) + (A/P,i,T)\sum_{j=1}^{T} C_j(P/F,i,j) \tag{9.7}$$

设备的经济寿命即为最小的AC_T所对应的年限,可以通过列表计算求得。

【例9.2】 某设备目前实际价值为30 000元,有关统计资料如表9.1所示,求设备的经济寿命。

表9.1 设备有关资料 单位:元

年份	1	2	3	4	5	6	7
年使用费用	5 000	6 000	7 000	9 000	11 500	14 000	17 000
年末净残值	15 000	7 500	3 750	1 875	1 000	1 000	1 000

【解】 (1)静态计算

按照式(9.3)计算,结果列于表9.2中。

表9.2 设备不同使用年限的静态年度费用 单位:元

年份 T	资产消耗成本 K_0-K_T	资金恢复费用 $S_T=\frac{K_0-K_T}{T}$	年使用费用 C_j	年使用费用累计 $\sum_{j=1}^{T} C_j$	年度使用费用 $C_T=\frac{1}{T}\sum_{j=1}^{T} C_j$	年度费用 $AC_T=S_T+C_T=\frac{K_0-K_T}{T}+\frac{1}{T}\sum_{j=1}^{T} C_j$
1	15 000	15 000	5 000	5 000	5 000	20 000
2	22 500	11 250	6 000	11 000	5 500	16 750
3	26 250	8 750	7 000	18 000	6 000	14 750
4	28 125	7 031	9 000	27 000	6 750	13 781
5	29 000	5 800	11 500	38 500	7 700	13 500

续表

年份 T	资产消耗成本 K_0-K_T	资金恢复费用 $S_T=\frac{K_0-K_T}{T}$	年使用费用 C_j	年使用费用累计 $\sum_{j=1}^{T}C_j$	年度使用费用 $C_T=\frac{1}{T}\sum_{j=1}^{T}C_j$	年度费用 $AC_T=S_T+C_T=\frac{K_0-K_T}{T}+\frac{1}{T}\sum_{j=1}^{T}C_j$
6	29 000	4 833	14 000	52 500	8 750	13 583
7	29 000	4 143	17 000	69 500	9 929	14 072

由计算结果可以看出,该设备在使用5年时,其年度费用13 500元为最低。因此,该设备的经济寿命为5年。

(2)动态计算

如果考虑资金的时间价值,假定折现率为10%,设备不同使用年限时的年度费用计算过程和结果如表9.3所示。由表9.3可知,该设备的经济寿命为6年。

表9.3 设备不同使用年限的动态年度费用　　单位:元

年份 T	设备投资年值 $K_0(A/P,i,T)$ ①	年末净残值年值 $K_T(A/F,i,T)$ ②	资金恢复费用 S_T=①-② ③	年使用费用现值 $C_j(P/F,i,j)$ ④	年使用费用现值累计 $\sum_{j=1}^{T}C_j(P/F,i,j)$ ⑤	年度使用费用 C_T=⑤×$(A/P,i,T)$ ⑥	年度费用 $AC_T=S_T+C_T$=③+⑥ ⑦
1	33 000	15 000	18 000	4 546	4 546	5 001	23 001
2	17 286	3 572	13 714	4 958	9 504	5 476	19 190
3	12 063	1 133	10 930	5 259	14 763	5 936	16 866
4	9 465	404	9 061	6 147	20 910	6 597	15 658
5	7 914	164	7 750	7 140	28 050	7 400	15 150
6	6 888	130	6 758	7 903	35 953	8 255	15 013
7	6 162	105	6 057	8 724	44 677	9 177	15 234

9.3 设备更新方案的比选

▶ 9.3.1 设备更新的概念

设备在使用过程中,由于物理、化学作用或技术进步的影响,使得继续使用该设备将不能维持良好的性能和取得预期效果,或根本不能再使用,或者虽然能继续使用,但经济上已不合理等,这时我们应该考虑设备的更新问题。

设备更新有原型更新和技术更新两种形式。原型更新又称为简单更新,它是用同型号设备以旧换新。这种更新主要是用来更换已损坏的或陈旧的设备。技术更新是以结构更先进、技术更完善、性能更好、效率更高的设备代替原有设备。这种更新主要用来更换遭到第二种无形磨损,在经济上不宜继续使用的设备。通常所说的设备更新主要是指后一种,它是技术发展的基础。设备更新是消除设备有形磨损和无形磨损的重要手段,其目的是为了提高企业生产的现代化水平,尽快地形成新的生产能力。

▶ 9.3.2 设备更新的策略

设备更新决策问题是现代企业管理中面临的一项重要的投资决策问题,对企业的经济效益有着重要影响。设备更新是对技术上和经济上不宜继续使用的旧设备,用新的设备更换或用先进的技术对原有设备进行局部改造。设备是否需要更新、何时更新、选用何种更新方式,需要决策者用科学合理的分析方法进行分析。过早对设备进行更新,会造成资源浪费;拖延设备更新的周期,会造成生产成本迅速上升、生产效率和产品质量下降,使企业失去竞争优势。

设备更新决策是决定继续使用旧设备还是购置新设备,此类决策属于互斥方案的比选问题。一般参与比选的方案几乎仅有费用现金流量,所以通常用费用类指标来分析。

1)设备的原型更新的经济分析

有些设备在一定时期内不存在第二种无形磨损,即没有更先进的设备出现,但是设备在使用过程中仍然存在有形磨损。随着设备使用年限的增加,设备的维修费和运行费用将不断增加,达到一定程度后,购买新的原型设备替换旧设备在经济上更合算。这就是设备的原型更新问题,其基本分析方法就是通过计算经济寿命来进行更新决策。当设备达到经济寿命时,就应用同类型的设备去更换,以保证使用期内的每一年都以最低的年均费用使用设备。

2)设备的技术更新的经济分析

在技术不断进步的条件下,由于第二种无形磨损的作用,出现生产效率更高和经济效益更好的新型设备,使原设备显得陈旧和过时。这时就需要决定是继续使用旧设备,还是淘汰旧设备、购置新设备。对新设备方案和旧设备方案进行比较分析,常用的方法为费用年值法。

费用年值法是指分别计算原有旧设备和备选新设备对应于各自的经济寿命期内的不同时点发生的所有费用的等额支付序列的年“平均”费用,并进行比较。如果使用新设备的费用年值小于继续使用旧设备的费用年值,则应当立即进行更新,否则继续使用旧设备。

对于设备更新的经济分析,通常需回答两个问题:一是设备是否需要更新;二是如果需要更新,何时更新。具体分析过程可按如下步骤进行:

①计算旧设备的费用年值。在计算旧设备的费用年值时,考虑的时间是旧设备还剩余的经济寿命,即从现在到其经济寿命所持续的时间。

②计算新设备的费用年值。新设备的费用年值就是将其经济寿命期内所发生的投资和费用全部换算成与之等值的等额支付序列的年值。

③新、旧设备的费用年值进行比较。如果旧设备的费用年值小于新设备的费用年值,则继续使用旧设备,不更新;如果旧设备的费用年值大于新设备的费用年值,则更新,这时需要进一步分析何时更新。

④假设旧设备继续使用1年,计算这时旧设备的费用年值,将其与新设备的费用年值进

行比较。如果旧设备的费用年值小,则继续保留旧设备,否则立即更新。

⑤在继续使用旧设备的情况下,计算旧设备保留 2 年的费用年值,并与新设备的费用年值比较,比较原则同第④,如此循环直至旧设备被淘汰。

9.3.3 设备更新方案的比选原则

1)客观立场原则

设备更新分析应站在客观立场上考虑问题,分析者应以一个客观的身份进行研究,而不是站在现有旧设备的立场上考虑问题。

2)沉没成本不计原则

沉没成本是指过去已经发生的,与以后的方案选择均无关的成本费用。由于沉没成本是已经发生的费用,不管企业今后作何决策,这项费用都不可避免地要发生,因此它不会对现在的决策产生影响。在设备更新方案比选时,旧设备的原始成本是无关的,旧设备的价值应按当前市场价值计算。

例如,企业过去买了一台设备花了 30 万元,现在账面上的净值是 10 万元,现在这台设备在市场上只值 5 万元。如果现在进行设备更新分析,旧设备往往会产生一笔沉没成本。

$$沉没成本 = 设备账面价值 - 当前市场价值 \tag{9.8}$$

或

$$沉没成本=(设备原值-历年折旧费)-当前市场价值 \tag{9.9}$$

本例中设备的沉没成本为 10-5=5(万元),目前该设备的价值是 5 万元,而不是 30 万元或 10 万元。

3)逐年滚动比较原则

对设备更新问题,在确定最佳更新时机时,应对现有设备的剩余经济寿命和新设备的经济寿命逐年进行计算比较。

9.4 设备租赁与购买

9.4.1 设备租赁的概念

1)租赁的基本概念

设备租赁是设备的使用者(承租人)按合同规定向出租人定期付一定的费用(租金)而取得设备使用权的一种经济活动。设备的所有权属出租者所有,承租人是被出租设备的使用者。对承租人来说,租赁的优点在于可以避免大量资本支出,可以解决购置设备资金不足和借款受到限制等问题。同时,承租人通过租赁既可提高生产能力,又可避免承担因技术进步造成的资产过时的风险。对出租人来说,由于出租设备的所有权未发生变化,因而投资风险低于出借资金,并且可以避免设备使用率低和设备闲置的问题。

设备租赁的方式主要有经营租赁和融资租赁两种。

(1)经营租赁

经营租赁是指出租者除向承租者提供租赁物外,还承担设备的保养、维修、贬值以及不再续租的风险，任何一方可以随时以一定方式在通知对方后的规定时间内取消或中止租约。这种租赁方式具有可撤销性和短期性等特点，因而租金高。经营租赁适用于技术进步快、临时使用、用途较广泛、使用具有季节性的设备，如车辆、计算机、仪器等。经营租赁设备的租赁费用计入企业成本，可以减少企业所得税。

(2)融资租赁

融资租赁是指由双方明确租让的期限和付费义务，出租人按照要求提供规定的设备，然后以租金形式回收设备的全部资金，出租者对设备的整机性能、维修保养、老化风险等不承担责任。融资租赁的租费总额通常足以补偿设备的全部价值，租期一般较长，租赁期相当于或超过设备的寿命期，并且租约到期之前不得解除，期满后租赁设备的所有权无偿或低于其余值转让给承租人，租赁期内设备的维修保养、保险等费用均由承租人负责。融资租赁适用于贵重设备，如飞机、重型施工设备等。对于承租人来说，融资租入的设备属于固定资产，可以计提折旧计入企业成本，而租赁费一般不直接列入企业成本，由企业税后支付。

2)设备租赁的优缺点

(1)设备租赁的优点

对于承租人来说，设备租赁与设备购买相比的优越性在于：

①在资金短缺的情况下，既可用较少资金获得生产急需的设备，也可以引进先进设备，加速技术进步的步伐；

②可以获得良好的技术服务；

③可以保持资金的流动状态，防止呆滞，也不会使企业资产负债状况恶化；

④可以避免通货膨胀和利率波动的冲击，减少投资风险；

⑤设备租金可以在所得税前扣除，能享受税费上的利益。

(2)设备租赁的缺点

设备租赁的缺点在于：

①在租赁期间承租人对租用设备无所有权，只有使用权，故承租人无权随意对设备进行改造，不能处置设备，也不能用于担保、抵押；

②承租人在租赁期间所交的租金总额一般比直接购置设备的费用要高；

③长年支付租金，形成长期负债；

④融资租赁合同规定严格，毁约要赔偿损失，罚款较多等。

▶ 9.4.2 设备租赁费用的计算

1)租赁费用

租赁合同一旦签订，承租人便开始支付所需的费用。租赁费用包括租赁保证金、租金和租赁担保费等。

(1)租赁保证金

为了确认租赁合同并保证合同的执行，承租人必须先缴纳租赁保证金。在合同结束时，出租人将保证金退还给承租人或在最后一期租金中抵销。保证金一般可以按合同金额的一定比例计取，或者是某一基数期的金额(如一个月的租金额)。

(2)租金

租金是签订租赁合同的一项重要内容,直接关系到出租人与承租人双方的经济利益。出租人要从取得的租金中得到出租资产的补偿和收益,承租人则要比照租金核算成本。影响租金的因素有很多,如设备的价格、融资的利息及费用、各种税金、租赁保证金、运费、租赁利差、各种费用的支付时间,以及租金采用的计算公式等。

(3)租赁担保费

出租人一般要求承租人提供担保人对该租赁交易进行担保,当承租人由于财务危机付不起租金时,由担保人代为支付租金。

2)租金的计算

租金的计算主要有附加费率法和年值法。

(1)附加费率法

附加费率法是在租赁资产的设备货价或概算成本上再加上一个特定的比率来计算租金。其计算公式为:

$$R = P(1 + n \cdot i)/n + P \cdot r \tag{9.10}$$

式中 R——租金;

P——租赁资产的价格;

n——租赁设备的还款期数,可按月、季、半年、年计算;

i——与还款期数相同的折现率;

r——附加率。

【例 9.3】 某施工企业拟租赁一台施工机械,已知该施工机械的价格为 72 万元,租期为 7 年,每年年末支付租金,租金按附加费率法计算,折现率为 10%,附加率为 4%,则每年应付租金为多少?

【解】 $R=72\times(1+7\times10\%)/7+72\times4\%=20.37$(万元)

(2)年值法

年值法是将一项租赁资产价值按动态等额分摊到未来各租赁期间内的租金计算方法。

①期末支付。这种支付方式是在每期期末等额支付租金,其计算公式为:

$$R = P(A/P,i,n) \tag{9.11}$$

式中 R——租金;

P——租赁资产的价格;

n——租赁设备的还款期数,可按月、季、半年、年计算;

i——与还款期数相同的折现率。

②期初支付。这种支付方式是在每期期初等额支付租金,期初支付要比期末支付提前一期支付租金。其计算公式为:

$$R = P(A/P,i,n)(P/F,i,1) \tag{9.12}$$

【例 9.4】 资料同例 9.3,请用年值法计算每年年末需要支付的租金是多少?如果需要每年年初支付租金,则租金为多少?

【解】 ①若按年末支付:

$$R = 72(A/P,10\%,7) = 14.79(\text{万元})$$

②若按年初支付:

$$R = 72(A/P,10\%,7)(P/F,10\%,1) = 13.45(\text{万元})$$

▶ 9.4.3 设备租赁与购买的比选分析

1)影响设备租赁与购买的主要因素

企业在决定进行设备投资之前,必须进行多方面考虑,因为决定设备租赁或购买的关键在于能否为企业节约尽可能多的支出费用,实现最好的经济效益。为此,需要首先考虑影响设备投资的因素。

(1)影响设备投资的因素

影响设备投资的因素较多,主要包括:

①项目的寿命期;

②企业需要长期占有设备,还是只希望短期占有这种设备;

③设备的技术性能和生产效率;

④设备对工程质量(产品质量)的保证程度,对原材料、能源的消耗量,以及设备生产的安全性;

⑤设备的成套性、灵活性、耐用性、环保性和维修的难易程度;

⑥设备的经济寿命;

⑦技术过时风险的大小;

⑧设备的资本预算计划、资金可获得量(包括自有资金和借入资金)、借入资金时借款利息(或利率)的高低;

⑨提交设备的进度。

(2)影响设备租赁的因素

对于设备租赁的,除考虑上述因素外,还应考虑如下影响因素:

①租赁期长短;

②设备租金额,包括总租金额和每租赁期租金额;

③租金的支付方式,包括租赁期起算日、支付日期、支付币种和支付方法等;

④企业经营费用减少与折旧费和利息减少的关系;

⑤租赁的节税优惠;

⑥预付资金(定金)、租赁保证金和租赁担保费用;

⑦维修方式,即是由企业自行维修,还是由租赁机构提供维修服务;

⑧租赁期满后资产的处理方式;

⑨租赁机构的信用度、经济实力,与承租人的配合情况。

(3)影响设备购买的因素

对于设备购买的,除考虑前述(1)的因素外,也应考虑如下影响因素:

①设备的购置价格,设备价款的支付方式、支付币种和支付利率等;

②设备的年运转费用和维修方式、维修费用;

③保险费,包括购买设备的运输保险费、设备在使用过程中的各种财产保险费。

总之,企业作出设备租赁还是购买决定的关键在于技术经济可行性分析。因此,企业在决定进行设备投资之前,必须充分考虑影响设备租赁与购买的主要因素,才能获得最佳的经济效益。

2)设备租赁与购买方案分析的步骤

采用购买设备或是租赁设备应取决于这两种方案在经济上的比较,具体分析步骤如下:

①根据企业生产经营目标和技术状况,提出设备更新的投资建议;

②拟订若干设备投资方案,包括购买(有一次性付款和分期付款购买)方案和租赁方案;

③定性分析筛选方案,包括分析企业财务能力,分析设备技术风险、使用维修特点;

④定量分析并优选方案,结合其他因素,作出租赁还是购买的投资决策。

3)设备租赁与购买方案的经济比选方法

进行设备租赁与购买方案的经济比选,其实质是分析方案的经济效果,根据经济效果作出最佳决策。分析方案的经济效果,必须先分析各方案的现金流量情况。

(1)设备租赁方案的净现金流量

采用设备租赁的方案,租赁费可以直接计入成本,但为了方便与设备购买方案比较,特将租赁费用从经营成本中分离出来。

$$净现金流量 = 营业收入 - 租赁费用 - 经营成本 - 与营业相关的税金 - 所得税 \quad (9.13)$$

或者

$$\begin{aligned}净现金流量 = {} & 营业收入 - 租赁费用 - 经营成本 - 与营业相关的税金 - \\ & 所得税率 \times (营业收入 - 租赁费用 - 经营成本 - 与经营相关的税金)\end{aligned} \quad (9.14)$$

(2)设备购买方案的净现金流量

$$\begin{aligned}净现金流量 = {} & 营业收入 - 设备购置费 - 经营成本 - \\ & 贷款利息 - 与营业相关的税金 - 所得税\end{aligned} \quad (9.15)$$

或者

$$\begin{aligned}净现金流量 = {} & 营业收入 - 设备购置费 - 经营成本 - 贷款利息 - 与营业相关的税金 - \\ & 所得税率 \times (营业收入 - 经营成本 - 折旧 - 贷款利息 - 与营业相关的税金)\end{aligned} \quad (9.16)$$

(3)设备租赁与购买方案的经济比选

设备租赁与购买方案的经济比选,其比较原则和方法与互斥方案相同。设备寿命期相同时,可以采用现值法(净现值或费用现值);设备寿命期不同时,可以采用年值法(净年值或费用年值)。

【例 9.5】 某厂需要一台机器,价格(包括运输费、保险费等在内)为 18 万元,使用寿命为 10 年,预计该机器的净残值为 0.5 万元。该机器每年预估的运营费为 2.3 万元,可能的各种维修费用平均每年需要 0.3 万元。若向租赁公司租用,每年租金为 2.5 万元。假设企业的基准收益率为 10%,那么租赁和购买哪种方案对企业更有利?

【解】 选择租赁方案时,在不考虑税收的情况下,其费用现值为:

$$\begin{aligned}PC_1 &= 2.5(P/A,10\%,10)+2.3(P/A,10\%,10)+0.3(P/A,10\%,10)\\ &= 31.34(万元)\end{aligned}$$

选择购买方案时,其费用现值为:

$$\begin{aligned}PC_2 &= 18+2.3(P/A,10\%,10)+0.3(P/A,10\%,10)-0.5(P/F,10\%,10)\\ &= 33.78(万元)\end{aligned}$$

显然 $PC_1<PC_2$,租赁机器对企业更有利。

如果采用费用年值法来分析,则费用年值为:

$AC_1=2.5+2.3+0.3=5.1$(万元)

$AC_2=18(A/P,10\%,10)+2.3+0.3-0.5(A/F,10\%,10)$

$=5.50$(万元)

同样,$AC_1<AC_2$,租赁机器对企业更有利。其结论和现值法一致。

【例 9.6】 某企业为生产其主要产品,需要一台价值为 110 万元的设备,该设备的使用寿命为 5 年,采用直线折旧法,残值为 10 万元。若采用租赁方式租用设备,则每年需付租金 30 万元。若借款购买,则每年需按借款利率 10%来等额支付本利和。该设备每年可获得营业收入 110 万元,假设企业的所得税税率为 25%,基准收益率为 10%。当租赁设备时,承租人可以将租金计入成本而免税;当借款购买时,企业可以将所支付的利息及折旧计入成本,抵扣一部分税金,并且可以回收残值。试对以上两种方案进行决策。

【解】 选择租赁方案时,其净现值为:

$NPV_1=110(P/A,10\%,5)-30(P/A,10\%,5)-(110-30)\times25\%(P/A,10\%,5)$

$=(110-30-80\times25\%)\times3.790\ 8=227.448$(万元)

选择购买方案时,其净现值为:

每年计提折旧为:$(110-10)\div5=20$(万元)

每年偿还的借款本利和为:$A=110(A/P,10\%,5)=29.02$(万元)

借款购买设备时,还款金额及利息如表 9.4 所示,现金流量如表 9.5 所示。

表 9.4 借款购买设备时还款金额及利息表 单位:万元

年份	年初欠款	还款金额	支付利息
1	110	29.02	11
2	91.98	29.02	9.20
3	72.16	29.02	7.22
4	50.36	29.02	5.04
5	26.38	29.02	2.64

表 9.5 借款购买设备时现金流量分析表 单位:万元

项目	年份					
	0	1	2	3	4	5
营业收入		110	110	110	110	110
期末残值回收						10
设备购置费	110					
折旧费		20	20	20	20	20
支付利息		11	9.20	7.22	5.04	2.64

续表

项 目	年 份					
	0	1	2	3	4	5
所得税		19.75	20.20	20.70	21.24	21.84
净现金流量	−110	59.25	60.60	62.08	63.72	75.52

$$\begin{aligned}NPV_2 &= -110+59.25(P/F,10\%,1)+60.60(P/F,10\%,2)+62.08(P/F,10\%,3)+\\&\quad 63.73(P/F,10\%,4)+75.52(P/F,10\%,5)\\&= -110+59.25\times0.909\,1+60.60\times0.826\,4+62.08\times0.751\,3+63.73\times0.683\,0+75.52\times0.620\,9\\&= 131.00(万元)\end{aligned}$$

通过比较,由于 $NPV_1>NPV_2$,所以该设备宜选租赁方案。

本章小结

本章主要介绍了设备更新的技术经济分析,分别从 4 个方面进行了阐述:一是设备磨损及其补偿方式;二是设备寿命的概念及经济寿命的估算;三是设备更新方案的经济分析;四是设备租赁与购买方案的比选分析。

设备磨损分为有形磨损和无形磨损。机器设备在使用或闲置过程中发生的实体磨损,称为有形磨损。由于科学技术进步而不断出现性能更加完善、生产效率更高的设备,使原设备的价值降低,或者是生产同样结构设备的价值不断降低,使原设备贬值,称为无形磨损。设备的有形磨损会使设备的使用价值降低,无形磨损会使设备的价值降低。设备在购置安装后,无论使用与否,同时存在有形磨损和无形磨损。设备磨损的补偿方式有修理、现代化改装和更新 3 种。

设备的寿命分为自然寿命、经济寿命、技术寿命和折旧寿命。设备的经济寿命是指设备开始使用到其年平均费用最低年份的延续时间。设备的经济寿命对设备的更新分析有着重要作用。

设备更新有原型更新和技术更新两种形式。无论哪种形式的设备更新分析都主要回答两个问题:一是设备是否需要更新;二是设备何时更新。在设备更新分析中,主要以经济寿命为依据进行更新方案的比较。

设备租赁有经营租赁和融资租赁两种形式。租赁费用包括租赁保证金、租金和租赁担保费等。租金的计算方法通常有附加费率法和年值法。设备租赁与购买方案的比选分析与一般互斥方案的比选方法相同。

课后练习题

1.何谓设备的有形磨损、无形磨损?各有何特点?设备磨损的补偿形式有哪些?

2.简述设备的自然寿命、技术寿命。如何延长设备的自然寿命?

3.什么是设备的经济寿命?如何确定设备的经济寿命?

4.设备经济寿命的确定对设备更新分析有何作用?

5.设备租赁有何优缺点?

6.某机器原始价值为2 000万元,残值固定为300万元,第1年运行费为1 000万元,低劣化值为200万元,不计利息,试求该设备的经济寿命。

7.某设备原值为14 500元,其各年残值、年使用费用如表9.6所示。试确定该设备的经济寿命。设基准折现率为10%。

表9.6 设备费用表

单位:元

年 份	1	2	3	4	5
年使用费用	3 000	3 200	3 500	3 900	4 500
年末净残值	10 500	8 100	6 500	5 200	4 200

8.某设备目前价值为12 500元,寿命为8年,其各年设备残值及运行费用如表9.7所示,求设备合理更新期。设基准收益率为15%。

表9.7 设备费用表

单位:元

已使用年限	1	2	3	4	5	6	7	8
年运行费用 C_j	500	800	1 100	1 400	1 700	2 100	2 700	3 300
设备净残值 K_T	9 000	8 000	7 000	6 000	5 000	4 000	3 000	2 000

9.某设备目前的净残值为8 000元,还能继续使用4年,保留使用的情况如表9.8所示。

表9.8 原设备保留情况

单位:元

保留使用年数	年末净残值	年使用费用
1	6 500	3 000
2	5 000	4 000
3	3 500	5 000
4	2 000	6 000

新设备的原始费用为35 000元,经济寿命为10年,10年末的净残值为4 000元,平均年使用费为500元,基准收益率为12%。问旧设备是否需要更换,如需更换,何时更换为宜?

10.租赁公司拟出租一台设备给某企业,设备的价格为68万元,租期为5年,每年末支付租金,基准收益率为10%,问每年租金为多少?

11.某企业需要使用计算机,根据目前的市场情况,有两种方案可供选择:一种方案是投资29 000元购置一台计算机,估计计算机的服务寿命为6年,6年末净残值为5 800元,运行费每天50元,年维修费2 800元;另一种方案是租用计算机,每天租赁费用160元,如果公司一年中用机的天数估计为200天,政府规定的所得税率为25%,采用直线折旧法计提折旧,基准收益率为12%。试确定该企业是采用购置方案还是租赁方案。

10 价值工程

【教学要求】

知识要点	能力要求	相关知识
价值工程概述	(1)了解价值工程的基本概念、特点和提高价值的途径 (2)了解价值工程的工作程序	(1)价值工程的基本概念 (2)价值工程的特点 (3)提高价值的途径 (4)价值工程的工作程序
对象选择	(1)了解价值工程对象选择的原则 (2)熟悉价值工程对象选择的方法	(1)价值工程对象选择的原则 (2)价值指数法 (3)ABC 分析法
功能分析	(1)了解功能定义 (2)了解功能整理 (3)熟悉功能评价的方法 (4)掌握功能目标的确定方法	(1)“01”评分法 (2)直接评分法 (3)“04”评分法 (4)倍比法 (5)功能目标的确定
方案创造与评价	(1)了解价值工程方案的创造 (2)价值工程方案的评价	(1)头脑风暴法 (2)模糊目标法 (3)专家函询法 (4)概略评价 (5)详细评价

【关键术语】

价值工程,寿命周期成本,价值指数法,ABC 分析法,功能分析,“01”评分法

10.1 价值工程概述

工程经济学除了要评价工程项目的经济效果和社会效果以外,还要研究如何用最低的寿命周期成本实现产品、作业或者服务的必要功能。价值工程是一门新兴的科学管理技术,是降低成本、提高效益的一种有效方法。

► 10.1.1 价值工程的基本概念

价值工程(Value Engineering,简称 VE),又称为价值分析(Value Analysis,简称 VA),是以最低的寿命周期成本,可靠地实现所研究对象的必要功能,从而提高对象价值的思想方法和管理技术。

价值工程的对象是指凡为获取功能而发生费用的事物,如产品、工艺、工程、服务或它们的组成部分。

价值工程这一定义中,涉及价值工程的 3 个基本概念,即价值、功能和寿命周期成本。

1)价值

价值工程中的"价值"是指分析对象具有的功能与获得该功能和使用该功能的全部费用之比。设对象(产品、系统、服务等)的功能为 F,其成本为 C、价值为 V,则价值的计算公式为:

$$V = F/C \tag{10.1}$$

价值工程中的价值不同于经济学中的交换价值和使用价值。在经济学中,凝结在产品中的社会必要劳动时间越多,产品在市场上越是供不应求,其交换价值就越大;使用价值是对象能够满足人们某种需要的程度,即功能或效用,功能或效用越大,其使用价值就越大。价值工程中的价值是一种比较价值或相对价值的概念,对象的效用或功能越大,成本越低,价值就越大。

在实际价值工程活动中,一般功能 F、成本 C 和价值 V 都用某种系数表示。

2)功能

功能是指分析对象能够满足某种需求的一种属性。一个产品往往会有几种不同的功能,为了便于功能分析,需要对功能进行分类,但不论怎样分类,功能分析的目的都在于确保必要功能,消除不必要的功能。

(1)必要功能和不必要功能

必要功能是为满足使用者的需求而必须具备的功能;不必要功能是对象所具有的、与满足使用者的需求无关的功能。

(2)不足功能和过剩功能

不足功能是对象尚未满足使用者需求的必要功能;过剩功能是对象所具有的、超过使用者需求的功能。不足功能和过剩功能具有相对性,同样一件产品对消费者甲而言,可能功能不足;而对消费者乙而言,功能却已过剩。

(3)基本功能和辅助功能

基本功能是与对象的主要目的直接有关的功能,是决定对象性质和存在的基本因素。辅助功能是为了更有效地实现基本功能而附加的功能。一般来说,基本功能是必要功能,辅助功能有些是必要功能,有些可能是多余功能。例如,传真机的基本功能是收发数据电文,辅助功能有复印等功能。收发数据电文是传真机的必要功能,复印功能对于没有复印机的用户来说是必要功能,但对已有专门复印机的用户来说就是不必要功能。

(4)使用功能和品位功能

使用功能是指对象所具有的与技术经济用途直接有关的功能;品位功能是指与使用者的精神感觉、主观意识有关的功能,如贵重功能、美学功能、外观功能、欣赏功能等。产品的使用功能和品位功能往往是兼而有之,但根据用途和消费者的要求不同而有所侧重。例如,地下电缆、地下管道、设备基础等主要是使用功能;工艺美术品、装饰品等主要是品位功能。

对一类产品而言,不同的消费者对其要求的功能是有差异的,为了使每件产品到达用户手中时其功能都是满足消费者需要的必要功能,通常生产厂家会针对不同的目标消费群体将产品开发成系列,以达到增加销量的目的;对一类消费者而言,生产厂家应对市场进行细分,对目标消费群体进行定位,尽可能减少产品的功能过剩和功能不足,使特色产品得到消费者满意,达到占领目标市场的目的。

3)寿命周期成本(Lifecycle Cost)

从对象被研究开发、设计制造、投入使用直到报废为止的整个时期,称为对象的寿命周期。对象的寿命周期一般可以分为自然寿命和经济寿命。价值工程一般以经济寿命来计算和确定对象的寿命周期。

寿命周期成本是指从对象被研究开发、设计制造、投入使用直到停止使用的经济寿命期间所发生的各项成本费用之和。如图10.1所示,产品的寿命周期成本包括生产成本和使用成本两部分。生产成本是产品在研究开发、设计制造、运输施工、安装调试过程中发生的成本;使用成本是用户在使用产品过程中所发生的费用总和,包括产品的维护、保养、管理、能耗等方面的费用。

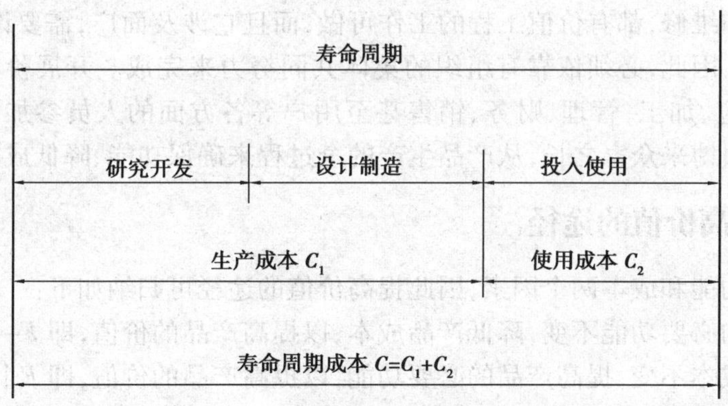

图10.1 寿命周期与寿命周期成本的关系图

$$\text{寿命周期成本} = \text{生产成本} + \text{使用成本} \tag{10.2}$$

即

$$C=C_1+C_2$$

产品的寿命周期成本与产品的功能有关。一般而言,生产成本与产品的功能呈正比关系,使用成本与产品的功能呈反比关系,如图10.2所示。

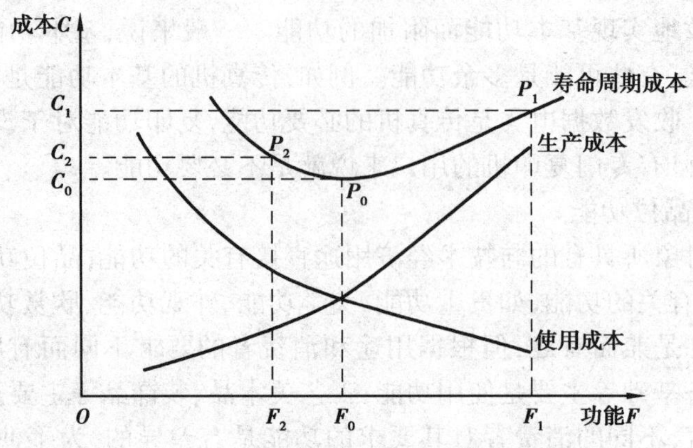

图 10.2　寿命周期成本与功能的关系图

▶ 10.1.2　价值工程的特点

1)日标上的特点

价值工程的目标着眼于提高价值,即以最低的寿命周期成本实现必要功能的创造性活动。

2)方法上的特点

功能分析是价值工程的核心,即在开展价值工程活动中,以使用者的功能需求为出发点。

3)活动领域上的特点

价值工程侧重于在产品的研制与设计阶段开展工作,寻求技术上的突破。

4)组织上的特点

价值工程是贯穿于产品整个寿命周期的系统方法,从产品研究、设计到原材料的采购、生产制造以及推销和维修,都有价值工程的工作可做,而且它涉及面广,需要许多部门和各种专业人员相互配合。因此,必须依靠有组织的集体共同努力来完成。开展价值工程活动,要组织设计、工艺、供应、加工、管理、财务、销售甚至用户等各方面的人员参加,运用各方面的知识,发挥集体智慧,博采众家之长,从产品生产的全过程来确保功能、降低成本。

▶ 10.1.3　提高价值的途径

价值取决于功能和成本两个因素,因此提高价值的途径可归纳如下:

①保持产品的必要功能不变,降低产品成本,以提高产品的价值,即 $F\rightarrow/C\downarrow=V\uparrow$。

②保持产品成本不变,提高产品的必要功能,以提高产品的价值,即 $F\uparrow/C\rightarrow=V\uparrow$。

③成本稍有增加,但必要功能增加的幅度更大,使产品价值提高,即 $F\uparrow\uparrow/C\uparrow=V\uparrow$。

④在不影响产品主要功能的前提下,适当降低一些次要功能,大幅度降低产品成本,提高产品价值,即 $F\downarrow/C\downarrow\downarrow=V\uparrow$。

⑤运用高新技术进行产品创新,既提高必要功能,又降低成本,以大幅度提高价值,即 $F\uparrow/C\downarrow=V\uparrow\uparrow$。这是提高产品价值的理想途径。

以上提高产品价值的途径也可用图 10.2、图 10.3 和图 10.4 分别加以说明。

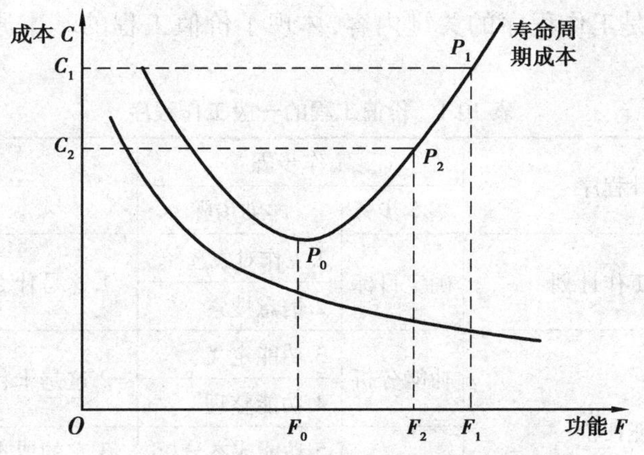

图 10.3 寿命周期成本与功能的关系图

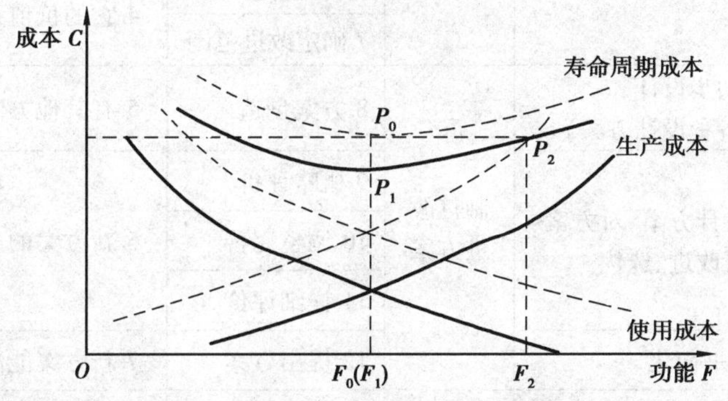

图 10.4 寿命周期成本与功能的关系图

在图 10.2 中,如果某产品现在的功能成本处于 P_2 点,则开展价值工程后,使功能成本点由 P_2 移到 P_0,既提高了功能,又降低了成本,从而提高了产品的价值,这属于上述第⑤种提高价值的途径。在同一曲线中,如果某产品现在的功能成本点处于 P_0,将产品的功能由 F_0 提高到 F_1,成本从 C_0 上升到 C_1,显然功能提高的幅度大于成本提高的幅度,从而也提高了产品的价值,这属于上述第③种提高价值的途径。

在图 10.3 中,当某产品目前的功能成本点处于 P_1 的位置,那么适当地降低产品的辅助功能,比如从 F_1 降到 F_2,可使成本有更大幅度的下降,即从 C_1 下降到 C_2,这相当于提高产品价值的第④种途径。

随着高新技术在生产中的应用,实现同样功能的成本将逐渐降低,功能成本曲线将发生位移。在图 10.4 中,用虚线代表移动前的曲线,实线代表移动后的曲线,生产成本曲线右移,使用成本曲线左移,使得寿命周期成本线下移。这样,就可以在保持功能不变的情况下降低成本,比如由 P_0 变为 P_1;也可以在保持成本不变的情况下提高功能,比如由 P_0 变为 P_2。这相当于提高产品价值的第①和第②种途径。

▶ 10.1.4 价值工程的工作程序

价值工程的一般工作程序如表 10.1 所示。由于价值工程的应用范围广泛,其活动形式也不尽相同。因此,在实际应用中,可参照这个工作程序,根据对象的具体情况,应用价值工程的基本原理和思想方法,考虑具体的实施措施和方法步骤。但是对象选择、功能分析、功能评价和方案创新与评价是工作程序的关键内容,体现了价值工程的基本原理和思想,是不可缺少的。

表 10.1　价值工程的一般工作程序

<table>
<tr><th rowspan="2">工作阶段</th><th rowspan="2">设计程序</th><th colspan="2">工作步骤</th><th rowspan="2">对应问题</th></tr>
<tr><th>基本步骤</th><th>详细步骤</th></tr>
<tr><td rowspan="2">准备阶段</td><td rowspan="2">制订工作计划</td><td rowspan="2">确定目标</td><td>1.工作对象选择</td><td rowspan="2">1.这是什么?</td></tr>
<tr><td>2.信息搜索</td></tr>
<tr><td rowspan="5">分析阶段</td><td rowspan="5">功能评价
（功能要求事项实现程度）</td><td rowspan="2">功能分析</td><td>3.功能定义</td><td rowspan="2">2.这是干什么用的?</td></tr>
<tr><td>4.功能整理</td></tr>
<tr><td rowspan="3">功能评价</td><td>5.功能成本分析</td><td>3.它的成本是多少?</td></tr>
<tr><td>6.功能评价</td><td rowspan="2">4.它的价值是多少?</td></tr>
<tr><td>7.确定改进范围</td></tr>
<tr><td rowspan="5">创新阶段</td><td>初步设计
（提出各种设计方案）</td><td rowspan="5">制订改进方案</td><td>8.方案创造</td><td>5.有其他方法实现这一功能吗?</td></tr>
<tr><td rowspan="3">评价各设计方案,对方案进行改进、选优</td><td>9.概略评价</td><td rowspan="3">6.新方案的成本是多少?</td></tr>
<tr><td>10.调整完善</td></tr>
<tr><td>11.详细评价</td></tr>
<tr><td>书面化</td><td>12.提出方案</td><td>7.新方案能满足功能要求吗?</td></tr>
<tr><td rowspan="3">实施阶段</td><td rowspan="3">检查实施情况
并评价活动结果</td><td rowspan="3">实施评价成果</td><td>13.审批</td><td rowspan="3">8.偏离目标了吗?</td></tr>
<tr><td>14.实施与检查</td></tr>
<tr><td>15.成果鉴定</td></tr>
</table>

10.2　对象选择

▶ 10.2.1　价值工程对象选择的原则

价值工程的对象选择是逐步缩小研究范围、寻找目标、确定主攻方向的过程。正确选择工作对象是价值工程成功的第一步,能起到事半功倍的效果。对象选择的一般原则是:

①市场反馈迫切要求改进的产品;

②功能改进和成本降低潜力较大的产品。

▶ 10.2.2　价值工程对象选择的方法

对象选择的方法有很多,下面着重介绍经验分析法、百分比法、价值指数法和 ABC 法。

1)经验分析法

经验分析法是根据有丰富实践经验的设计人员、施工人员以及企业的专业技术人员和管理人员对产品中存在问题的直接感受,经过主观判断确定价值工程对象的一种方法。

经验分析法是对象选择的定性分析方法,其优点是简便易行,考虑问题综合全面,是目前实践中采用较为普遍的方法;缺点是缺乏定量分析,在分析人员经验不足时准确程度降低,但用于初选阶段是可行的。

2)百分比法

百分比法是通过分析产品对两个或两个以上经济指标的影响程度(百分比)来确定价值工程对象的方法。

【例 10.1】 某金属结构制品公司有 6 种产品,它们各自的年成本和年利润占公司年总成本和年利润总额的百分比如表 10.2 所示。公司目前急需提高利润水平,试确定可能的价值工程对象。

【解】 由表 10.2 可见,产品 D 的成本占年总成本的 17.3%,而其利润仅占年利润总额的 6.6%,显然产品 D 应作为价值工程的重点分析对象。

表 10.2 成本和利润百分比

产品种类	A	B	C	D	E	F	合计
产品年成本/万元	565	65	35	160	55	45	925
产品年成本占总成本百分比/%	61.1	7.0	3.8	17.3	5.9	4.9	100
产品年利润/万元	185	25	15	20	35	25	305
产品年利润占年利润总百分比/%	60.7	8.2	4.9	6.5	11.5	8.2	100
年利润百分比/年成本百分比	0.99	1.17	1.29	0.38	1.95	1.67	
排序	5	4	3	6	1	2	

百分比法的优点是,当企业在一定时期要提高某些经济指标且拟选对象数目不多时,具有较强的针对性和有效性;缺点是不够系统和全面。有时为了更全面、更综合地选择对象,百分比法可与经验分析法结合使用。

3)价值指数法

根据价值的表达式 $V=F/C$,在产品成本已知的基础上,将产品功能定量化,就可以计算产品价值。在应用该法选择价值工程对象时,应当综合考虑价值指数偏离 1 的程度和改善幅度,优先选择 $V<1$ 且改进幅度大的产品或零部件。

【例 10.2】 某机械制造厂生产 4 种型号的挖土机,各种型号挖土机的主要技术参数及相应的成本费用如表 10.3 所示。试用价值指数法选择价值工程对象。

表 10.3 挖土机主要技术参数及相应成本

产品型号	甲	乙	丙	丁
技术参数/[百 m^3 ·(台班)$^{-1}$]	1.51	1.55	1.60	1.30
费用成本/[百元·(台班)$^{-1}$]	1.36	1.12	1.30	1.40
价值指数	1.11	1.38	1.23	0.93

【解】 价值指数计算如表 10.3 所示。由表 10.3 可见,挖土机丁应作为价值工程对象。

价值指数法一般适用于产品功能单一、可计量、产品性能和生产特点可比的系列产品或零部件的价值工程对象选择。

4) ABC 分析法

ABC 分析法是根据研究对象对某项目技术经济指标的影响程度和研究对象数量的比例大小两个因素,把所有研究对象划分成主次有别的 A、B、C 三类的方法。通过这种划分,明确关键的少数和一般的多数,准确地选择价值工程对象。

研究对象类别划分的参考值如表 10.4 和图 10.5 所示。

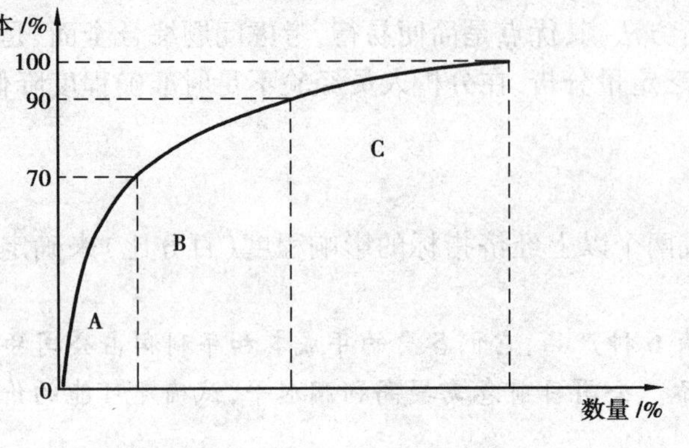

图 10.5 ABC 分析法曲线图

表 10.4 A、B、C 类别划分参数

类 别	数量占总百分比	成本占总百分比
A 类	10%左右	70%左右
B 类	20%左右	20%左右
C 类	70%左右	10%左右

【例 10.3】 某住宅楼工程基础部分包含 17 个分项工程,各分项工程的造价及基础部分的直接费见表 10.5,试采用 ABC 分析法确定该基础工程中可能作为价值工程研究对象的分项工程。

表 10.5 某住宅楼基础工程分项工程 ABC 分类

分项工程名称	成本/元	累计分项工程数	累计分项工程数百分比	累计成本/元	累计成本百分比	分类
1.C20 带形钢筋混凝土基础	63 436	1	5.88%	63 436	39.5%	A
2.干铺土石屑垫层	29 119	2	11.76%	92 555	57.64%	
3.回填土	14 753	3	17.65%	107 308	66.83%	
4.商品混凝土运用	10 991	4	23.53%	118 299	73.67%	
5.C10 混凝土基础垫层	10 952	5	29.41%	129 251	80.49%	B
6.排水费	10 487	6	35.29%	139 738	87.02%	
7.C20 独立式钢筋混凝土基础	6 181	7	41.18%	145 919	90.87%	

续表

分项工程名称	成本/元	累计分项工程数	累计分项工程数百分比	累计成本/元	累计成本百分比	分类
8.C10 带形无筋混凝土基础	5 638	8	47.06%	151 557	94.38%	
9.C20 矩形钢筋混凝土柱	2 791	9	52.94%	154 348	96.12%	
10.M5 砂浆砌砖基础	2 202	10	58.82%	156 550	97.49%	C
11.挖土机挖土	2 058	11	64.71%	158 608	98.77%	
12.推土机场外运费	693	12	70.59%	159 301	99.20%	
13.履带式挖土机场外运费	529	13	76.47%	159 830	99.53%	
14.满堂脚手架	241	14	82.35%	160 071	99.68%	
15.平整场地	223	15	88.24%	160 294	99.82%	
16.槽底钎探	197	16	94.12%	160 491	99.94%	
17.基础防潮层	89	17	100%	160 580	100%	
总成本	160 580					

【解】 基础工程分项工程的 ABC 分类如表 10.5 所示，其中，C20 带形钢筋混凝土基础、干铺土石屑垫层、回填土、商品混凝土运用这 4 项工程为 A 类工程，应考虑作为价值工程分析的对象。

ABC 分析法的优点是抓住重点，突出主要矛盾，在对复杂产品的零部件作对象选择时常用它进行主次分类，以便略去"次要的多数"，抓住"关键的少数"，卓有成效地展开工作。

10.3　功能分析

▶　10.3.1　功能定义

功能定义就是根据收集的信息资料，透过对象产品或构配件的物理特征（或现象），找出其效用或功用的本质东西，并逐项加以区分和规定，以简洁的语言描述出来。通常用一个动词加一个名词表述，如传递荷载、分隔空间、保温、采光等。这里要求描述的是产品"功能"，而不是对象的结构、外形或材质。因此，对产品功能进行定义，必须对产品的作用有深刻的认识和理解。功能定义的过程就是解剖分析的过程，如图 10.6 所示。

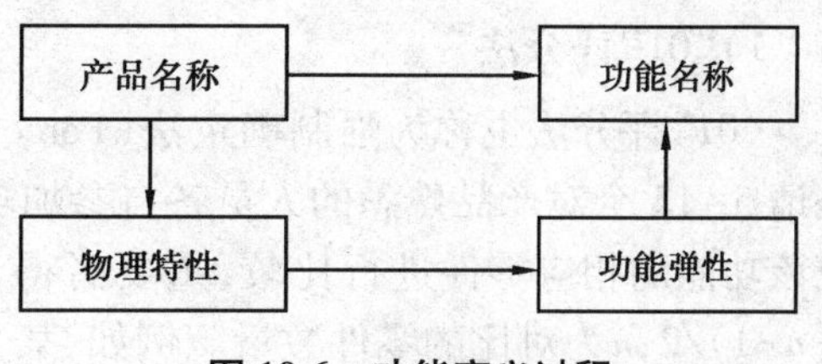

图 10.6　功能定义过程

功能定义的目的：

①明确对象产品和组成产品各构配件的功能，借以弄清产品的特性；

②便于进行功能评价，通过评价弄清哪些是价值低的功能和有问题的功能，实现价值工程的目的；

③便于构思方案，对功能下定义的过程实际上也是为对象产品改进设计的构思过程，为价值工程的方案创造工作阶段作出准备。

▶ 10.3.2 功能整理

产品中各功能之间都是相互配合、相互联系的，都在为实现产品的整体功能而发挥各自的作用。因此，功能整理是用系统的观点将已经定义了的功能加以系统化，找出各局部功能相互之间的逻辑关系（是并列关系，还是上下位置关系），并用图表形式表达出来，如图 10.7 所示。

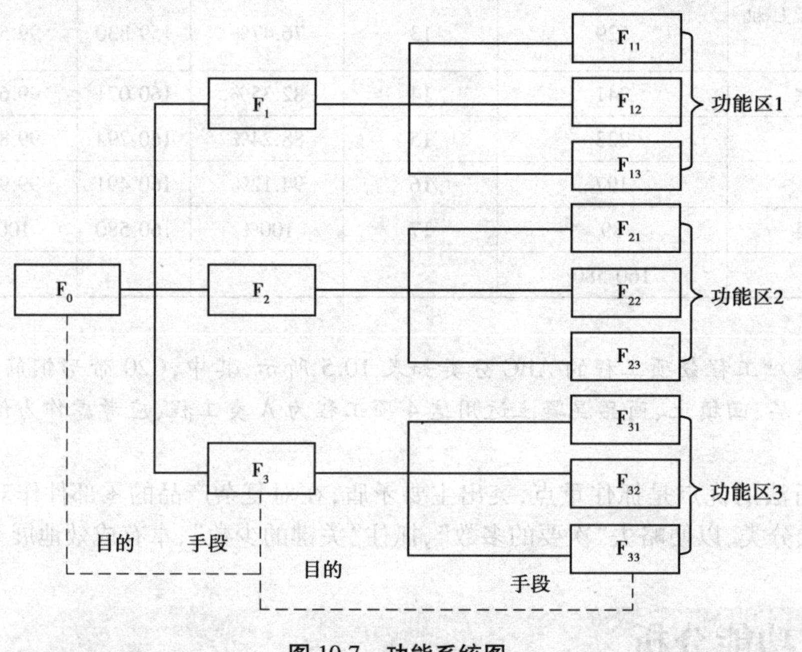

图 10.7 功能系统图

▶ 10.3.3 功能评价

功能评价就是对组成对象的零部件在功能系统中的重要程度进行定量估计。功能评价是在功能定义和功能整理完成之后，在已定性确定问题的基础上进一步作定量的确定，即评价功能的价值。功能评价的方法有“01”评分法、直接评分法、“04”评分法、倍比法等。

1)“01”评分法

“01”评分法也称为强制确定法（Forced Decision Method，简称 FD 法）。这种方法的做法是请 5~15 个对产品熟悉的人员各自参加功能的评价。评价两个功能的重要性时，可以对完成该功能的相应零件进行比较，重要者得 1 分，不重要者得 0 分。“01”评分法得分总和为 $n(n-1)/2$，n为对比的零件数量。例如，某个产品有 5 个零件，总分应为 10 分，某一评价人员采用“01”评分法确定功能评价系数的过程如表 10.6 所示。

表 10.6　"01"评分法功能评价系数表

零件名称	一对一比较结果					得　分	修正得分	功能评价系数
	A	B	C	D	E			
A	×	1	0	1	1	3	3+1	0.27
B	0	×	0	1	1	2	2+1	0.20
C	1	1	×	1	1	4	4+1	0.33
D	0	0	0	×	0	0	0+1	0.07
E	0	0	0	1	×	1	1+1	0.13
合计						10	15	1.0

如果有 10 个评价人员参加评定，将 10 个人的功能评价系数进行汇总，可得到平均功能评价系数，如表 10.7 所示。

表 10.7　平均功能评价系数计算表

零件名称	评价人员										平均功能评价系数
	1	2	3	4	5	6	7	8	9	10	
A	0.27	0.30	0.20	0.20	0.27	0.27	0.10	0.20	0.27	0.20	0.228
B	0.20	0.20	0.20	0.20	0.27	0.20	0.20	0.20	0.20	0.20	0.207
C	0.33	0.30	0.40	0.33	0.27	0.33	0.40	0.27	0.33	0.40	0.336
D	0.07	0.10	0.10	0.07	0.06	0.07	0.10	0.07	0.13	0.10	0.087
E	0.13	0.10	0.10	0.20	0.13	0.13	0.20	0.26	0.07	0.10	0.142
合计	1.00	1.00	1.00	1.00	1.00	1.00	1.00	1.00	1.00	1.00	1.00

2)直接评分法

直接评分法是请 5~15 个对对象熟悉的人员对对象各零件的功能直接打分，评价时规定总分标准，每个参评人员对对象各零件功能的评分之和必须等于总分。例如，有 10 个评价人员参加评分，规定总分标准为 10 分，则功能评价系数计算如表 10.8 所示。

表 10.8　直接评分法功能评价系数计算表

零件名称	评价人员										各零件得分	功能评价系数
	1	2	3	4	5	6	7	8	9	10		
A	3	3	2	2	3	3	1	2	3	2	24	0.24
B	2	2	2	2	3	2	2	2	2	2	21	0.21

续表

零件名称	评价人员										各零件得分	功能评价系数
	1	2	3	4	5	6	7	8	9	10		
C	4	3	4	4	3	4	4	3	4	4	37	0.37
D	0	1	1	0	0	0	1	0	1	1	5	0.05
E	1	1	1	2	1	1	2	3	0	1	13	0.13
合计	10	10	10	10	10	10	10	10	10	10	100	1.00

3)"04"评分法

"04"评分法是对"01"评分法的改进,它更能反映功能之间的真实差别。采用"04"评分法对评价对象进行一一比较时,分为以下4种情况:

①非常重要的功能得4分,很不重要的功能得0分;

②比较重要的功能得3分,不太重要的功能得1分;

③两个功能重要程度相同时各得2分;

④自身对比不得分。

"04"评分法得分总和为$2n(n-1)$,n为对比的零件数量。例如,某个产品有5个零件,总分应为40分,某一评价人员采用"04"评分法确定功能评价系数的过程如表10.9所示。

表10.9 "04"评分法功能评价系数表

零件名称	一对一比较结果					得　分	功能评价系数
	A	B	C	D	E		
A	×	3	1	4	4	12	0.300
B	0	×	3	1	4	9	0.225
C	3	1	×	3	0	7	0.175
D	0	3	1	×	3	7	0.175
E	0	0	4	1	×	5	0.125
合计						40	1.000

4)倍比法

这种方法是利用评价对象之间的相关性进行比较来确定功能评价系数,其具体步骤如下:

①根据各评价对象的功能重要性程度,按上高下低原则排序;

②从上至下按倍数比较相邻两个评价对象,如表10.10中,F_1是F_2的2倍;

③令最后一个评价对象得分为1,按上述各对象之间的相对比值计算其他对象的得分;

④计算各评价对象的功能评价系数。

表 10.10 倍比法计算功能重要系数

评价对象	相对比值	得 分	功能评价系数
F_1	$F_1/F_2=2$	9	0.51
F_2	$F_2/F_3=1.5$	4.5	0.26
F_3	$F_3/F_4=3$	3	0.17
F_4		1	0.06
合计		17.5	1.00

▶ 10.3.4 功能目标的确定

价值工程进行功能分析的关键是确定功能目标。根据分析目的的不同,可以分为功能改进目标的确定和功能最优目标的确定。

1)功能改进目标的确定

功能改进目标的确定,主要针对项目方案的现有状况,分析确定需要优化或者改进的重点对象。根据价值 V 的计算方式不同,可以分为功能成本法和价值指数法。

(1)功能成本法

价值工程的成本有两种:一种是现实成本,是指目前的实际成本;另一种是目标成本。功能评价就是找出实现功能的最低费用作为功能的目标成本,以功能目标成本为基准,通过与功能现实成本的比较,求出两者的比值(功能价值)和两者的差异值(改善期望值),然后选择功能价值低、改善期望值大的功能作为价值工程活动的重要对象。

①功能现实成本 C 的计算。功能现实成本的计算与一般传统的成本核算既有相同之处,也有不同之处。两者的相同之处是它们在成本费用的构成项目上完全相同;两者的不同之处在于功能现实成本的计算是以功能的对象为单位,而传统的成本核算是以产品或构配件为单位。因此,在计算功能现实成本时,就需要根据传统的成本核算资料,将产品或构配件的现实成本换算成功能的现实成本。具体地讲,当一个构配件只具有一个功能时,该构配件的成本就是它本身的功能成本;当一项功能要由多个构配件共同实现时,该功能的成本就等于这些构配件的成本之和。当一个构配件具有多项功能或同时与多项功能有关时,就需要将构配件成本分摊给各项有关功能,分摊的方法和分摊的比例可根据具体情况决定。

②功能评价值 F 的计算。对象的功能评价值 F(目标成本),是指可靠地实现用户要求功能的最低成本,可以根据图纸和定额,也可以根据国内外先进水平或根据市场竞争的价格等来确定。它可以理解为企业有把握,或者说应该达到的实现用户要求功能的最低成本。

③计算功能价值 V,分析成本的合理匹配程度。应用功能成本法计算功能价值 V,是通过一定的预测方法,测定实现应有功能所必须消耗的最低成本,同时计算为实现应有功能所耗费的现实成本,经过分析、对比,求得对象的价值系数和成本降低期望值,确定价值工程的改进对象。其表达式如下:

$$V_i = F_i/C_i \tag{10.3}$$

式中 V_i——第 i 个评价对象的价值系数；

F_i——第 i 个评价对象的功能评价值(目标成本)；

C_i——第 i 个评价对象的现实成本。

【例 10.4】 某项目施工方案 A 的生产成本为 500 万元；在相同条件下，其他项目生产成本为 450 万元。这可以表示为：

施工方案 A 的功能评价值： 450 万元

施工方案 A 的实际投入： 500 万元

施工方案 A 的价值系数： 450/500 = 0.9

如果施工方案 B 花费 450 万元能完成该项目施工，则

施工方案 B 的功能评价值： 450 万元

施工方案 B 的实际投入： 450 万元

施工方案 B 的价值系数： 450/450 = 1

从例 10.4 可以看出，最恰当的价值系数应该为 1，因为满足用户要求的功能，其最理想、最值得的投入与实际投入一致。但在一般情况下价值系数往往小于 1，因为技术不断进步，低成本战略将日趋被重视，竞争也将更激烈。随之，同一产品的功能评价也将降低。

根据例 10.4，功能的评价系数不外乎以下几种结果：

• $V_i = 1$，表示功能评价值等于功能现实成本。这表明评价对象的功能现实成本与实现功能所必需的最低成本大致相等，说明评价对象的价值为最佳，一般无须改进。

• $V_i < 1$，此时功能现实成本大于功能评价值。表明评价对象的现实成本偏高，而功能要求不高，一种可能是存在着过剩的功能；另一种可能是功能虽无过剩，但实现功能的条件或方法不佳，以致实现功能的成本大于功能的实际需求。

• $V_i > 1$，说明该评价对象的功能比较重要，但分配的成本较少，即功能现实成本低于功能评价值。此时应具体分析，可能功能与成本分配已比较理想，或者有不必要的功能，或者应该提高成本。

• $V_i = 0$，只有分子为 0 或分母为无穷大时，才可能使 $V_i = 0$。根据上述对功能评价值 F 的定义，分子不应为 0，而分母也不应为无穷大，因此要进一步分析。如果是不必要的功能，则取消该评价对象；但如果是最不重要的必要功能，要根据实际情况处理。

④确定价值工程对象的改进范围。从以上分析可以看出，对产品进行价值分析，就是使产品每个构配件的价值系数尽可能趋于 1。为此，确定的改进对象是：

a.F_i/C_i 值低的功能。计算出来的 $V_i < 1$ 功能区域，基本上都应进行改进，特别是 V_i 值比 1 小很多的功能区域，力求 $V_i = 1$。

b.$\Delta C_i = (C_i - F_i)$ 值大的功能。ΔC_i 是成本降低期望值，也是成本应降低的绝对值。当 n 个功能区域的价值系数同样低时，就要优先选择 C_i 数值大的功能区域作为重点对象。

c.复杂的功能。复杂的功能区域，说明其功能是通过很多构配件(或作业)来实现的，通常复杂的功能区域其价值系数也较低。

d.问题多的功能。尽管在功能系统图上的任何一级改进都可以达到提高价值的目的，但是改进的多少、取得效果的大小却是不同的。越接近功能系统图的末端，改进的余地越小，越只能作结构上的小调整；相反，越接近功能系统图的前端，功能改进就可以越大，就越有可能作原理上的改变，从而带来显著的效益。

(2)价值指数法

当对产品的功能进行评价之后,得出每一个零件的功能评价系数,同样对各个功能的现实成本分析之后,可求得每一个零件的成本系数,进而可求得价值系数。

$$成本系数 = 零件成本 \div 总成本 \tag{10.4}$$

$$价值系数 = 功能评价系数 \div 成本系数 \tag{10.5}$$

【例 10.5】 某产品有 4 项功能,其功能评价系数已通过表 10.10 的倍比法确定,其现实成本见表 10.11。试确定该产品的功能改进目标。

【解】 该产品的成本系数、价值系数见表 10.11。根据价值系数大小,功能改进的优先目标为 F_4。

表 10.11 价值系数计算表

功能 ①	功能评价系数 ②	现实成本 ③	成本系数 ④=③/1 129	价值系数 ⑤=②/④	功能改善项目 ⑥
F_1	0.51	562	0.498	1.02	
F_2	0.26	298	0.264	0.98	
F_3	0.17	153	0.136	1.25	
F_4	0.06	116	0.103	0.58	✓
合计	1.00	1 129	1.000	—	

2)功能最优目标的确定

功能最优目标的确定,主要针对项目方案的现有状况,分析确定需要优化或者改进的重点最优功能对象,或者利用价值工程分析方法在多个实施方案中选择最优方案。最优目标的确定,通常是利用价值指数法,选择价值指数最大者所对应的对象。

【例 10.6】 若以例 10.5 的数据为例,试确定该产品的功能最优目标。

【解】 根据表 10.11 所示数据,选择价值系数最大者($V=1.25$)作为功能最优目标,故选择对象为 F_3。

▶ 10.3.5 案例分析

某工业园区化工制造厂吊顶工程价值工程分析

某工业园区化工制造厂的吊顶工程量为 20 000 m^2,根据化工生产工艺的要求,车间的吊顶要具有防静电、防火、隔热、吸声 4 种基本功能以及表面平整、易于清理两种辅助功能。根据车间工艺对吊顶功能的要求,吊顶材料考虑铝扣板、硅钙板和烤漆龙骨矿棉板 3 种设计方案,拟用价值指数法确定最优方案。

工程技术人员采用价值工程选择生产车间的吊顶材料,取得了较好的经济效果。以下是他们的分析过程:

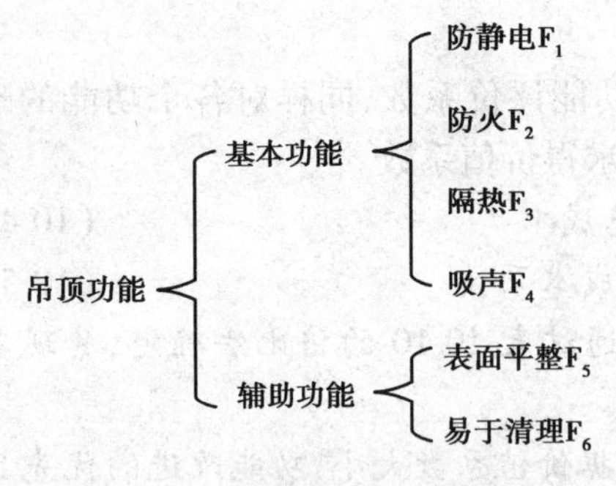

图 10.8 某化工厂生产车间吊顶功能系统图

(1)资料收集

工程技术人员首先对吊顶材料进行了广泛调查，收集各种建筑吊顶材料的技术性能资料和有关经济资料。

(2)功能分析和评价

工程技术人员对生产车间吊顶的功能进行了系统分析，绘出了功能系统图，如图 10.8 所示。

根据功能系统图，工程技术人员组织使用单位、设计单位、施工单位共同确定各种功能权重。使用单位、设计单位、施工单位评价的权重分别设定为 50%、40% 和 10%，各单位对功能权重的打分采用 10 分制，各种功能权重如表 10.12 所示。

表 10.12 吊顶功能权重计算表

功能	使用单位评价(50%)		设计单位评价(40%)		施工单位评价(10%)		功能权重
	$F_{使用}$	$0.5F_{使用}$	$F_{设计}$	$0.4F_{设计}$	$F_{施工}$	$0.1F_{施工}$	$(0.5F_{使用}+0.4F_{设计}+0.1F_{施工})/10$
F_1	1.50	0.75	1.67	0.668	2.00	0.200	0.162
F_2	0.50	0.25	0.67	0.268	0.67	0.067	0.059
F_3	1.50	0.75	1.17	0.468	1.50	0.150	0.137
F_4	1.50	0.75	1.83	0.732	2.00	0.200	0.168
F_5	2.50	1.25	1.83	0.732	1.83	0.183	0.216
F_6	2.50	1.25	2.83	1.132	2.00	0.200	0.258
合计	10	5	10	4	10	1	1

铝扣板、硅钙板和烤漆龙骨矿棉板 3 个方案的单方造价、工程造价、年维护费等如表10.13 所示。基准收益率为 10%，吊顶寿命为 10 年。各方案成本系数计算如表 10.13 所示。

表 10.13 各方案成本系数计算表

方　案	铝扣板	硅钙板	烤漆龙骨矿棉板
单方造价/元	90.00	70.00	30.00
工程造价/万元	180.00	140.00	60.00
年维护费/元	36 078	25 000	40 000
折现系数	6.144 6	6.144 6	6.144 6
维护费现值/万元	22.17	15.36	24.58
总成本现值/万元	202.17	155.36	84.58
成本系数	0.457	0.351	0.191

对 3 个方案采用 10 分制进行功能评价。各分值乘以功能权重得功能加权分,对功能加权分的和进行指数处理后可得到各方案的功能评价系数,计算过程如表 10.14 所示。

表 10.14 各方案功能系数计算表

功能	功能权重	铝扣板		硅钙板		烤漆龙骨矿棉板	
		分值	加权分值	分值	加权分值	分值	加权分值
防静电 F_1	0.162	8	1.296	9	1.458	5	0.810
防火 F_2	0.059	7	0.413	9	0.531	8	0.472
隔热 F_3	0.137	5	0.685	9	1.233	6	0.822
吸声 F_4	0.168	8	1.344	6	1.008	4	0.672
表面平整 F_5	0.216	8	1.728	10	2.160	5	1.080
易于清理 F_6	0.258	10	2.580	9	2.322	8	2.064
合计	1	46	8.046	52	8.712	36	5.920
功能评价系数		0.355		0.384		0.261	

根据各方案的功能评价系数和成本系数计算其价值系数,计算结果如表 10.15 所示。因烤漆龙骨矿棉板价值系数取值最大,所以确定为优选的吊顶方案。

表 10.15 各方案价值系数计算表

方 案	铝扣板	硅钙板	烤漆龙骨矿棉板
功能评价系数	0.355	0.384	0.261
成本系数	0.457	0.351	0.191
价值系数	0.78	1.09	1.37
最优方案			√

10.4 方案创造与评价

▶ 10.4.1 价值工程方案创造

为了提高对象的功能和降低成本,达到有效利用资源的目的,需要寻求或构思最佳推荐方案,这一过程就是方案的创造过程。价值工程活动能否取得成功,关键是在正确的功能分析和评价基础上能否提出可靠地实现必要功能的新方案。方案的创造通常可选用下列方法:

1)头脑风暴法

头脑风暴法是以开小组会的方式进行。具体做法是事先通知议题,开会时要求应邀参加会议的各方面专业人员在会上发散思维,各抒己见,提出不同的方案,多多益善,但不评价别人的方案,并且希望与会者在别人建议方案的基础上进行改进,提出新方案。

2)模糊目标法

模糊目标法是美国人哥顿在20世纪60年代提出来的,所以也称为哥顿法。其特点是与会人员会前不知道议题,在开会讨论时也只是抽象地讨论,不接触具体的实质性问题,以免束缚与会人员的思想,待讨论到一定程度后才把中心议题指出来,以作进一步研究。

3)专家函询法

专家函询法不采用开会的形式,而是由主管人员或部门把已构思的方案以信函的方式发给有关的专业人员,征询他们的意见,然后将意见汇总,统计和整理之后再分发下去,希望再次补充修改。如此反复若干次,把原来比较分散的意见集中处理,作为新的代替方案。

方案创造的方法有很多,总的原则是要充分发挥有关人员的聪明智慧,集思广益,多提方案,从而为评价方案创造条件。

▶ 10.4.2 价值工程方案评价

方案评价是在方案创造的基础上对新构思方案的技术、经济和社会效果等几方面进行的评估,以便选择最佳方案。方案评价分为概略评价和详细评价两个阶段。

1)概略评价

概略评价是对已创造出来的方案从技术、经济和社会3个方面进行初步研究。其目的是对众多的方案进行粗略筛选,以减少详细评价的工作量,使精力集中于优秀方案的评价。

2)详细评价

方案的详细评价,就是对概略评价所得的比较抽象的方案进行调查和收集信息资料,使其在材料、结构、功能等方面进一步具体化,然后对它们作最后的审查和评价。

在详细评价阶段,对产品或服务的成本究竟是多少,能否可靠地实现必要的功能,都必须进行准确的解答。总之,要证明方案在技术和经济方面是可行的,而且价值必须得到真正的提高。

经过方案评价,淘汰了不能满足要求的方案后,就可从保留的方案中选择技术上先进、经济上合理和社会上有利的最优方案。

方案评价和选优的方法可参照前述有关章节的内容进行。

本章小结

价值工程以功能分析为核心,是用最低的成本来实现其必要功能的一项有组织的活动。因此,应用价值工程,既要研究技术,又要研究经济,即研究在提高功能的同时不增加成本,或在降低成本的同时不影响功能,把提高功能和降低成本统一在最佳方案之中。

价值工程的目的是力图以最低的成本使产品或作业具有适当的价值,也即实现其应该具备的必要功能。因此,价值、功能和成本三者之间的关系为:价值=功能/成本。可从下列5条途径提高产品的价值:功能不变,成本降低;成本不变,功能提高;功能提高,成本降低;成本略有提高,功能大幅度提高;功能略有下降,成本大幅度下降。

价值工程的对象选择是逐步缩小研究范围、寻找目标、确定主攻方向的过程。正确选择工作对象是价值工程成功的第一步,能起到事半功倍的效果。对象选择的一般原则是:市场反馈迫切要求改进的产品;功能改进和成本降低潜力较大的产品。对象选择的方法有经验分析法、百分比法、价值指数法和ABC分析法。

功能分析包括功能定义、功能整理、功能评价和功能目标确定。其中,功能评价对组成对象的零部件在功能系统中的重要程度进行定量估计,包括"01"评分法、直接评分法、"04"评分法、倍比法等。价值工程进行功能分析的关键是确定功能目标,本书分为功能改进目标的确定和功能最优目标的确定。其中,功能改进目标的确定介绍了价值指数法和功能成本法。

价值工程还包括方案创造和方案评价两个过程。方案创造是为了提高对象的功能和降低成本,达到有效利用资源的目的,寻求或构思最佳推荐方案。方案评价是在方案创造的基础上对新构思方案的技术、经济和社会效果等方面进行的评估,以便选择最佳方案。

课后练习题

1.什么是价值工程?价值工程中价值的含义是什么?提高价值有哪些途径?

2.什么是寿命周期和寿命周期成本?价值工程中为什么要考虑寿命周期成本?

3.什么是功能?功能如何分类?

4.什么是功能评价?常用的评价方法有哪些?

5.什么是价值工程对象的选择?

6.功能目标如何确定?

7.某高速公路上有一座钢筋混凝土桥梁,采用后张T梁工艺,该桥梁的各分项工程所占费用如表10.16所示,试用ABC分析法确定重点分析对象。

表10.16 某桥梁各分项工程所占费用

分项工程	代 号	费用/万元
钢筋混凝土灌注桩	A	770
系梁	B	100
墩柱和墩台	C	630
后张T梁	D	850
混凝土铺装层	E	300
桥面防水	F	120
沥青混凝土铺装	G	600

8.某产品有 A,B,C,D,E,F,G 7 个零部件,其成本分别为 240 万元、200 万元、120 万元、320 万元、460 万元、80 万元、160 万元,对于该产品的重要程度依次是 E,A,D,G,B,C,F。试用“01”评分法确定该价值工程优先改进的对象。

9.若某工程项目设计阶段造价控制的目标成本是 4 000 万元,根据表 10.17 的数据确定该价值工程优先改进的对象。

表 10.17　分部工程基本信息

要　素	分部工程				
	甲	乙	丙	丁	合　计
目前成本/万元	1 000	2 000	500	800	4 300
功能系数	0.2	0.5	0.2	0.1	1.00

11

项目后评价

【教学要求】

知识要点	能力要求	相关知识
项目后评价概述	(1)了解项目后评价的概念 (2)掌握项目后评价的基本内容	(1)项目后评价 (2)项目目标评价 (3)项目实施过程评价 (4)项目效益评价 (5)项目效果评价 (6)项目可持续性评价
项目后评价的基本原则和方法	(1)了解项目后评价的基本原则 (2)了解项目后评价的方法	(1)对比分析法 (2)逻辑框架法 (3)成功度法 (4)统计预测法

【关键术语】

项目后评价,项目目标评价,项目实施过程评价,项目效益评价,项目效果评价,项目可持续性评价,对比分析法,逻辑框架法,成功度法,统计预测法

11.1 项目后评价概述

11.1.1 工程项目后评价的概念

工程项目后评价是指建设项目完成投入使用后，对项目立项、准备、决策、实施到投产运营的投资活动全过程进行综合评价。通过评价，以确定项目目标是否达到，检验项目是否合理和有效率、是否具有可持续性；通过分析评价，找出成败的原因，总结经验教训，以不断提高建设项目决策、设计、施工及管理水平。项目建设是一个投资多、耗时长的生产过程，并且有一次性投资的特点。在这一过程中，可能遇到许多意外风险和干扰因素影响项目目标的实现。通过项目后评估，为未来的项目决策提供经验和教训，有利于实现投资项目的最优控制。

11.1.2 工程项目后评价的基本内容

项目后评价研究始于20世纪30年代的美国，到20世纪60年代，美国使用巨额国家资金投入到“向贫困宣战”的规划中，进一步采用项目评估，使项目后评价的理论和方法得到发展。随后，各国和国际金融组织逐步应用和发展了后评价理论。我国项目后评价始于20世纪80年代，几乎和项目可行性研究同时从国外引进。项目后评价通常在项目投入运行并进入正常生产阶段进行，是项目建设程序的最后一个阶段。它的内容包括项目目标评价、项目实施过程评价、项目效益评价、项目效果评价、项目可持续性评价。

1)项目目标评价

项目目标评价是对项目立项时所预定目标的实现程度的评价。它主要运用对比分析法，将项目的实际目标与预定目标对比分析，来检验项目是否达到了预期目标或检验预定目标的实现程度，以及对项目原定决策目标的正确性、合理性和实践性进行评价。如项目实际实现的目标和预定目标不符，应详细分析其发生变化的原因。

2)项目实施过程评价

项目实施过程评价是对项目在具体实施过程中的各个环节和各项工作进行评价。

(1)项目前期决策后评价

项目前期决策后评价的要点是：检查项目审批依据是否充分，是否依法履行了审批程序，是否依法附具了土地、环评、规划等相关手续。在这一阶段，首先要对项目的立项进行分析，从立项依据、时间和相关文件是否充分等方面评价项目立项决策是否正确；其次，对可行性研究报告的主要内容进行检查，分析相关结论是否正确。

(2)项目实施准备工作后评价

项目实施准备工作后评价主要是对项目筹建工作、施工图设计情况、勘察设计是否满足要求、是否认真执行招标投标制度、征地拆迁工作、资金落实情况和项目开工程序执行情况等进行的评价。

(3)项目建设实施后评价

项目建设实施后评价是指对项目从开工到竣工验收这一时期的所有工作进行分析和评

价。具体内容应包括:合同执行情况与合同执行中的管理制度的评价;工程建设进度的评价;工程设计变更情况的评价;项目投资控制情况的评价;工程质量控制情况的评价;工程监理情况的评价;竣工验收工作的评价;档案管理工作的评价等。重点应放在对项目目标实现过程中发生的诸如超工期、超概算、工程质量差等原因的查找和说明上。

(4)项目运营阶段后评价

项目运营阶段是项目投资建设阶段的延续,是实现项目投资经济效益和项目投资回收的关键时期。项目运营阶段后评价主要是对项目运行情况和项目生产能力实现情况进行分析。主要内容包括:项目是否具备预期功能,是否达到预定的产量、质量(服务规模、服务水平),如未达到,差距有多大;项目投产(或运营)后产品的产量、种类和质量(或服务的规模和服务水平)增长规律总结,与预期存在的差异及产生上述差异的原因分析;项目达到预期目标的可能性分析。

3)项目效益评价

项目效益评价是项目后评价的重要组成部分,包括财务评价和国民经济评价。项目效益评价是以项目投产后实际的财务数据核实项目实际发生的效益和费用,并对后评价时点以后的效益和费用进行重新预测,在此基础上计算评价指标,对项目的实施效果加以评价。项目效益评价通过项目建成投产后所产生的实际经济效益与可行性研究时所预测的经济效益的比较,评价市场预测是否准确、项目投资是否值得。效益评价中最主要的工作是进行项目前后效益指标的比较,分析指标偏离程度,并指出原因所在,从中总结经验教训,找出改进措施,为提高项目的投资效益和投资决策水平服务。

4)项目效果评价

项目效果评价是分析项目对其周边地区和相关行业所产生的影响,分析项目在经济、环境、文化及社会等方面所产生的效果。项目效果评价具体包含经济影响评价、环境影响评价和社会影响评价。

(1)经济影响评价

经济影响评价是分析项目投资建设和运营所发生的费用和效益对区域经济发展、产业发展及宏观经济所带来的影响。项目经济影响评价主要分析和评价项目对所在地区和国家等外部环境经济发展的作用。项目经济影响评价具体分析的内容包括区域经济影响分析、产业经济影响分析和宏观经济影响分析。

(2)环境影响评价

环境影响评价是指对已完项目的环境保护目的、环保执行过程、环保投资及效益、环保措施的有效性和环境影响进行的系统、客观分析。通过项目环境保护实践的检查、验证和总结,确定项目预期的环境保护目标是否达到、项目的主要环境效益指标是否实现;通过对环境影响的回顾分析和进一步的预测评价,总结项目环境保护经验和教训,提出环境保护补救措施和环境管理工作改进建议,实现项目环境保护目标的可持续性。项目环境影响评价的内容一般包括项目控制污染的能力、项目对区域生态平衡的影响、环境管理规划合理性、自然资源利用情况等。

(3)社会影响评价

社会影响评价是分析项目对地区或国家社会发展目标的贡献和影响,分析项目在经济、社会和环境方面所产生的有形和无形效益。项目社会影响评价的主要内容有:就业影响、地区收入分配影响、居民生活条件和生活质量影响、不同利益相关者的影响、弱势群体利益的影响、地方社会的发展、地方社会稳定性影响等。随着经济发展和技术的进步,环境、资源、人口、贫困、社会不公正等社会问题得到日益关注,社会影响评价成为后评价的一项重要内容。

5)项目可持续性评价

项目可持续的内涵包括两个方面:一是项目自身的可持续性,包括项目能否长期地适应需求、项目的更新改造以及项目的防灾能力;二是项目对其所影响区域的可持续性,包括对该区域经济、社会、资源环境的可持续性的贡献。

项目的可持续性评价是指在项目建成投入运行之后,对项目的可持续性进行分析。项目可持续性评价应当从环境功能的持续性、经济增长的持续性、项目资源利用情况、项目的可改造性、项目的科技进步性和项目的可维护性等方面进行分析。

11.2 项目后评价的基本原则和方法

► 11.2.1 项目后评价的基本原则

项目后评价有其内在的原则,在原理、作用和实施步骤上都有别于项目可行性研究、项目前评价、项目中评价。为保证后评价工作的正确性,在后评价过程中一般应遵循以下原则:

1)独立性

独立性是指建设项目后评价通常应由独立的第三方完成,评价过程和结论不受项目决策者、管理者、执行者和前评估人员的干扰,这是后评价的公正性和客观性的重要保障。没有独立性或独立性不完全,评价工作就难以做到客观和公正。为了保持后评价的独立性,必须在评价机构的设置、人员组成、经费来源等方面综合考虑。

2)客观性

客观性是指评价人员在调研过程中,要广泛听取各方面的反映,尤其关注不同的意见;认真查看现场,尽量全面了解项目的历史和现状;广泛收集和深入研究项目建设的相关数据和资料,去伪存真,客观分析;评价报告要以事实为依据,以总结经验教训为出发点,做到以理服人。

3)科学性

科学性是指评价的方法和手段要科学,前后对比的口径要一致,采用的数据要有可比性,设置的评价指标体系要合理。只有坚持评价的科学性,才能得出客观求实的评价结论,反馈的评价结果、经验和建议才有真正的实用价值。坚持科学性,还取决于建设项目的各种数据资料等信息的真实性和项目经营管理人员、项目最终受益者共同参与后评价活动的主动性。

4)公正性

公正性是指评价结论要公正,既要指明现实存在的问题,也要客观分析问题产生的历史原因和时代的局限性;既要实事求是地总结成功的经验,也要认真负责地总结失败的原因。

5)反馈性

项目后评价的结果需要反馈到决策部门,作为新项目立项与评估的基础,以及调整投资规划与政策的依据,这是项目后评价的最终目标。因此,项目后评价的最主要特点就是反馈性。

▶ 11.2.2 项目后评价的方法

1)对比分析法

对比分析法是项目后评价最基本、最常用和最重要的方法。对比分析通常是把两个相互联系的指标数据进行比较,以找出变化和差距。对比分析法主要包括前后对比法、横向对比法和有无对比法。

前后对比法是指将项目实施之前(即项目可行性研究和评估时)所预测的效益和作用,与项目完成之后的实际结果相比较,以找出变化和引起变化的原因。这种对比是进行后评价的基础,主要用于项目过程评价和目标实现程度评价。前后对比法是发现差异和问题的有效方法,也是原因分析的基础。

有无对比法是指将项目实际发生的情况与无项目时可能发生的情况进行对比,以度量项目的真实效益、影响和作用。由于对项目所在区域的影响不仅是项目本身的作用,因而对比的重点是要分清项目作用的影响和项目以外作用的影响。由于无项目时可能发生的情况往往无法确定地描述,项目后评价中只能用一些方法去近似度量项目的作用。按照对无项目情况的不同假定,可以划分为以下4种对比方法:一是项目实施前与实施后的数据对比;二是根据项目实施前的时间序列数据进行预测的结果和项目实施后的结果对比;三是未实施项目的对象数据与实施项目的对象数据比较;四是随机选取的实施项目对象的执行结果与随机选取的未实施项目对象的实施结果比较。无论哪种方法都需要大量的数据,最好有系统的项目检测资料,或者应用当地有效的统计资料。

横向对比法是指将项目与国内外同类型项目进行比较,通过对投资水平、技术水平、产品质量和经济效益的对比,评价项目的实际竞争能力和绩效水平。

2)逻辑框架法

逻辑框架法是美国国际开发署(USAID)在1970年开发并使用的一种评价工具。该方法是将一个复杂项目的多个具有因果关系的动态因素组合起来,用一张简单的框图分析其内涵和关系,以确定项目范围和任务,分清项目目标和达到目标所需手段的逻辑关系,来评价项目活动及其成果的方法。逻辑框架法的核心是事物的因果逻辑关系,即"如果"提供了某种条件,"那么"就会产生某种结果,包括项目内在的因素和项目所需的外部条件。

逻辑框架法采用4×4的矩阵作为逻辑框架分析的基本结构,如表11.1所示。在垂直方向自上而下地列出项目目标、项目目的、项目产出、项目投入4个目标层次,在水平方向自左向右列出项目各目标层次的预期指标、验证指标、验证方法和资料、相关的重要外部条件。横行代表项目目标的层次(垂直逻辑),竖行代表如何验证这些目标是否达到(水平逻辑)。

表 11.1　逻辑框架法的模式

层次描述	客观验证指标	验证方法	重要外部条件
宏观目标	目标指标	检测和监督手段及方法	实现目标的主要条件
直接目的	目的指标	检测和监督手段及方法	实现目的的主要条件
产出	产出物定量指标	检测和监督手段及方法	实现产出的主要条件
投入	投入物定量指标	检测和监督手段及方法	落实投入的主要条件

(1)逻辑框架法的层次

逻辑框架法把目标及因果关系划分为 4 个层次,即宏观目标、直接目的、产出和投入。宏观目标通常是指高层次的目标,即宏观计划、规划、政策和方针等。宏观目标一般超越了项目的范畴,是指国家、地区、部门或投资组织的整体目标。这个层次目标的确定和指标的选择一般由国家或行业部门确定。直接目的是指项目直接的效果和作用,一般应考虑项目为收益目标群带来了什么,主要是社会和经济方面的成果和作用。这个层次的目标由项目或独立的评价机构来确定。产出是指项目的建设内容或投入的产出物。投入是指项目的实施过程及内容,主要包括资源和时间等的投入。

(2)逻辑框架法的逻辑关系

逻辑框架中包括垂直逻辑和水平逻辑。垂直逻辑主要分析项目计划,弄清项目手段与结果的关系;水平逻辑主要衡量项目的资源和结果,确定客观的验证指标及其指标的验证方法。

在逻辑框架法的 4 个层次中,项目宏观目标往往由多个项目的具体目标构成,而一个具体目标的取得往往需要该项目完成多项具体的投入和产出活动。这样,4 个层次的要素就自下而上构成了 3 个相互连接的逻辑关系。由于进行了项目“投入”,并具备实施的前提条件,因此会得到相关的“产出”;由于项目“产出”,并具备项目发展的条件,因此能达到项目的“目的”;由于项目已达到目的,并具备持续发展的条件,因此就能达到项目的“宏观目标”。这种逻辑关系在 LFA 中称为垂直逻辑,如图 11.1 所示。

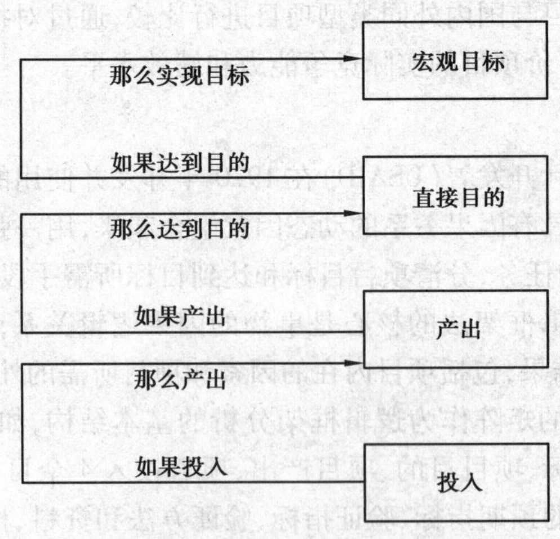

图 11.1　逻辑框架法中的因果关系

水平逻辑分析的目的是通过主要验证指标和验证方法来衡量一个项目的资源和成果。与垂直逻辑中的每个层次目标对应，水平逻辑对各层次的结果加以具体说明，由验证指标、验证方法和重要的假定条件所构成。

3)成功度法

成功度法是一种综合评价方法，它依靠专家的经验，综合评价项目的实现程度。成功度法主要是根据项目建立一套评价指标体系和各指标的权重，通过对项目的各项指标打分或评级的方法，最后得到项目的综合得分或综合评价。

(1)项目成功度的标准

成功度用于衡量项目成败程度的标准，通常分为5个等级，即完全成功、成功、部分成功、不成功和失败，如表11.2所示。

表11.2 项目成功度等级标准

等 级	内 容	标 准
1	完全成功(AA)	项目的各项目标已经全面实现或超过；相对成本而言，项目取得巨大的效益和影响
2	成功(A)	项目的大部分目标已经全面实现；相对成本而言，项目达到了预期的效益和影响
3	部分成功(B)	项目实现了原定的部分目标；相对成本而言，项目只取得了一定效益和影响
4	不成功(C)	项目实现的目标非常有限；相对成本而言，项目几乎没有产生正效益和影响
5	失败(D)	项目的目标是不现实的，无法实现；相对成本而言，项目不得不终止

(2)项目成功度的测定方法

在评价具体项目的成功度时，评价人员首先根据具体项目的类型和特点，确定各评价指标的相关重要程度，把它们分为“重要”“次重要”“不重要”3类。然后采用打分制，测定各项指标的成功度，即按成功度标准完全成功、成功、部分成功、不成功和失败5个等级分别用AA、A，B、C、D表示。通过指标重要性分析和单项成功度的综合，可得到整个项目的总成功度指标，同样用AA、A，B、C、D表示。

4)统计预测法

统计预测法是以统计学原理和预测学原理为基础，对项目已经发生的事实进行总结，并对项目未来发展前景作出预测的项目后评价方法。其运用的统计方法和预测方法如表11.3所示。

表11.3 统计和预测方法

统计方法	统计调查	直接观察法、报告法、采访法、被调查对象自填法
	统计资料整理	资料的检查、分组分类与汇总
	统计分析	分组法、综合指标法、动态数列法、抽样法、回归分析法、投入产出法
预测方法	回归分析、趋势预测、投入产出预测和专家调研预测等	

本章小结

本章主要介绍了项目后评价的概念、内容和方法。项目后评价是指建设项目完成投入使用后,对项目立项、准备、决策、实施到投产运营的全过程投资活动进行综合评价,以确定目标是否达到,检验项目是否合理和有效率,并通过收集可靠、有用的信息资料,为未来的决策提供经验和教训。

项目后评价的内容有项目目标评价、项目实施过程评价、项目效益评价、项目效果评价和项目可持续性评价。

项目后评价的主要方法有对比分析法、逻辑框架法、成功度法和统计预测法。对比分析法具体有前后对比法、有无对比法和横向对比法 3 种。前后对比法是指将项目实施之前(即项目可行性研究和评估时)所预测的效益和作用与项目完成之后的实际结果相比较,以找出变化和引起变化的原因。有无对比法是指将项目实际发生的情况与无项目时可能发生的情况进行对比,以度量项目的真实效益、影响和作用。横向对比法是指将项目与国内外同类型项目进行比较,通过对投资水平、技术水平、产品质量和经济效益的对比,评价项目的实际竞争能力和绩效水平。逻辑框架法是用一张逻辑框架图来分析的综合评价方法。成功度法是依靠专家的经验,综合评价项目的实现程度。统计预测法是以统计学原理和预测学原理为基础,对项目已经发生的事实进行总结,并 Z 对项目未来发展前景作出预测的项目后评价方法。

课后练习题

1.简述项目后评价的概念。
2.项目后评价的基本内容有哪些?
3.简述项目后评价的基本原则。
4.项目后评价的基本方法有哪些?
5.简述对比分析法的基本思想。
6.何谓成功度法?

附录　复利因子

附表 1　复利因子(i=1%)

年份	(F/P,i,n)	(P/F,i,n)	(F/A,i,n)	(A/F,i,n)	(A/P,i,n)	(P/A,i,n)
1	1.010 0	0.990 1	1.000 0	1.000 0	1.010 0	0.990 1
2	1.020 1	0.980 3	2.010 0	0.497 5	0.507 5	1.970 4
3	1.030 3	0.970 6	3.030 1	0.330 0	0.340 0	2.941 0
4	1.040 6	0.961 0	4.060 4	0.246 3	0.256 3	3.902 0
5	1.051 0	0.951 5	5.101 0	0.196 0	0.206 0	4.853 4
6	1.061 5	0.942 0	6.152 0	0.162 5	0.172 5	5.795 5
7	1.072 1	0.932 7	7.213 5	0.138 6	0.148 6	6.728 2
8	1.082 9	0.923 5	8.285 7	0.120 7	0.130 7	7.651 7
9	1.093 7	0.914 3	9.368 5	0.106 7	0.116 7	8.566 0
10	1.104 6	0.905 3	10.462 2	0.095 6	0.105 6	9.471 3
11	1.115 7	0.896 3	11.566 8	0.086 5	0.096 5	10.367 6
12	1.126 8	0.887 4	12.682 5	0.078 8	0.088 8	11.255 1
13	1.138 1	0.878 7	13.809 3	0.072 4	0.082 4	12.133 7
14	1.149 5	0.870 0	14.947 4	0.066 9	0.076 9	13.003 7
15	1.161 0	0.861 3	16.096 9	0.062 1	0.072 1	13.865 1
16	1.172 6	0.852 8	17.257 9	0.057 9	0.067 9	14.717 9
17	1.184 3	0.844 4	18.430 4	0.054 3	0.064 3	15.562 3
18	1.196 1	0.836 0	19.614 7	0.051 0	0.061 0	16.398 3
19	1.208 1	0.827 7	20.810 9	0.048 1	0.058 1	17.226 0
20	1.220 2	0.819 5	22.019 0	0.045 4	0.055 4	18.045 6
21	1.232 4	0.811 4	23.239 2	0.043 0	0.053 0	18.857 0
22	1.244 7	0.803 4	24.471 6	0.040 9	0.050 9	19.660 4
23	1.257 2	0.795 4	25.716 3	0.038 9	0.048 9	20.455 8
24	1.269 7	0.787 6	26.973 5	0.037 1	0.047 1	21.243 4
25	1.282 4	0.779 8	28.243 2	0.035 4	0.045 4	22.023 2
26	1.295 3	0.772 0	29.525 6	0.033 9	0.043 9	22.795 2
27	1.308 2	0.764 4	30.820 9	0.032 4	0.042 4	23.559 6
28	1.321 3	0.756 8	32.129 1	0.031 1	0.041 1	24.316 4
29	1.334 5	0.749 3	33.450 4	0.029 9	0.039 9	25.065 8
30	1.347 8	0.741 9	34.784 9	0.028 7	0.038 7	25.807 7

续表

年份	$(F/P,i,n)$	$(P/F,i,n)$	$(F/A,i,n)$	$(A/F,i,n)$	$(A/P,i,n)$	$(P/A,i,n)$
31	1.361 3	0.734 6	36.132 7	0.027 7	0.037 7	26.542 3
32	1.374 9	0.727 3	37.494 1	0.026 7	0.036 7	27.269 6
33	1.388 7	0.720 1	38.869 0	0.025 7	0.035 7	27.989 7
34	1.402 6	0.713 0	40.257 7	0.024 8	0.034 8	28.702 7
35	1.416 6	0.705 9	41.660 3	0.024 0	0.034 0	29.408 6
36	1.430 8	0.698 9	43.076 9	0.023 2	0.033 2	30.107 5
37	1.445 1	0.692 0	44.507 6	0.022 5	0.032 5	30.799 5
38	1.459 5	0.685 2	45.952 7	0.021 8	0.031 8	31.484 7
39	1.474 1	0.678 4	47.412 3	0.021 1	0.031 1	32.163 0
40	1.488 9	0.671 7	48.886 4	0.020 5	0.030 5	32.834 7
41	1.503 8	0.665 0	50.375 2	0.019 9	0.029 9	33.499 7
42	1.518 8	0.658 4	51.879 0	0.019 3	0.029 3	34.158 1
43	1.534 0	0.651 9	53.397 8	0.018 7	0.028 7	34.810 0
44	1.549 3	0.645 4	54.931 8	0.018 2	0.028 2	35.455 5
45	1.564 8	0.639 1	56.481 1	0.017 7	0.027 7	36.094 5
46	1.580 5	0.632 7	58.045 9	0.017 2	0.027 2	36.727 2
47	1.596 3	0.626 5	59.626 3	0.016 8	0.026 8	37.353 7
48	1.612 2	0.620 3	61.222 6	0.016 3	0.026 3	37.974 0
49	1.628 3	0.614 1	62.834 8	0.015 9	0.025 9	38.588 1
50	1.644 6	0.608 0	64.463 2	0.015 5	0.025 5	39.196 1

附表 2　复利因子（$i=2\%$）

年份	$(F/P,i,n)$	$(P/F,i,n)$	$(F/A,i,n)$	$(A/F,i,n)$	$(A/P,i,n)$	$(P/A,i,n)$
1	1.020 0	0.980 4	1.000 0	1.000 0	1.020 0	0.980 4
2	1.040 4	0.961 2	2.020 0	0.495 0	0.515 0	1.941 6
3	1.061 2	0.942 3	3.060 4	0.326 8	0.346 8	2.883 9
4	1.082 4	0.923 8	4.121 6	0.242 6	0.262 6	3.807 7
5	1.104 1	0.905 7	5.204 0	0.192 2	0.212 2	4.713 5
6	1.126 2	0.888 0	6.308 1	0.158 5	0.178 5	5.601 4
7	1.148 7	0.870 6	7.434 3	0.134 5	0.154 5	6.472 0
8	1.171 7	0.853 5	8.583 0	0.116 5	0.136 5	7.325 5
9	1.195 1	0.836 8	9.754 6	0.102 5	0.122 5	8.162 2
10	1.219 0	0.820 3	10.949 7	0.091 3	0.111 3	8.982 6

续表

年份	(*F/P*,*i*,*n*)	(*P/F*,*i*,*n*)	(*F/A*,*i*,*n*)	(*A/F*,*i*,*n*)	(*A/P*,*i*,*n*)	(*P/A*,*i*,*n*)
11	1.243 4	0.804 3	12.168 7	0.082 2	0.102 2	9.786 8
12	1.268 2	0.788 5	13.412 1	0.074 6	0.094 6	10.575 3
13	1.293 6	0.773 0	14.680 3	0.068 1	0.088 1	11.348 4
14	1.319 5	0.757 9	15.973 9	0.062 6	0.082 6	12.106 2
15	1.345 9	0.743 0	17.293 4	0.057 8	0.077 8	12.849 3
16	1.372 8	0.728 4	18.639 3	0.053 7	0.073 7	13.577 7
17	1.400 2	0.714 2	20.012 1	0.050 0	0.070 0	14.291 9
18	1.428 2	0.700 2	21.412 3	0.046 7	0.066 7	14.992 0
19	1.456 8	0.686 4	22.840 6	0.043 8	0.063 8	15.678 5
20	1.485 9	0.673 0	24.297 4	0.041 2	0.061 2	16.351 4
21	1.515 7	0.659 8	25.783 3	0.038 8	0.058 8	17.011 2
22	1.546 0	0.646 8	27.299 0	0.036 6	0.056 6	17.658 0
23	1.576 9	0.634 2	28.845 0	0.034 7	0.054 7	18.292 2
24	1.608 4	0.621 7	30.421 9	0.032 9	0.052 9	18.913 9
25	1.640 6	0.609 5	32.030 3	0.031 2	0.051 2	19.523 5
26	1.673 4	0.597 6	33.670 9	0.029 7	0.049 7	20.121 0
27	1.706 9	0.585 9	35.344 3	0.028 3	0.048 3	20.706 9
28	1.741 0	0.574 4	37.051 2	0.027 0	0.047 0	21.281 3
29	1.775 8	0.563 1	38.792 2	0.025 8	0.045 8	21.844 4
30	1.811 4	0.552 1	40.568 1	0.024 6	0.044 6	22.396 5
31	1.847 6	0.541 2	42.379 4	0.023 6	0.043 6	22.937 7
32	1.884 5	0.530 6	44.227 0	0.022 6	0.042 6	23.468 3
33	1.922 2	0.520 2	46.111 6	0.021 7	0.041 7	23.988 6
34	1.960 7	0.510 0	48.033 8	0.020 8	0.040 8	24.498 6
35	1.999 9	0.500 0	49.994 5	0.020 0	0.040 0	24.998 6
36	2.039 9	0.490 2	51.994 4	0.019 2	0.039 2	25.488 8
37	2.080 7	0.480 6	54.034 3	0.018 5	0.038 5	25.969 5
38	2.122 3	0.471 2	56.114 9	0.017 8	0.037 8	26.440 6
39	2.164 7	0.461 9	58.237 2	0.017 2	0.037 2	26.902 6
40	2.208 0	0.452 9	60.402 0	0.016 6	0.036 6	27.355 5
41	2.252 2	0.444 0	62.610 0	0.016 0	0.036 0	27.799 5
42	2.297 2	0.435 3	64.862 2	0.015 4	0.035 4	28.234 8

续表

年份	(F/P,i,n)	(P/F,i,n)	(F/A,i,n)	(A/F,i,n)	(A/P,i,n)	(P/A,i,n)
43	2.343 2	0.426 8	67.159 5	0.014 9	0.034 9	28.661 6
44	2.390 1	0.418 4	69.502 7	0.014 4	0.034 4	29.080 0
45	2.437 9	0.410 2	71.892 7	0.013 9	0.033 9	29.490 2
46	2.486 6	0.402 2	74.330 6	0.013 5	0.033 5	29.892 3
47	2.536 3	0.394 3	76.817 2	0.013 0	0.033 0	30.286 6
48	2.587 1	0.386 5	79.353 5	0.012 6	0.032 6	30.673 1
49	2.638 8	0.379 0	81.940 6	0.012 2	0.032 2	31.052 1
50	2.691 6	0.371 5	84.579 4	0.011 8	0.031 8	31.423 6

附表 3 复利因子($i=3\%$)

年份	(F/P,i,n)	(P/F,i,n)	(F/A,i,n)	(A/F,i,n)	(A/P,i,n)	(P/A,i,n)
1	1.030 0	0.970 9	1.000 0	1.000 0	1.030 0	0.970 9
2	1.060 9	0.942 6	2.030 0	0.492 6	0.522 6	1.913 5
3	1.092 7	0.915 1	3.090 9	0.323 5	0.353 5	2.828 6
4	1.125 5	0.888 5	4.183 6	0.239 0	0.269 0	3.717 1
5	1.159 3	0.862 6	5.309 1	0.188 4	0.218 4	4.579 7
6	1.194 1	0.837 5	6.468 4	0.154 6	0.184 6	5.417 2
7	1.229 9	0.813 1	7.662 5	0.130 5	0.160 5	6.230 3
8	1.266 8	0.789 4	8.892 3	0.112 5	0.142 5	7.019 7
9	1.304 8	0.766 4	10.159 1	0.098 4	0.128 4	7.786 1
10	1.343 9	0.744 1	11.463 9	0.087 2	0.117 2	8.530 2
11	1.384 2	0.722 4	12.807 8	0.078 1	0.108 1	9.252 6
12	1.425 8	0.701 4	14.192 0	0.070 5	0.100 5	9.954 0
13	1.468 5	0.681 0	15.617 8	0.064 0	0.094 0	10.635 0
14	1.512 6	0.661 1	17.086 3	0.058 5	0.088 5	11.296 1
15	1.558 0	0.641 9	18.598 9	0.053 8	0.083 8	11.937 9
16	1.604 7	0.623 2	20.156 9	0.049 6	0.079 6	12.561 1
17	1.652 8	0.605 0	21.761 6	0.046 0	0.076 0	13.166 1
18	1.702 4	0.587 4	23.414 4	0.042 7	0.072 7	13.753 5
19	1.753 5	0.570 3	25.116 9	0.039 8	0.069 8	14.323 8
20	1.806 1	0.553 7	26.870 4	0.037 2	0.067 2	14.877 5

续表

年份	$(F/P,i,n)$	$(P/F,i,n)$	$(F/A,i,n)$	$(A/F,i,n)$	$(A/P,i,n)$	$(P/A,i,n)$
21	1.860 3	0.537 5	28.676 5	0.034 9	0.064 9	15.415 0
22	1.916 1	0.521 9	30.536 8	0.032 7	0.062 7	15.936 9
23	1.973 6	0.506 7	32.452 9	0.030 8	0.060 8	16.443 6
24	2.032 8	0.491 9	34.426 5	0.029 0	0.059 0	16.935 5
25	2.093 8	0.477 6	36.459 3	0.027 4	0.057 4	17.413 1
26	2.156 6	0.463 7	38.553 0	0.025 9	0.055 9	17.876 8
27	2.221 3	0.450 2	40.709 6	0.024 6	0.054 6	18.327 0
28	2.287 9	0.437 1	42.930 9	0.023 3	0.053 3	18.764 1
29	2.356 6	0.424 3	45.218 9	0.022 1	0.052 1	19.188 5
30	2.427 3	0.412 0	47.575 4	0.021 0	0.051 0	19.600 4
31	2.500 1	0.400 0	50.002 7	0.020 0	0.050 0	20.000 4
32	2.575 1	0.388 3	52.502 8	0.019 0	0.049 0	20.388 8
33	2.652 3	0.377 0	55.077 8	0.018 2	0.048 2	20.765 8
34	2.731 9	0.366 0	57.730 2	0.017 3	0.047 3	21.131 8
35	2.813 9	0.355 4	60.462 1	0.016 5	0.046 5	21.487 2
36	2.898 3	0.345 0	63.275 9	0.015 8	0.045 8	21.832 3
37	2.985 2	0.335 0	66.174 2	0.015 1	0.045 1	22.167 2
38	3.074 8	0.325 2	69.159 4	0.014 5	0.044 5	22.492 5
39	3.167 0	0.315 8	72.234 2	0.013 8	0.043 8	22.808 2
40	3.262 0	0.306 6	75.401 3	0.013 3	0.043 3	23.114 8
41	3.359 9	0.297 6	78.663 3	0.012 7	0.042 7	23.412 4
42	3.460 7	0.289 0	82.023 2	0.012 2	0.042 2	23.701 4
43	3.564 5	0.280 5	85.483 9	0.011 7	0.041 7	23.981 9
44	3.671 5	0.272 4	89.048 4	0.011 2	0.041 2	24.254 3
45	3.781 6	0.264 4	92.719 9	0.010 8	0.040 8	24.518 7
46	3.895 0	0.256 7	96.501 5	0.010 4	0.040 4	24.775 4
47	4.011 9	0.249 3	100.396 5	0.010 0	0.040 0	25.024 7
48	4.132 3	0.242 0	104.408 4	0.009 6	0.039 6	25.266 7
49	4.256 2	0.235 0	108.540 6	0.009 2	0.039 2	25.501 7
50	4.383 9	0.228 1	112.796 9	0.008 9	0.038 9	25.729 8

附表 4　复利因子($i=4\%$)

年份	$(F/P,i,n)$	$(P/F,i,n)$	$(F/A,i,n)$	$(A/F,i,n)$	$(A/P,i,n)$	$(P/A,i,n)$
1	1.040 0	0.961 5	1.000 0	1.000 0	1.040 0	0.961 5
2	1.081 6	0.924 6	2.040 0	0.490 2	0.530 2	1.886 1
3	1.124 9	0.889 0	3.121 6	0.320 3	0.360 3	2.775 1
4	1.169 9	0.854 8	4.246 5	0.235 5	0.275 5	3.629 9
5	1.216 7	0.821 9	5.416 3	0.184 6	0.224 6	4.451 8
6	1.265 3	0.790 3	6.633 0	0.150 8	0.190 8	5.242 1
7	1.315 9	0.759 9	7.898 3	0.126 6	0.166 6	6.002 1
8	1.368 6	0.730 7	9.214 2	0.108 5	0.148 5	6.732 7
9	1.423 3	0.702 6	10.582 8	0.094 5	0.134 5	7.435 3
10	1.480 2	0.675 6	12.006 1	0.083 3	0.123 3	8.110 9
11	1.539 5	0.649 6	13.486 4	0.074 1	0.114 1	8.760 5
12	1.601 0	0.624 6	15.025 8	0.066 6	0.106 6	9.385 1
13	1.665 1	0.600 6	16.626 8	0.060 1	0.100 1	9.985 6
14	1.731 7	0.577 5	18.291 9	0.054 7	0.094 7	10.563 1
15	1.800 9	0.555 3	20.023 6	0.049 9	0.089 9	11.118 4
16	1.873 0	0.533 9	21.824 5	0.045 8	0.085 8	11.652 3
17	1.947 9	0.513 4	23.697 5	0.042 2	0.082 2	12.165 7
18	2.025 8	0.493 6	25.645 4	0.039 0	0.079 0	12.659 3
19	2.106 8	0.474 6	27.671 2	0.036 1	0.076 1	13.133 9
20	2.191 1	0.456 4	29.778 1	0.033 6	0.073 6	13.590 3
21	2.278 8	0.438 8	31.969 2	0.031 3	0.071 3	14.029 2
22	2.369 9	0.422 0	34.248 0	0.029 2	0.069 2	14.451 1
23	2.464 7	0.405 7	36.617 9	0.027 3	0.067 3	14.856 8
24	2.563 3	0.390 1	39.082 6	0.025 6	0.065 6	15.247 0
25	2.665 8	0.375 1	41.645 9	0.024 0	0.064 0	15.622 1
26	2.772 5	0.360 7	44.311 7	0.022 6	0.062 6	15.982 8
27	2.883 4	0.346 8	47.084 2	0.021 2	0.061 2	16.329 6
28	2.998 7	0.333 5	49.967 6	0.020 0	0.060 0	16.663 1
29	3.118 7	0.320 7	52.966 3	0.018 9	0.058 9	16.983 7
30	3.243 4	0.308 3	56.084 9	0.017 8	0.057 8	17.292 0
31	3.373 1	0.296 5	59.328 3	0.016 9	0.056 9	17.588 5
32	3.508 1	0.285 1	62.701 5	0.015 9	0.055 9	17.873 6
33	3.648 4	0.274 1	66.209 5	0.015 1	0.055 1	18.147 6

续表

年份	(F/P,i,n)	(P/F,i,n)	(F/A,i,n)	(A/F,i,n)	(A/P,i,n)	(P/A,i,n)
34	3.794 3	0.263 6	69.857 9	0.014 3	0.054 3	18.411 2
35	3.946 1	0.253 4	73.652 2	0.013 6	0.053 6	18.664 6
36	4.103 9	0.243 7	77.598 3	0.012 9	0.052 9	18.908 3
37	4.268 1	0.234 3	81.702 2	0.012 2	0.052 2	19.142 6
38	4.438 8	0.225 3	85.970 3	0.011 6	0.051 6	19.367 9
39	4.616 4	0.216 6	90.409 1	0.011 1	0.051 1	19.584 5
40	4.801 0	0.208 3	95.025 5	0.010 5	0.050 5	19.792 8
41	4.993 1	0.200 3	99.826 5	0.010 0	0.050 0	19.993 1
42	5.192 8	0.192 6	104.819 6	0.009 5	0.049 5	20.185 6
43	5.400 5	0.185 2	110.012 4	0.009 1	0.049 1	20.370 8
44	5.616 5	0.178 0	115.412 9	0.008 7	0.048 7	20.548 8
45	5.841 2	0.171 2	121.029 4	0.008 3	0.048 3	20.720 0
46	6.074 8	0.164 6	126.870 6	0.007 9	0.047 9	20.884 7
47	6.317 8	0.158 3	132.945 4	0.007 5	0.047 5	21.042 9
48	6.570 5	0.152 2	139.263 2	0.007 2	0.047 2	21.195 1
49	6.833 3	0.146 3	145.833 7	0.006 9	0.046 9	21.341 5
50	7.106 7	0.140 7	152.667 1	0.006 6	0.046 6	21.482 2

附表 5 复利因子($i=5\%$)

年份	(F/P,i,n)	(P/F,i,n)	(F/A,i,n)	(A/F,i,n)	(A/P,i,n)	(P/A,i,n)
1	1.050 0	0.952 4	1.000 0	1.000 0	1.050 0	0.952 4
2	1.102 5	0.907 0	2.050 0	0.487 8	0.537 8	1.859 4
3	1.157 6	0.863 8	3.152 5	0.317 2	0.367 2	2.723 2
4	1.215 5	0.822 7	4.310 1	0.232 0	0.282 0	3.546 0
5	1.276 3	0.783 5	5.525 6	0.181 0	0.231 0	4.329 5
6	1.340 1	0.746 2	6.801 9	0.147 0	0.197 0	5.075 7
7	1.407 1	0.710 7	8.142 0	0.122 8	0.172 8	5.786 4
8	1.477 5	0.676 8	9.549 1	0.104 7	0.154 7	6.463 2
9	1.551 3	0.644 6	11.026 6	0.090 7	0.140 7	7.107 8
10	1.628 9	0.613 9	12.577 9	0.079 5	0.129 5	7.721 7
11	1.710 3	0.584 7	14.206 8	0.070 4	0.120 4	8.306 4
12	1.795 9	0.556 8	15.917 1	0.062 8	0.112 8	8.863 3

续表

年份	$(F/P,i,n)$	$(P/F,i,n)$	$(F/A,i,n)$	$(A/F,i,n)$	$(A/P,i,n)$	$(P/A,i,n)$
13	1.885 6	0.530 3	17.713 0	0.056 5	0.106 5	9.393 6
14	1.979 9	0.505 1	19.598 6	0.051 0	0.101 0	9.898 6
15	2.078 9	0.481 0	21.578 6	0.046 3	0.096 3	10.379 7
16	2.182 9	0.458 1	23.657 5	0.042 3	0.092 3	10.837 8
17	2.292 0	0.436 3	25.840 4	0.038 7	0.088 7	11.274 1
18	2.406 6	0.415 5	28.132 4	0.035 5	0.085 5	11.689 6
19	2.527 0	0.395 7	30.539 0	0.032 7	0.082 7	12.085 3
20	2.653 3	0.376 9	33.066 0	0.030 2	0.080 2	12.462 2
21	2.786 0	0.358 9	35.719 3	0.028 0	0.078 0	12.821 2
22	2.925 3	0.341 8	38.505 2	0.026 0	0.076 0	13.163 0
23	3.071 5	0.325 6	41.430 5	0.024 1	0.074 1	13.488 6
24	3.225 1	0.310 1	44.502 0	0.022 5	0.072 5	13.798 6
25	3.386 4	0.295 3	47.727 1	0.021 0	0.071 0	14.093 9
26	3.555 7	0.281 2	51.113 5	0.019 6	0.069 6	14.375 2
27	3.733 5	0.267 8	54.669 1	0.018 3	0.068 3	14.643 0
28	3.920 1	0.255 1	58.402 6	0.017 1	0.067 1	14.898 1
29	4.116 1	0.242 9	62.322 7	0.016 0	0.066 0	15.141 1
30	4.321 9	0.231 4	66.438 8	0.015 1	0.065 1	15.372 5
31	4.538 0	0.220 4	70.760 8	0.014 1	0.064 1	15.592 8
32	4.764 9	0.209 9	75.298 8	0.013 3	0.063 3	15.802 7
33	5.003 2	0.199 9	80.063 8	0.012 5	0.062 5	16.002 5
34	5.253 3	0.190 4	85.067 0	0.011 8	0.061 8	16.192 9
35	5.516 0	0.181 3	90.320 3	0.011 1	0.061 1	16.374 2
36	5.791 8	0.172 7	95.836 3	0.010 4	0.060 4	16.546 9
37	6.081 4	0.164 4	101.628 1	0.009 8	0.059 8	16.711 3
38	6.385 5	0.156 6	107.709 5	0.009 3	0.059 3	16.867 9
39	6.704 8	0.149 1	114.095 0	0.008 8	0.058 8	17.017 0
40	7.040 0	0.142 0	120.799 8	0.008 3	0.058 3	17.159 1
41	7.392 0	0.135 3	127.839 8	0.007 8	0.057 8	17.294 4
42	7.761 6	0.128 8	135.231 8	0.007 4	0.057 4	17.423 2

续表

年份	$(F/P,i,n)$	$(P/F,i,n)$	$(F/A,i,n)$	$(A/F,i,n)$	$(A/P,i,n)$	$(P/A,i,n)$
43	8.149 7	0.122 7	142.993 3	0.007 0	0.057 0	17.545 9
44	8.557 2	0.116 9	151.143 0	0.006 6	0.056 6	17.662 8
45	8.985 0	0.111 3	159.700 2	0.006 3	0.056 3	17.774 1
46	9.434 3	0.106 0	168.685 2	0.005 9	0.055 9	17.880 1
47	9.906 0	0.100 9	178.119 4	0.005 6	0.055 6	17.981 0
48	10.401 3	0.096 1	188.025 4	0.005 3	0.055 3	18.077 2
49	10.921 3	0.091 6	198.426 7	0.005 0	0.055 0	18.168 7
50	11.467 4	0.087 2	209.348 0	0.004 8	0.054 8	18.255 9

附表 6 复利因子(i=6%)

年份	$(F/P,i,n)$	$(P/F,i,n)$	$(F/A,i,n)$	$(A/F,i,n)$	$(A/P,i,n)$	$(P/A,i,n)$
1	1.060 0	0.943 4	1.000 0	1.000 0	1.060 0	0.943 4
2	1.123 6	0.890 0	2.060 0	0.485 4	0.545 4	1.833 4
3	1.191 0	0.839 6	3.183 6	0.314 1	0.374 1	2.673 0
4	1.262 5	0.792 1	4.374 6	0.228 6	0.288 6	3.465 1
5	1.338 2	0.747 3	5.637 1	0.177 4	0.237 4	4.212 4
6	1.418 5	0.705 0	6.975 3	0.143 4	0.203 4	4.917 3
7	1.503 6	0.665 1	8.393 8	0.119 1	0.179 1	5.582 4
8	1.593 8	0.627 4	9.897 5	0.101 0	0.161 0	6.209 8
9	1.689 5	0.591 9	11.491 3	0.087 0	0.147 0	6.801 7
10	1.790 8	0.558 4	13.180 8	0.075 9	0.135 9	7.360 1
11	1.898 3	0.526 8	14.971 6	0.066 8	0.126 8	7.886 9
12	2.012 2	0.497 0	16.869 9	0.059 3	0.119 3	8.383 8
13	2.132 9	0.468 8	18.882 1	0.053 0	0.113 0	8.852 7
14	2.260 9	0.442 3	21.015 1	0.047 6	0.107 6	9.295 0
15	2.396 6	0.417 3	23.276 0	0.043 0	0.103 0	9.712 2
16	2.540 4	0.393 6	25.672 5	0.039 0	0.099 0	10.105 9
17	2.692 8	0.371 4	28.212 9	0.035 4	0.095 4	10.477 3
18	2.854 3	0.350 3	30.905 7	0.032 4	0.092 4	10.827 6
19	3.025 6	0.330 5	33.760 0	0.029 6	0.089 6	11.158 1
20	3.207 1	0.311 8	36.785 6	0.027 2	0.087 2	11.469 9

续表

年份	(F/P,i,n)	(P/F,i,n)	(F/A,i,n)	(A/F,i,n)	(A/P,i,n)	(P/A,i,n)
21	3.399 6	0.294 2	39.992 7	0.025 0	0.085 0	11.764 1
22	3.603 5	0.277 5	43.392 3	0.023 0	0.083 0	12.041 6
23	3.819 7	0.261 8	46.995 8	0.021 3	0.081 3	12.303 4
24	4.048 9	0.247 0	50.815 6	0.019 7	0.079 7	12.550 4
25	4.291 9	0.233 0	54.864 5	0.018 2	0.078 2	12.783 4
26	4.549 4	0.219 8	59.156 4	0.016 9	0.076 9	13.003 2
27	4.822 3	0.207 4	63.705 8	0.015 7	0.075 7	13.210 5
28	5.111 7	0.195 6	68.528 1	0.014 6	0.074 6	13.406 2
29	5.418 4	0.184 6	73.639 8	0.013 6	0.073 6	13.590 7
30	5.743 5	0.174 1	79.058 2	0.012 6	0.072 6	13.764 8
31	6.088 1	0.164 3	84.801 7	0.011 8	0.071 8	13.929 1
32	6.453 4	0.155 0	90.889 8	0.011 0	0.071 0	14.084 0
33	6.840 6	0.146 2	97.343 2	0.010 3	0.070 3	14.230 2
34	7.251 0	0.137 9	104.183 8	0.009 6	0.069 6	14.368 1
35	7.686 1	0.130 1	111.434 8	0.009 0	0.069 0	14.498 2
36	8.147 3	0.122 7	119.120 9	0.008 4	0.068 4	14.621 0
37	8.636 1	0.115 8	127.268 1	0.007 9	0.067 9	14.736 8
38	9.154 3	0.109 2	135.904 2	0.007 4	0.067 4	14.846 0
39	9.703 5	0.103 1	145.058 5	0.006 9	0.066 9	14.949 1
40	10.285 7	0.097 2	154.762 0	0.006 5	0.066 5	15.046 3
41	10.902 9	0.091 7	165.047 7	0.006 1	0.066 1	15.138 0
42	11.557 0	0.086 5	175.950 5	0.005 7	0.065 7	15.224 5
43	12.250 5	0.081 6	187.507 6	0.005 3	0.065 3	15.306 2
44	12.985 5	0.077 0	199.758 0	0.005 0	0.065 0	15.383 2
45	13.764 6	0.072 7	212.743 5	0.004 7	0.064 7	15.455 8
46	14.590 5	0.068 5	226.508 1	0.004 4	0.064 4	15.524 4
47	15.465 9	0.064 7	241.098 6	0.004 1	0.064 1	15.589 0
48	16.393 9	0.061 0	256.564 5	0.003 9	0.063 9	15.650 0
49	17.377 5	0.057 5	272.958 4	0.003 7	0.063 7	15.707 6
50	18.420 2	0.054 3	290.335 9	0.003 4	0.063 4	15.761 9

附表 7　复利因子($i=7\%$)

年份	$(F/P,i,n)$	$(P/F,i,n)$	$(F/A,i,n)$	$(A/F,i,n)$	$(A/P,i,n)$	$(P/A,i,n)$
1	1.070 0	0.934 6	1.000 0	1.000 0	1.070 0	0.934 6
2	1.144 9	0.873 4	2.070 0	0.483 1	0.553 1	1.808 0
3	1.225 0	0.816 3	3.214 9	0.311 1	0.381 1	2.624 3
4	1.310 8	0.762 9	4.439 9	0.225 2	0.295 2	3.387 2
5	1.402 6	0.713 0	5.750 7	0.173 9	0.243 9	4.100 2
6	1.500 7	0.666 3	7.153 3	0.139 8	0.209 8	4.766 5
7	1.605 8	0.622 7	8.654 0	0.115 6	0.185 6	5.389 3
8	1.718 2	0.582 0	10.259 8	0.097 5	0.167 5	5.971 3
9	1.838 5	0.543 9	11.978 0	0.083 5	0.153 5	6.515 2
10	1.967 2	0.508 3	13.816 4	0.072 4	0.142 4	7.023 6
11	2.104 9	0.475 1	15.783 6	0.063 4	0.133 4	7.498 7
12	2.252 2	0.444 0	17.888 5	0.055 9	0.125 9	7.942 7
13	2.409 8	0.415 0	20.140 6	0.049 7	0.119 7	8.357 7
14	2.578 5	0.387 8	22.550 5	0.044 3	0.114 3	8.745 5
15	2.759 0	0.362 4	25.129 0	0.039 8	0.109 8	9.107 9
16	2.952 2	0.338 7	27.888 1	0.035 9	0.105 9	9.446 6
17	3.158 8	0.316 6	30.840 2	0.032 4	0.102 4	9.763 2
18	3.379 9	0.295 9	33.999 0	0.029 4	0.099 4	10.059 1
19	3.616 5	0.276 5	37.379 0	0.026 8	0.096 8	10.335 6
20	3.869 7	0.258 4	40.995 5	0.024 4	0.094 4	10.594 0
21	4.140 6	0.241 5	44.865 2	0.022 3	0.092 3	10.835 5
22	4.430 4	0.225 7	49.005 7	0.020 4	0.090 4	11.061 2
23	4.740 5	0.210 9	53.436 1	0.018 7	0.088 7	11.272 2
24	5.072 4	0.197 1	58.176 7	0.017 2	0.087 2	11.469 3
25	5.427 4	0.184 2	63.249 0	0.015 8	0.085 8	11.653 6
26	5.807 4	0.172 2	68.676 5	0.014 6	0.084 6	11.825 8
27	6.213 9	0.160 9	74.483 8	0.013 4	0.083 4	11.986 7
28	6.648 8	0.150 4	80.697 7	0.012 4	0.082 4	12.137 1
29	7.114 3	0.140 6	87.346 5	0.011 4	0.081 4	12.277 7
30	7.612 3	0.131 4	94.460 8	0.010 6	0.080 6	12.409 0
31	8.145 1	0.122 8	102.073 0	0.009 8	0.079 8	12.531 8
32	8.715 3	0.114 7	110.218 2	0.009 1	0.079 1	12.646 6
33	9.325 3	0.107 2	118.933 4	0.008 4	0.078 4	12.753 8
34	9.978 1	0.100 2	128.258 8	0.007 8	0.077 8	12.854 0
35	10.676 6	0.093 7	138.236 9	0.007 2	0.077 2	12.947 7

续表

年份	$(F/P,i,n)$	$(P/F,i,n)$	$(F/A,i,n)$	$(A/F,i,n)$	$(A/P,i,n)$	$(P/A,i,n)$
36	11.423 9	0.087 5	148.913 5	0.006 7	0.076 7	13.035 2
37	12.223 6	0.081 8	160.337 4	0.006 2	0.076 2	13.117 0
38	13.079 3	0.076 5	172.561 0	0.005 8	0.075 8	13.193 5
39	13.994 8	0.071 5	185.640 3	0.005 4	0.075 4	13.264 9
40	14.974 5	0.066 8	199.635 1	0.005 0	0.075 0	13.331 7
41	16.022 7	0.062 4	214.609 6	0.004 7	0.074 7	13.394 1
42	17.144 3	0.058 3	230.632 2	0.004 3	0.074 3	13.452 4
43	18.344 4	0.054 5	247.776 5	0.004 0	0.074 0	13.507 0
44	19.628 5	0.050 9	266.120 9	0.003 8	0.073 8	13.557 9
45	21.002 5	0.047 6	285.749 3	0.003 5	0.073 5	13.605 5
46	22.472 6	0.044 5	306.751 8	0.003 3	0.073 3	13.650 0
47	24.045 7	0.041 6	329.224 4	0.003 0	0.073 0	13.691 6
48	25.728 9	0.038 9	353.270 1	0.002 8	0.072 8	13.730 5
49	27.529 9	0.036 3	378.999 0	0.002 6	0.072 6	13.766 8
50	29.457 0	0.033 9	406.528 9	0.002 5	0.072 5	13.800 7

附表8　复利因子($i=8\%$)

年份	$(F/P,i,n)$	$(P/F,i,n)$	$(F/A,i,n)$	$(A/F,i,n)$	$(A/P,i,n)$	$(P/A,i,n)$
1	1.080 0	0.925 9	1.000 0	1.000 0	1.080 0	0.925 9
2	1.166 4	0.857 3	2.080 0	0.480 8	0.560 8	1.783 3
3	1.259 7	0.793 8	3.246 4	0.308 0	0.388 0	2.577 1
4	1.360 5	0.735 0	4.506 1	0.221 9	0.301 9	3.312 1
5	1.469 3	0.680 6	5.866 6	0.170 5	0.250 5	3.992 7
6	1.586 9	0.630 2	7.335 9	0.136 3	0.216 3	4.622 9
7	1.713 8	0.583 5	8.922 8	0.112 1	0.192 1	5.206 4
8	1.850 9	0.540 3	10.636 6	0.094 0	0.174 0	5.746 6
9	1.999 0	0.500 2	12.487 6	0.080 1	0.160 1	6.246 9
10	2.158 9	0.463 2	14.486 6	0.069 0	0.149 0	6.710 1
11	2.331 6	0.428 9	16.645 5	0.060 1	0.140 1	7.139 0
12	2.518 2	0.397 1	18.977 1	0.052 7	0.132 7	7.536 1
13	2.719 6	0.367 7	21.495 3	0.046 5	0.126 5	7.903 8
14	2.937 2	0.340 5	24.214 9	0.041 3	0.121 3	8.244 2
15	3.172 2	0.315 2	27.152 1	0.036 8	0.116 8	8.559 5
16	3.425 9	0.291 9	30.324 3	0.033 0	0.113 0	8.851 4

续表

年份	(F/P,i,n)	(P/F,i,n)	(F/A,i,n)	(A/F,i,n)	(A/P,i,n)	(P/A,i,n)
17	3.700 0	0.270 3	33.750 2	0.029 6	0.109 6	9.121 6
18	3.996 0	0.250 2	37.450 2	0.026 7	0.106 7	9.371 9
19	4.315 7	0.231 7	41.446 3	0.024 1	0.104 1	9.603 6
20	4.661 0	0.214 5	45.762 0	0.021 9	0.101 9	9.818 1
21	5.033 8	0.198 7	50.422 9	0.019 8	0.099 8	10.016 8
22	5.436 5	0.183 9	55.456 8	0.018 0	0.098 0	10.200 7
23	5.871 5	0.170 3	60.893 3	0.016 4	0.096 4	10.371 1
24	6.341 2	0.157 7	66.764 8	0.015 0	0.095 0	10.528 8
25	6.848 5	0.146 0	73.105 9	0.013 7	0.093 7	10.674 8
26	7.396 4	0.135 2	79.954 4	0.012 5	0.092 5	10.810 0
27	7.988 1	0.125 2	87.350 8	0.011 4	0.091 4	10.935 2
28	8.627 1	0.115 9	95.338 8	0.010 5	0.090 5	11.051 1
29	9.317 3	0.107 3	103.965 9	0.009 6	0.089 6	11.158 4
30	10.062 7	0.099 4	113.283 2	0.008 8	0.088 8	11.257 8
31	10.867 7	0.092 0	123.345 9	0.008 1	0.088 1	11.349 8
32	11.737 1	0.085 2	134.213 5	0.007 5	0.087 5	11.435 0
33	12.676 0	0.078 9	145.950 6	0.006 9	0.086 9	11.513 9
34	13.690 1	0.073 0	158.626 7	0.006 3	0.086 3	11.586 9
35	14.785 3	0.067 6	172.316 8	0.005 8	0.085 8	11.654 6
36	15.968 2	0.062 6	187.102 1	0.005 3	0.085 3	11.717 2
37	17.245 6	0.058 0	203.070 3	0.004 9	0.084 9	11.775 2
38	18.625 3	0.053 7	220.315 9	0.004 5	0.084 5	11.828 9
39	20.115 3	0.049 7	238.941 2	0.004 2	0.084 2	11.878 6
40	21.724 5	0.046 0	259.056 5	0.003 9	0.083 9	11.924 6
41	23.462 5	0.042 6	280.781 0	0.003 6	0.083 6	11.967 2
42	25.339 5	0.039 5	304.243 5	0.003 3	0.083 3	12.006 7
43	27.366 6	0.036 5	329.583 0	0.003 0	0.083 0	12.043 2
44	29.556 0	0.033 8	356.949 6	0.002 8	0.082 8	12.077 1
45	31.920 4	0.031 3	386.505 6	0.002 6	0.082 6	12.108 4
46	34.474 1	0.029 0	418.426 1	0.002 4	0.082 4	12.137 4
47	37.232 0	0.026 9	452.900 2	0.002 2	0.082 2	12.164 3
48	40.210 6	0.024 9	490.132 2	0.002 0	0.082 0	12.189 1
49	43.427 4	0.023 0	530.342 7	0.001 9	0.081 9	12.212 2
50	46.901 6	0.021 3	573.770 2	0.001 7	0.081 7	12.233 5

附表 9 复利因子(i=9%)

年份	$(F/P,i,n)$	$(P/F,i,n)$	$(F/A,i,n)$	$(A/F,i,n)$	$(A/P,i,n)$	$(P/A,i,n)$
1	1.090 0	0.917 4	1.000 0	1.000 0	1.090 0	0.917 4
2	1.188 1	0.841 7	2.090 0	0.478 5	0.568 5	1.759 1
3	1.295 0	0.772 2	3.278 1	0.305 1	0.395 1	2.531 3
4	1.411 6	0.708 4	4.573 1	0.218 7	0.308 7	3.239 7
5	1.538 6	0.649 9	5.984 7	0.167 1	0.257 1	3.889 7
6	1.677 1	0.596 3	7.523 3	0.132 9	0.222 9	4.485 9
7	1.828 0	0.547 0	9.200 4	0.108 7	0.198 7	5.033 0
8	1.992 6	0.501 9	11.028 5	0.090 7	0.180 7	5.534 8
9	2.171 9	0.460 4	13.021 0	0.076 8	0.166 8	5.995 2
10	2.367 4	0.422 4	15.192 9	0.065 8	0.155 8	6.417 7
11	2.580 4	0.387 5	17.560 3	0.056 9	0.146 9	6.805 2
12	2.812 7	0.355 5	20.140 7	0.049 7	0.139 7	7.160 7
13	3.065 8	0.326 2	22.953 4	0.043 6	0.133 6	7.486 9
14	3.341 7	0.299 2	26.019 2	0.038 4	0.128 4	7.786 2
15	3.642 5	0.274 5	29.360 9	0.034 1	0.124 1	8.060 7
16	3.970 3	0.251 9	33.003 4	0.030 3	0.120 3	8.312 6
17	4.327 6	0.231 1	36.973 7	0.027 0	0.117 0	8.543 6
18	4.717 1	0.212 0	41.301 3	0.024 2	0.114 2	8.755 6
19	5.141 7	0.194 5	46.018 5	0.021 7	0.111 7	8.950 1
20	5.604 4	0.178 4	51.160 1	0.019 5	0.109 5	9.128 5
21	6.108 8	0.163 7	56.764 5	0.017 6	0.107 6	9.292 2
22	6.658 6	0.150 2	62.873 3	0.015 9	0.105 9	9.442 4
23	7.257 9	0.137 8	69.531 9	0.014 4	0.104 4	9.580 2
24	7.911 1	0.126 4	76.789 8	0.013 0	0.103 0	9.706 6
25	8.623 1	0.116 0	84.700 9	0.011 8	0.101 8	9.822 6
26	9.399 2	0.106 4	93.324 0	0.010 7	0.100 7	9.929 0
27	10.245 1	0.097 6	102.723 1	0.009 7	0.099 7	10.026 6
28	11.167 1	0.089 5	112.968 2	0.008 9	0.098 9	10.116 1
29	12.172 2	0.082 2	124.135 4	0.008 1	0.098 1	10.198 3
30	13.267 7	0.075 4	136.307 5	0.007 3	0.097 3	10.273 7
31	14.461 8	0.069 1	149.575 2	0.006 7	0.096 7	10.342 8
32	15.763 3	0.063 4	164.037 0	0.006 1	0.096 1	10.406 2
33	17.182 0	0.058 2	179.800 3	0.005 6	0.095 6	10.464 4
34	18.728 4	0.053 4	196.982 3	0.005 1	0.095 1	10.517 8

续表

年份	$(F/P,i,n)$	$(P/F,i,n)$	$(F/A,i,n)$	$(A/F,i,n)$	$(A/P,i,n)$	$(P/A,i,n)$
35	20.414 0	0.049 0	215.710 8	0.004 6	0.094 6	10.566 8
36	22.251 2	0.044 9	236.124 7	0.004 2	0.094 2	10.611 8
37	24.253 8	0.041 2	258.375 9	0.003 9	0.093 9	10.653 0
38	26.436 7	0.037 8	282.629 8	0.003 5	0.093 5	10.690 8
39	28.816 0	0.034 7	309.066 5	0.003 2	0.093 2	10.725 5
40	31.409 4	0.031 8	337.882 4	0.003 0	0.093 0	10.757 4
41	34.236 3	0.029 2	369.291 9	0.002 7	0.092 7	10.786 6
42	37.317 5	0.026 8	403.528 1	0.002 5	0.092 5	10.813 4
43	40.676 1	0.024 6	440.845 7	0.002 3	0.092 3	10.838 0
44	44.337 0	0.022 6	481.521 8	0.002 1	0.092 1	10.860 5
45	48.327 3	0.020 7	525.858 7	0.001 9	0.091 9	10.881 2
46	52.676 7	0.019 0	574.186 0	0.001 7	0.091 7	10.900 2
47	57.417 6	0.017 4	626.862 8	0.001 6	0.091 6	10.917 6
48	62.585 2	0.016 0	684.280 4	0.001 5	0.091 5	10.933 6
49	68.217 9	0.014 7	746.865 6	0.001 3	0.091 3	10.948 2
50	74.357 5	0.013 4	815.083 6	0.001 2	0.091 2	10.961 7

附表 10 复利因子($i=10\%$)

年份	$(F/P,i,n)$	$(P/F,i,n)$	$(F/A,i,n)$	$(A/F,i,n)$	$(A/P,i,n)$	$(P/A,i,n)$
1	1.100 0	0.909 1	1.000 0	1.000 0	1.100 0	0.909 1
2	1.210 0	0.826 4	2.100 0	0.476 2	0.576 2	1.735 5
3	1.331 0	0.751 3	3.310 0	0.302 1	0.402 1	2.486 9
4	1.464 1	0.683 0	4.641 0	0.215 5	0.315 5	3.169 9
5	1.610 5	0.620 9	6.105 1	0.163 8	0.263 8	3.790 8
6	1.771 6	0.564 5	7.715 6	0.129 6	0.229 6	4.355 3
7	1.948 7	0.513 2	9.487 2	0.105 4	0.205 4	4.868 4
8	2.143 6	0.466 5	11.435 9	0.087 4	0.187 4	5.334 9
9	2.357 9	0.424 1	13.579 5	0.073 6	0.173 6	5.759 0
10	2.593 7	0.385 5	15.937 4	0.062 7	0.162 7	6.144 6
11	2.853 1	0.350 5	18.531 2	0.054 0	0.154 0	6.495 1
12	3.138 4	0.318 6	21.384 3	0.046 8	0.146 8	6.813 7
13	3.452 3	0.289 7	24.522 7	0.040 8	0.140 8	7.103 4
14	3.797 5	0.263 3	27.975 0	0.035 7	0.135 7	7.366 7
15	4.177 2	0.239 4	31.772 5	0.031 5	0.131 5	7.606 1

续表

年份	$(F/P,i,n)$	$(P/F,i,n)$	$(F/A,i,n)$	$(A/F,i,n)$	$(A/P,i,n)$	$(P/A,i,n)$
16	4.595 0	0.217 6	35.949 7	0.027 8	0.127 8	7.823 7
17	5.054 5	0.197 8	40.544 7	0.024 7	0.124 7	8.021 6
18	5.559 9	0.179 9	45.599 2	0.021 9	0.121 9	8.201 4
19	6.115 9	0.163 5	51.159 1	0.019 5	0.119 5	8.364 9
20	6.727 5	0.148 6	57.275 0	0.017 5	0.117 5	8.513 6
21	7.400 2	0.135 1	64.002 5	0.015 6	0.115 6	8.648 7
22	8.140 3	0.122 8	71.402 7	0.014 0	0.114 0	8.771 5
23	8.954 3	0.111 7	79.543 0	0.012 6	0.112 6	8.883 2
24	9.849 7	0.101 5	88.497 3	0.011 3	0.111 3	8.984 7
25	10.834 7	0.092 3	98.347 1	0.010 2	0.110 2	9.077 0
26	11.918 2	0.083 9	109.181 8	0.009 2	0.109 2	9.160 9
27	13.110 0	0.076 3	121.099 9	0.008 3	0.108 3	9.237 2
28	14.421 0	0.069 3	134.209 9	0.007 5	0.107 5	9.306 6
29	15.863 1	0.063 0	148.630 9	0.006 7	0.106 7	9.369 6
30	17.449 4	0.057 3	164.494 0	0.006 1	0.106 1	9.426 9
31	19.194 3	0.052 1	181.943 4	0.005 5	0.105 5	9.479 0
32	21.113 8	0.047 4	201.137 8	0.005 0	0.105 0	9.526 4
33	23.225 2	0.043 1	222.251 5	0.004 5	0.104 5	9.569 4
34	25.547 7	0.039 1	245.476 7	0.004 1	0.104 1	9.608 6
35	28.102 4	0.035 6	271.024 4	0.003 7	0.103 7	9.644 2
36	30.912 7	0.032 3	299.126 8	0.003 3	0.103 3	9.676 5
37	34.003 9	0.029 4	330.039 5	0.003 0	0.103 0	9.705 9
38	37.404 3	0.026 7	364.043 4	0.002 7	0.102 7	9.732 7
39	41.144 8	0.024 3	401.447 8	0.002 5	0.102 5	9.757 0
40	45.259 3	0.022 1	442.592 6	0.002 3	0.102 3	9.779 1
41	49.785 2	0.020 1	487.851 8	0.002 0	0.102 0	9.799 1
42	54.763 7	0.018 3	537.637 0	0.001 9	0.101 9	9.817 4
43	60.240 1	0.016 6	592.400 7	0.001 7	0.101 7	9.834 0
44	66.264 1	0.015 1	652.640 8	0.001 5	0.101 5	9.849 1
45	72.890 5	0.013 7	718.904 8	0.001 4	0.101 4	9.862 8
46	80.179 5	0.012 5	791.795 3	0.001 3	0.101 3	9.875 3
47	88.197 5	0.011 3	871.974 9	0.001 1	0.101 1	9.886 6
48	97.017 2	0.010 3	960.172 3	0.001 0	0.101 0	9.896 9
49	106.719 0	0.009 4	1 057.189 6	0.000 9	0.100 9	9.906 3
50	117.390 9	0.008 5	1 163.908 5	0.000 9	0.100 9	9.914 8

附表 11　复利因子($i=11\%$)

年份	$(F/P,i,n)$	$(P/F,i,n)$	$(F/A,i,n)$	$(A/F,i,n)$	$(A/P,i,n)$	$(P/A,i,n)$
1	1.110 0	0.900 9	1.000 0	1.000 0	1.110 0	0.900 9
2	1.232 1	0.811 6	2.110 0	0.473 9	0.583 9	1.712 5
3	1.367 6	0.731 2	3.342 1	0.299 2	0.409 2	2.443 7
4	1.518 1	0.658 7	4.709 7	0.212 3	0.322 3	3.102 4
5	1.685 1	0.593 5	6.227 8	0.160 6	0.270 6	3.695 9
6	1.870 4	0.534 6	7.912 9	0.126 4	0.236 4	4.230 5
7	2.076 2	0.481 7	9.783 3	0.102 2	0.212 2	4.712 2
8	2.304 5	0.433 9	11.859 4	0.084 3	0.194 3	5.146 1
9	2.558 0	0.390 9	14.164 0	0.070 6	0.180 6	5.537 0
10	2.839 4	0.352 2	16.722 0	0.059 8	0.169 8	5.889 2
11	3.151 8	0.317 3	19.561 4	0.051 1	0.161 1	6.206 5
12	3.498 5	0.285 8	22.713 2	0.044 0	0.154 0	6.492 4
13	3.883 3	0.257 5	26.211 6	0.038 2	0.148 2	6.749 9
14	4.310 4	0.232 0	30.094 9	0.033 2	0.143 2	6.981 9
15	4.784 6	0.209 0	34.405 4	0.029 1	0.139 1	7.190 9
16	5.310 9	0.188 3	39.189 9	0.025 5	0.135 5	7.379 2
17	5.895 1	0.169 6	44.500 8	0.022 5	0.132 5	7.548 8
18	6.543 6	0.152 8	50.395 9	0.019 8	0.129 8	7.701 6
19	7.263 3	0.137 7	56.939 5	0.017 6	0.127 6	7.839 3
20	8.062 3	0.124 0	64.202 8	0.015 6	0.125 6	7.963 3
21	8.949 2	0.111 7	72.265 1	0.013 8	0.123 8	8.075 1
22	9.933 6	0.100 7	81.214 3	0.012 3	0.122 3	8.175 7
23	11.026 3	0.090 7	91.147 9	0.011 0	0.121 0	8.266 4
24	12.239 2	0.081 7	102.174 2	0.009 8	0.119 8	8.348 1
25	13.585 5	0.073 6	114.413 3	0.008 7	0.118 7	8.421 7
26	15.079 9	0.066 3	127.998 8	0.007 8	0.117 8	8.488 1
27	16.738 6	0.059 7	143.078 6	0.007 0	0.117 0	8.547 8
28	18.579 9	0.053 8	159.817 3	0.006 3	0.116 3	8.601 6
29	20.623 7	0.048 5	178.397 2	0.005 6	0.115 6	8.650 1
30	22.892 3	0.043 7	199.020 9	0.005 0	0.115 0	8.693 8
31	25.410 4	0.039 4	221.913 2	0.004 5	0.114 5	8.733 1
32	28.205 6	0.035 5	247.323 6	0.004 0	0.114 0	8.768 6
33	31.308 2	0.031 9	275.529 2	0.003 6	0.113 6	8.800 5
34	34.752 1	0.028 8	306.837 4	0.003 3	0.113 3	8.829 3
35	38.574 9	0.025 9	341.589 6	0.002 9	0.112 9	8.855 2

续表

年份	$(F/P,i,n)$	$(P/F,i,n)$	$(F/A,i,n)$	$(A/F,i,n)$	$(A/P,i,n)$	$(P/A,i,n)$
36	42.818 1	0.023 4	380.164 4	0.002 6	0.112 6	8.878 6
37	47.528 1	0.021 0	422.982 5	0.002 4	0.112 4	8.899 6
38	52.756 2	0.019 0	470.510 6	0.002 1	0.112 1	8.918 6
39	58.559 3	0.017 1	523.266 7	0.001 9	0.111 9	8.935 7
40	65.000 9	0.015 4	581.826 1	0.001 7	0.111 7	8.951 1
41	72.151 0	0.013 9	646.826 9	0.001 5	0.111 5	8.964 9
42	80.087 6	0.012 5	718.977 9	0.001 4	0.111 4	8.977 4
43	88.897 2	0.011 2	799.065 5	0.001 3	0.111 3	8.988 6
44	98.675 9	0.010 1	887.962 7	0.001 1	0.111 1	8.998 8
45	109.530 2	0.009 1	986.638 6	0.001 0	0.111 0	9.007 9
46	121.578 6	0.008 2	1 096.168 8	0.000 9	0.110 9	9.016 1
47	134.952 2	0.007 4	1 217.747 4	0.000 8	0.110 8	9.023 5
48	149.797 0	0.006 7	1 352.699 6	0.000 7	0.110 7	9.030 2
49	166.274 6	0.006 0	1 502.496 5	0.000 7	0.110 7	9.036 2
50	184.564 8	0.005 4	1 668.771 2	0.000 6	0.110 6	9.041 7

附表 12　复利因子(i=12%)

年份	$(F/P,i,n)$	$(P/F,i,n)$	$(F/A,i,n)$	$(A/F,i,n)$	$(A/P,i,n)$	$(P/A,i,n)$
1	1.120 0	0.892 9	1.000 0	1.000 0	1.120 0	0.892 9
2	1.254 4	0.797 2	2.120 0	0.471 7	0.591 7	1.690 1
3	1.404 9	0.711 8	3.374 4	0.296 3	0.416 3	2.401 8
4	1.573 5	0.635 5	4.779 3	0.209 2	0.329 2	3.037 3
5	1.762 3	0.567 4	6.352 8	0.157 4	0.277 4	3.604 8
6	1.973 8	0.506 6	8.115 2	0.123 2	0.243 2	4.111 4
7	2.210 7	0.452 3	10.089 0	0.099 1	0.219 1	4.563 8
8	2.476 0	0.403 9	12.299 7	0.081 3	0.201 3	4.967 6
9	2.773 1	0.360 6	14.775 7	0.067 7	0.187 7	5.328 2
10	3.105 8	0.322 0	17.548 7	0.057 0	0.177 0	5.650 2
11	3.478 5	0.287 5	20.654 6	0.048 4	0.168 4	5.937 7
12	3.896 0	0.256 7	24.133 1	0.041 4	0.161 4	6.194 4
13	4.363 5	0.229 2	28.029 1	0.035 7	0.155 7	6.423 5
14	4.887 1	0.204 6	32.392 6	0.030 9	0.150 9	6.628 2
15	5.473 6	0.182 7	37.279 7	0.026 8	0.146 8	6.810 9
16	6.130 4	0.163 1	42.753 3	0.023 4	0.143 4	6.974 0

续表

年份	$(F/P,i,n)$	$(P/F,i,n)$	$(F/A,i,n)$	$(A/F,i,n)$	$(A/P,i,n)$	$(P/A,i,n)$
17	6.866 0	0.145 6	48.883 7	0.020 5	0.140 5	7.119 6
18	7.690 0	0.130 0	55.749 7	0.017 9	0.137 9	7.249 7
19	8.612 8	0.116 1	63.439 7	0.015 8	0.135 8	7.365 8
20	9.646 3	0.103 7	72.052 4	0.013 9	0.133 9	7.469 4
21	10.803 8	0.092 6	81.698 7	0.012 2	0.132 2	7.562 0
22	12.100 3	0.082 6	92.502 6	0.010 8	0.130 8	7.644 6
23	13.552 3	0.073 8	104.602 9	0.009 6	0.129 6	7.718 4
24	15.178 6	0.065 9	118.155 2	0.008 5	0.128 5	7.784 3
25	17.000 1	0.058 8	133.333 9	0.007 5	0.127 5	7.843 1
26	19.040 1	0.052 5	150.333 9	0.006 7	0.126 7	7.895 7
27	21.324 9	0.046 9	169.374 0	0.005 9	0.125 9	7.942 6
28	23.883 9	0.041 9	190.698 9	0.005 2	0.125 2	7.984 4
29	26.749 9	0.037 4	214.582 8	0.004 7	0.124 7	8.021 8
30	29.959 9	0.033 4	241.332 7	0.004 1	0.124 1	8.055 2
31	33.555 1	0.029 8	271.292 6	0.003 7	0.123 7	8.085 0
32	37.581 7	0.026 6	304.847 7	0.003 3	0.123 3	8.111 6
33	42.091 5	0.023 8	342.429 4	0.002 9	0.122 9	8.135 4
34	47.142 5	0.021 2	384.521 0	0.002 6	0.122 6	8.156 6
35	52.799 6	0.018 9	431.663 5	0.002 3	0.122 3	8.175 5
36	59.135 6	0.016 9	484.463 1	0.002 1	0.122 1	8.192 4
37	66.231 8	0.015 1	543.598 7	0.001 8	0.121 8	8.207 5
38	74.179 7	0.013 5	609.830 5	0.001 6	0.121 6	8.221 0
39	83.081 2	0.012 0	684.010 2	0.001 5	0.121 5	8.233 0
40	93.051 0	0.010 7	767.091 4	0.001 3	0.121 3	8.243 8
41	104.217 1	0.009 6	860.142 4	0.001 2	0.121 2	8.253 4
42	116.723 1	0.008 6	964.359 5	0.001 0	0.121 0	8.261 9
43	130.729 9	0.007 6	1 081.082 6	0.000 9	0.120 9	8.269 6
44	146.417 5	0.006 8	1 211.812 5	0.000 8	0.120 8	8.276 4
45	163.987 6	0.006 1	1 358.230 0	0.000 7	0.120 7	8.282 5
46	183.666 1	0.005 4	1 522.217 6	0.000 7	0.120 7	8.288 0
47	205.706 1	0.004 9	1 705.883 8	0.000 6	0.120 6	8.292 8
48	230.390 8	0.004 3	1 911.589 8	0.000 5	0.120 5	8.297 2
49	258.037 7	0.003 9	2 141.980 6	0.000 5	0.120 5	8.301 0
50	289.002 2	0.003 5	2 400.018 2	0.000 4	0.120 4	8.304 5

附表 13　复利因子($i=13\%$)

年份	$(F/P,i,n)$	$(P/F,i,n)$	$(F/A,i,n)$	$(A/F,i,n)$	$(A/P,i,n)$	$(P/A,i,n)$
1	1.130 0	0.885 0	1.000 0	1.000 0	1.130 0	0.885 0
2	1.276 9	0.783 1	2.130 0	0.469 5	0.599 5	1.668 1
3	1.442 9	0.693 1	3.406 9	0.293 5	0.423 5	2.361 2
4	1.630 5	0.613 3	4.849 8	0.206 2	0.336 2	2.974 5
5	1.842 4	0.542 8	6.480 3	0.154 3	0.284 3	3.517 2
6	2.082 0	0.480 3	8.322 7	0.120 2	0.250 2	3.997 5
7	2.352 6	0.425 1	10.404 7	0.096 1	0.226 1	4.422 6
8	2.658 4	0.376 2	12.757 3	0.078 4	0.208 4	4.798 8
9	3.004 0	0.332 9	15.415 7	0.064 9	0.194 9	5.131 7
10	3.394 6	0.294 6	18.419 7	0.054 3	0.184 3	5.426 2
11	3.835 9	0.260 7	21.814 3	0.045 8	0.175 8	5.686 9
12	4.334 5	0.230 7	25.650 2	0.039 0	0.169 0	5.917 6
13	4.898 0	0.204 2	29.984 7	0.033 4	0.163 4	6.121 8
14	5.534 8	0.180 7	34.882 7	0.028 7	0.158 7	6.302 5
15	6.254 3	0.159 9	40.417 5	0.024 7	0.154 7	6.462 4
16	7.067 3	0.141 5	46.671 7	0.021 4	0.151 4	6.603 9
17	7.986 1	0.125 2	53.739 1	0.018 6	0.148 6	6.729 1
18	9.024 3	0.110 8	61.725 1	0.016 2	0.146 2	6.839 9
19	10.197 4	0.098 1	70.749 4	0.014 1	0.144 1	6.938 0
20	11.523 1	0.086 8	80.946 8	0.012 4	0.142 4	7.024 8
21	13.021 1	0.076 8	92.469 9	0.010 8	0.140 8	7.101 6
22	14.713 8	0.068 0	105.491 0	0.009 5	0.139 5	7.169 5
23	16.626 6	0.060 1	120.204 8	0.008 3	0.138 3	7.229 7
24	18.788 1	0.053 2	136.831 5	0.007 3	0.137 3	7.282 9
25	21.230 5	0.047 1	155.619 6	0.006 4	0.136 4	7.330 0
26	23.990 5	0.041 7	176.850 1	0.005 7	0.135 7	7.371 7
27	27.109 3	0.036 9	200.840 6	0.005 0	0.135 0	7.408 6
28	30.633 5	0.032 6	227.949 9	0.004 4	0.134 4	7.441 2
29	34.615 8	0.028 9	258.583 4	0.003 9	0.133 9	7.470 1
30	39.115 9	0.025 6	293.199 2	0.003 4	0.133 4	7.495 7
31	44.201 0	0.022 6	332.315 1	0.003 0	0.133 0	7.518 3
32	49.947 1	0.020 0	376.516 1	0.002 7	0.132 7	7.538 3
33	56.440 2	0.017 7	426.463 2	0.002 3	0.132 3	7.556 0
34	63.777 4	0.015 7	482.903 4	0.002 1	0.132 1	7.571 7

续表

年份	(F/P,i,n)	(P/F,i,n)	(F/A,i,n)	(A/F,i,n)	(A/P,i,n)	(P/A,i,n)
35	72.068 5	0.013 9	546.680 8	0.001 8	0.131 8	7.585 6
36	81.437 4	0.012 3	618.749 3	0.001 6	0.131 6	7.597 9
37	92.024 3	0.010 9	700.186 7	0.001 4	0.131 4	7.608 7
38	103.987 4	0.009 6	792.211 0	0.001 3	0.131 3	7.618 3
39	117.505 8	0.008 5	896.198 4	0.001 1	0.131 1	7.626 8
40	132.781 6	0.007 5	1 013.704 2	0.001 0	0.131 0	7.634 4
41	150.043 2	0.006 7	1 146.485 8	0.000 9	0.130 9	7.641 0
42	169.548 8	0.005 9	1 296.528 9	0.000 8	0.130 8	7.646 9
43	191.590 1	0.005 2	1 466.077 7	0.000 7	0.130 7	7.652 2
44	216.496 8	0.004 6	1 657.667 8	0.000 6	0.130 6	7.656 8
45	244.641 4	0.004 1	1 874.164 6	0.000 5	0.130 5	7.660 9
46	276.444 8	0.003 6	2 118.806 0	0.000 5	0.130 5	7.664 5
47	312.382 6	0.003 2	2 395.250 8	0.000 4	0.130 4	7.667 7
48	352.992 3	0.002 8	2 707.633 4	0.000 4	0.130 4	7.670 5
49	398.881 3	0.002 5	3 060.625 8	0.000 3	0.130 3	7.673 0
50	450.735 9	0.002 2	3 459.507 1	0.000 3	0.130 3	7.675 2

附表 14　复利因子($i=14\%$)

年份	(F/P,i,n)	(P/F,i,n)	(F/A,i,n)	(A/F,i,n)	(A/P,i,n)	(P/A,i,n)
1	1.140 0	0.877 2	1.000 0	1.000 0	1.140 0	0.877 2
2	1.299 6	0.769 5	2.140 0	0.467 3	0.607 3	1.646 7
3	1.481 5	0.675 0	3.439 6	0.290 7	0.430 7	2.321 6
4	1.689 0	0.592 1	4.921 1	0.203 2	0.343 2	2.913 7
5	1.925 4	0.519 4	6.610 1	0.151 3	0.291 3	3.433 1
6	2.195 0	0.455 6	8.535 5	0.117 2	0.257 2	3.888 7
7	2.502 3	0.399 6	10.730 5	0.093 2	0.233 2	4.288 3
8	2.852 6	0.350 6	13.232 8	0.075 6	0.215 6	4.638 9
9	3.251 9	0.307 5	16.085 3	0.062 2	0.202 2	4.946 4
10	3.707 2	0.269 7	19.337 3	0.051 7	0.191 7	5.216 1
11	4.226 2	0.236 6	23.044 5	0.043 4	0.183 4	5.452 7
12	4.817 9	0.207 6	27.270 7	0.036 7	0.176 7	5.660 3
13	5.492 4	0.182 1	32.088 7	0.031 2	0.171 2	5.842 4
14	6.261 3	0.159 7	37.581 1	0.026 6	0.166 6	6.002 1
15	7.137 9	0.140 1	43.842 4	0.022 8	0.162 8	6.142 2

续表

年份	$(F/P,i,n)$	$(P/F,i,n)$	$(F/A,i,n)$	$(A/F,i,n)$	$(A/P,i,n)$	$(P/A,i,n)$
16	8.137 2	0.122 9	50.980 4	0.019 6	0.159 6	6.265 1
17	9.276 5	0.107 8	59.117 6	0.016 9	0.156 9	6.372 9
18	10.575 2	0.094 6	68.394 1	0.014 6	0.154 6	6.467 4
19	12.055 7	0.082 9	78.969 2	0.012 7	0.152 7	6.550 4
20	13.743 5	0.072 8	91.024 9	0.011 0	0.151 0	6.623 1
21	15.667 6	0.063 8	104.768 4	0.009 5	0.149 5	6.687 0
22	17.861 0	0.056 0	120.436 0	0.008 3	0.148 3	6.742 9
23	20.361 6	0.049 1	138.297 0	0.007 2	0.147 2	6.792 1
24	23.212 2	0.043 1	158.658 6	0.006 3	0.146 3	6.835 1
25	26.461 9	0.037 8	181.870 8	0.005 5	0.145 5	6.872 9
26	30.166 6	0.033 1	208.332 7	0.004 8	0.144 8	6.906 1
27	34.389 9	0.029 1	238.499 3	0.004 2	0.144 2	6.935 2
28	39.204 5	0.025 5	272.889 2	0.003 7	0.143 7	6.960 7
29	44.693 1	0.022 4	312.093 7	0.003 2	0.143 2	6.983 0
30	50.950 2	0.019 6	356.786 8	0.002 8	0.142 8	7.002 7
31	58.083 2	0.017 2	407.737 0	0.002 5	0.142 5	7.019 9
32	66.214 8	0.015 1	465.820 2	0.002 1	0.142 1	7.035 0
33	75.484 9	0.013 2	532.035 0	0.001 9	0.141 9	7.048 2
34	86.052 8	0.011 6	607.519 9	0.001 6	0.141 6	7.059 9
35	98.100 2	0.010 2	693.572 7	0.001 4	0.141 4	7.070 0
36	111.834 2	0.008 9	791.672 9	0.001 3	0.141 3	7.079 0
37	127.491 0	0.007 8	903.507 1	0.001 1	0.141 1	7.086 8
38	145.339 7	0.006 9	1 030.998 1	0.001 0	0.141 0	7.093 7
39	165.687 3	0.006 0	1 176.337 8	0.000 9	0.140 9	7.099 7
40	188.883 5	0.005 3	1 342.025 1	0.000 7	0.140 7	7.105 0
41	215.327 2	0.004 6	1 530.908 6	0.000 7	0.140 7	7.109 7
42	245.473 0	0.004 1	1 746.235 8	0.000 6	0.140 6	7.113 8
43	279.839 2	0.003 6	1 991.708 8	0.000 5	0.140 5	7.117 3
44	319.016 7	0.003 1	2 271.548 1	0.000 4	0.140 4	7.120 5
45	363.679 1	0.002 7	2 590.564 8	0.000 4	0.140 4	7.123 2
46	414.594 1	0.002 4	2 954.243 9	0.000 3	0.140 3	7.125 6
47	472.637 3	0.002 1	3 368.838 0	0.000 3	0.140 3	7.127 7
48	538.806 5	0.001 9	3 841.475 3	0.000 3	0.140 3	7.129 6
49	614.239 5	0.001 6	4 380.281 9	0.000 2	0.140 2	7.131 2
50	700.233 0	0.001 4	4 994.521 3	0.000 2	0.140 2	7.132 7

附表 15 复利因子（i=15%）

年份	$(F/P,i,n)$	$(P/F,i,n)$	$(F/A,i,n)$	$(A/F,i,n)$	$(A/P,i,n)$	$(P/A,i,n)$
1	1.150 0	0.869 6	1.000 0	1.000 0	1.150 0	0.869 6
2	1.322 5	0.756 1	2.150 0	0.465 1	0.615 1	1.625 7
3	1.520 9	0.657 5	3.472 5	0.288 0	0.438 0	2.283 2
4	1.749 0	0.571 8	4.993 4	0.200 3	0.350 3	2.855 0
5	2.011 4	0.497 2	6.742 4	0.148 3	0.298 3	3.352 2
6	2.313 1	0.432 3	8.753 7	0.114 2	0.264 2	3.784 5
7	2.660 0	0.375 9	11.066 8	0.090 4	0.240 4	4.160 4
8	3.059 0	0.326 9	13.726 8	0.072 9	0.222 9	4.487 3
9	3.517 9	0.284 3	16.785 8	0.059 6	0.209 6	4.771 6
10	4.045 6	0.247 2	20.303 7	0.049 3	0.199 3	5.018 8
11	4.652 4	0.214 9	24.349 3	0.041 1	0.191 1	5.233 7
12	5.350 3	0.186 9	29.001 7	0.034 5	0.184 5	5.420 6
13	6.152 8	0.162 5	34.351 9	0.029 1	0.179 1	5.583 1
14	7.075 7	0.141 3	40.504 7	0.024 7	0.174 7	5.724 5
15	8.137 1	0.122 9	47.580 4	0.021 0	0.171 0	5.847 4
16	9.357 6	0.106 9	55.717 5	0.017 9	0.167 9	5.954 2
17	10.761 3	0.092 9	65.075 1	0.015 4	0.165 4	6.047 2
18	12.375 5	0.080 8	75.836 4	0.013 2	0.163 2	6.128 0
19	14.231 8	0.070 3	88.211 8	0.011 3	0.161 3	6.198 2
20	16.366 5	0.061 1	102.443 6	0.009 8	0.159 8	6.259 3
21	18.821 5	0.053 1	118.810 1	0.008 4	0.158 4	6.312 5
22	21.644 7	0.046 2	137.631 6	0.007 3	0.157 3	6.358 7
23	24.891 5	0.040 2	159.276 4	0.006 3	0.156 3	6.398 8
24	28.625 2	0.034 9	184.167 8	0.005 4	0.155 4	6.433 8
25	32.919 0	0.030 4	212.793 0	0.004 7	0.154 7	6.464 1
26	37.856 8	0.026 4	245.712 0	0.004 1	0.154 1	6.490 6
27	43.535 3	0.023 0	283.568 8	0.003 5	0.153 5	6.513 5
28	50.065 6	0.020 0	327.104 1	0.003 1	0.153 1	6.533 5
29	57.575 5	0.017 4	377.169 7	0.002 7	0.152 7	6.550 9
30	66.211 8	0.015 1	434.745 1	0.002 3	0.152 3	6.566 0
31	76.143 5	0.013 1	500.956 9	0.002 0	0.152 0	6.579 1
32	87.565 1	0.011 4	577.100 5	0.001 7	0.151 7	6.590 5
33	100.699 8	0.009 9	664.665 5	0.001 5	0.151 5	6.600 5
34	115.804 8	0.008 6	765.365 4	0.001 3	0.151 3	6.609 1

续表

年份	(F/P,i,n)	(P/F,i,n)	(F/A,i,n)	(A/F,i,n)	(A/P,i,n)	(P/A,i,n)
35	133.175 5	0.007 5	881.170 2	0.001 1	0.151 1	6.616 6
36	153.151 9	0.006 5	1 014.345 7	0.001 0	0.151 0	6.623 1
37	176.124 6	0.005 7	1 167.497 5	0.000 9	0.150 9	6.628 8
38	202.543 3	0.004 9	1 343.622 2	0.000 7	0.150 7	6.633 8
39	232.924 8	0.004 3	1 546.165 5	0.000 6	0.150 6	6.638 0
40	267.863 5	0.003 7	1 779.090 3	0.000 6	0.150 6	6.641 8
41	308.043 1	0.003 2	2 046.953 9	0.000 5	0.150 5	6.645 0
42	354.249 5	0.002 8	2 354.996 9	0.000 4	0.150 4	6.647 8
43	407.387 0	0.002 5	2 709.246 5	0.000 4	0.150 4	6.650 3
44	468.495 0	0.002 1	3 116.633 4	0.000 3	0.150 3	6.652 4
45	538.769 3	0.001 9	3 585.128 5	0.000 3	0.150 3	6.654 3
46	619.584 7	0.001 6	4 123.897 7	0.000 2	0.150 2	6.655 9
47	712.522 4	0.001 4	4 743.482 4	0.000 2	0.150 2	6.657 3
48	819.400 7	0.001 2	5 456.004 7	0.000 2	0.150 2	6.658 5
49	942.310 8	0.001 1	6 275.405 5	0.000 2	0.150 2	6.659 6
50	1 083.657 4	0.000 9	7 217.716 3	0.000 1	0.150 1	6.660 5

附表 16 复利因子(i=16%)

年份	(F/P,i,n)	(P/F,i,n)	(F/A,i,n)	(A/F,i,n)	(A/P,i,n)	(P/A,i,n)
1	1.160 0	0.862 1	1.000 0	1.000 0	1.160 0	0.862 1
2	1.345 6	0.743 2	2.160 0	0.463 0	0.623 0	1.605 2
3	1.560 9	0.640 7	3.505 6	0.285 3	0.445 3	2.245 9
4	1.810 6	0.552 3	5.066 5	0.197 4	0.357 4	2.798 2
5	2.100 3	0.476 1	6.877 1	0.145 4	0.305 4	3.274 3
6	2.436 4	0.410 4	8.977 5	0.111 4	0.271 4	3.684 7
7	2.826 2	0.353 8	11.413 9	0.087 6	0.247 6	4.038 6
8	3.278 4	0.305 0	14.240 1	0.070 2	0.230 2	4.343 6
9	3.803 0	0.263 0	17.518 5	0.057 1	0.217 1	4.606 5
10	4.411 4	0.226 7	21.321 5	0.046 9	0.206 9	4.833 2
11	5.117 3	0.195 4	25.732 9	0.038 9	0.198 9	5.028 6
12	5.936 0	0.168 5	30.850 2	0.032 4	0.192 4	5.197 1
13	6.885 8	0.145 2	36.786 2	0.027 2	0.187 2	5.342 3
14	7.987 5	0.125 2	43.672 0	0.022 9	0.182 9	5.467 5
15	9.265 5	0.107 9	51.659 5	0.019 4	0.179 4	5.575 5

续表

年份	$(F/P,i,n)$	$(P/F,i,n)$	$(F/A,i,n)$	$(A/F,i,n)$	$(A/P,i,n)$	$(P/A,i,n)$
16	10.748 0	0.093 0	60.925 0	0.016 4	0.176 4	5.668 5
17	12.467 7	0.080 2	71.673 0	0.014 0	0.174 0	5.748 7
18	14.462 5	0.069 1	84.140 7	0.011 9	0.171 9	5.817 8
19	16.776 5	0.059 6	98.603 2	0.010 1	0.170 1	5.877 5
20	19.460 8	0.051 4	115.379 7	0.008 7	0.168 7	5.928 8
21	22.574 5	0.044 3	134.840 5	0.007 4	0.167 4	5.973 1
22	26.186 4	0.038 2	157.415 0	0.006 4	0.166 4	6.011 3
23	30.376 2	0.032 9	183.601 4	0.005 4	0.165 4	6.044 2
24	35.236 4	0.028 4	213.977 6	0.004 7	0.164 7	6.072 6
25	40.874 2	0.024 5	249.214 0	0.004 0	0.164 0	6.097 1
26	47.414 1	0.021 1	290.088 3	0.003 4	0.163 4	6.118 2
27	55.000 4	0.018 2	337.502 4	0.003 0	0.163 0	6.136 4
28	63.800 4	0.015 7	392.502 8	0.002 5	0.162 5	6.152 0
29	74.008 5	0.013 5	456.303 2	0.002 2	0.162 2	6.165 6
30	85.849 9	0.011 6	530.311 7	0.001 9	0.161 9	6.177 2
31	99.585 9	0.010 0	616.161 6	0.001 6	0.161 6	6.187 2
32	115.519 6	0.008 7	715.747 5	0.001 4	0.161 4	6.195 9
33	134.002 7	0.007 5	831.267 1	0.001 2	0.161 2	6.203 4
34	155.443 2	0.006 4	965.269 8	0.001 0	0.161 0	6.209 8
35	180.314 1	0.005 5	1 120.713 0	0.000 9	0.160 9	6.215 3
36	209.164 3	0.004 8	1 301.027 0	0.000 8	0.160 8	6.220 1
37	242.630 6	0.004 1	1 510.191 4	0.000 7	0.160 7	6.224 2
38	281.451 5	0.003 6	1 752.822 0	0.000 6	0.160 6	6.227 8
39	326.483 8	0.003 1	2 034.273 5	0.000 5	0.160 5	6.230 9
40	378.721 2	0.002 6	2 360.757 2	0.000 4	0.160 4	6.233 5
41	439.316 5	0.002 3	2 739.478 4	0.000 4	0.160 4	6.235 8
42	509.607 2	0.002 0	3 178.794 9	0.000 3	0.160 3	6.237 7
43	591.144 3	0.001 7	3 688.402 1	0.000 3	0.160 3	6.239 4
44	685.727 4	0.001 5	4 279.546 5	0.000 2	0.160 2	6.240 9
45	795.443 8	0.001 3	4 965.273 9	0.000 2	0.160 2	6.242 1
46	922.714 8	0.001 1	5 760.717 7	0.000 2	0.160 2	6.243 2
47	1 070.349 2	0.000 9	6 683.432 6	0.000 1	0.160 1	6.244 2
48	1 241.605 1	0.000 8	7 753.781 8	0.000 1	0.160 1	6.245 0
49	1 440.261 9	0.000 7	8 995.386 9	0.000 1	0.160 1	6.245 7
50	1 670.703 8	0.000 6	10 435.648 8	0.000 1	0.160 1	6.246 3

附表 17　复利因子(i=18%)

年份	$(F/P,i,n)$	$(P/F,i,n)$	$(F/A,i,n)$	$(A/F,i,n)$	$(A/P,i,n)$	$(P/A,i,n)$
1	1.180 0	0.847 5	1.000 0	1.000 0	1.180 0	0.847 5
2	1.392 4	0.718 2	2.180 0	0.458 7	0.638 7	1.565 6
3	1.643 0	0.608 6	3.572 4	0.279 9	0.459 9	2.174 3
4	1.938 8	0.515 8	5.215 4	0.191 7	0.371 7	2.690 1
5	2.287 8	0.437 1	7.154 2	0.139 8	0.319 8	3.127 2
6	2.699 6	0.370 4	9.442 0	0.105 9	0.285 9	3.497 6
7	3.185 5	0.313 9	12.141 5	0.082 4	0.262 4	3.811 5
8	3.758 9	0.266 0	15.327 0	0.065 2	0.245 2	4.077 6
9	4.435 5	0.225 5	19.085 9	0.052 4	0.232 4	4.303 0
10	5.233 8	0.191 1	23.521 3	0.042 5	0.222 5	4.494 1
11	6.175 9	0.161 9	28.755 1	0.034 8	0.214 8	4.656 0
12	7.287 6	0.137 2	34.931 1	0.028 6	0.208 6	4.793 2
13	8.599 4	0.116 3	42.218 7	0.023 7	0.203 7	4.909 5
14	10.147 2	0.098 5	50.818 0	0.019 7	0.199 7	5.008 1
15	11.973 7	0.083 5	60.965 3	0.016 4	0.196 4	5.091 6
16	14.129 0	0.070 8	72.939 0	0.013 7	0.193 7	5.162 4
17	16.672 2	0.060 0	87.068 0	0.011 5	0.191 5	5.222 3
18	19.673 3	0.050 8	103.740 3	0.009 6	0.189 6	5.273 2
19	23.214 4	0.043 1	123.413 5	0.008 1	0.188 1	5.316 2
20	27.393 0	0.036 5	146.628 0	0.006 8	0.186 8	5.352 7
21	32.323 8	0.030 9	174.021 0	0.005 7	0.185 7	5.383 7
22	38.142 1	0.026 2	206.344 8	0.004 8	0.184 8	5.409 9
23	45.007 6	0.022 2	244.486 8	0.004 1	0.184 1	5.432 1
24	53.109 0	0.018 8	289.494 5	0.003 5	0.183 5	5.450 9
25	62.668 6	0.016 0	342.603 5	0.002 9	0.182 9	5.466 9
26	73.949 0	0.013 5	405.272 1	0.002 5	0.182 5	5.480 4
27	87.259 8	0.011 5	479.221 1	0.002 1	0.182 1	5.491 9
28	102.966 6	0.009 7	566.480 9	0.001 8	0.181 8	5.501 6
29	121.500 5	0.008 2	669.447 5	0.001 5	0.181 5	5.509 8
30	143.370 6	0.007 0	790.948 0	0.001 3	0.181 3	5.516 8
31	169.177 4	0.005 9	934.318 6	0.001 1	0.181 1	5.522 7
32	199.629 3	0.005 0	1 103.496 0	0.000 9	0.180 9	5.527 7
33	235.562 5	0.004 2	1 303.125 3	0.000 8	0.180 8	5.532 0
34	277.963 8	0.003 6	1 538.687 8	0.000 6	0.180 6	5.535 6

续表

年份	(F/P,i,n)	(P/F,i,n)	(F/A,i,n)	(A/F,i,n)	(A/P,i,n)	(P/A,i,n)
35	327.997 3	0.003 0	1 816.651 6	0.000 6	0.180 6	5.538 6
36	387.036 8	0.002 6	2 144.648 9	0.000 5	0.180 5	5.541 2
37	456.703 4	0.002 2	2 531.685 7	0.000 4	0.180 4	5.543 4
38	538.910 0	0.001 9	2 988.389 1	0.000 3	0.180 3	5.545 2
39	635.913 9	0.001 6	3 527.299 2	0.000 3	0.180 3	5.546 8
40	750.378 3	0.001 3	4 163.213 0	0.000 2	0.180 2	5.548 2
41	885.446 4	0.001 1	4 913.591 4	0.000 2	0.180 2	5.549 3
42	1 044.826 8	0.001 0	5 799.037 8	0.000 2	0.180 2	5.550 2
43	1 232.895 6	0.000 8	6 843.864 6	0.000 1	0.180 1	5.551 0
44	1 454.816 8	0.000 7	8 076.760 3	0.000 1	0.180 1	5.551 7
45	1 716.683 9	0.000 6	9 531.577 1	0.000 1	0.180 1	5.552 3
46	2 025.687 0	0.000 5	11 248.261 0	0.000 1	0.180 1	5.552 8
47	2 390.310 6	0.000 4	13 273.948 0	0.000 1	0.180 1	5.553 2
48	2 820.566 5	0.000 4	15 664.258 6	0.000 1	0.180 1	5.553 6
49	3 328.268 5	0.000 3	18 484.825 1	0.000 1	0.180 1	5.553 9
50	3 927.356 9	0.000 3	21 813.093 7	0.000 0	0.180 0	5.554 1

附表 18 复利因子($i=20\%$)

年份	(F/P,i,n)	(P/F,i,n)	(F/A,i,n)	(A/F,i,n)	(A/P,i,n)	(P/A,i,n)
1	1.200 0	0.833 3	1.000 0	1.000 0	1.200 0	0.833 3
2	1.440 0	0.694 4	2.200 0	0.454 5	0.654 5	1.527 8
3	1.728 0	0.578 7	3.640 0	0.274 7	0.474 7	2.106 5
4	2.073 6	0.482 3	5.368 0	0.186 3	0.386 3	2.588 7
5	2.488 3	0.401 9	7.441 6	0.134 4	0.334 4	2.990 6
6	2.986 0	0.334 9	9.929 9	0.100 7	0.300 7	3.325 5
7	3.583 2	0.279 1	12.915 9	0.077 4	0.277 4	3.604 6
8	4.299 8	0.232 6	16.499 1	0.060 6	0.260 6	3.837 2
9	5.159 8	0.193 8	20.798 9	0.048 1	0.248 1	4.031 0
10	6.191 7	0.161 5	25.958 7	0.038 5	0.238 5	4.192 5
11	7.430 1	0.134 6	32.150 4	0.031 1	0.231 1	4.327 1
12	8.916 1	0.112 2	39.580 5	0.025 3	0.225 3	4.439 2
13	10.699 3	0.093 5	48.496 6	0.020 6	0.220 6	4.532 7
14	12.839 2	0.077 9	59.195 9	0.016 9	0.216 9	4.610 6
15	15.407 0	0.064 9	72.035 1	0.013 9	0.213 9	4.675 5

续表

年份	(F/P,i,n)	(P/F,i,n)	(F/A,i,n)	(A/F,i,n)	(A/P,i,n)	(P/A,i,n)
16	18.488 4	0.054 1	87.442 1	0.011 4	0.211 4	4.729 6
17	22.186 1	0.045 1	105.930 6	0.009 4	0.209 4	4.774 6
18	26.623 3	0.037 6	128.116 7	0.007 8	0.207 8	4.812 2
19	31.948 0	0.031 3	154.740 0	0.006 5	0.206 5	4.843 5
20	38.337 6	0.026 1	186.688 0	0.005 4	0.205 4	4.869 6
21	46.005 1	0.021 7	225.025 6	0.004 4	0.204 4	4.891 3
22	55.206 1	0.018 1	271.030 7	0.003 7	0.203 7	4.909 4
23	66.247 4	0.015 1	326.236 9	0.003 1	0.203 1	4.924 5
24	79.496 8	0.012 6	392.484 2	0.002 5	0.202 5	4.937 1
25	95.396 2	0.010 5	471.981 1	0.002 1	0.202 1	4.947 6
26	114.475 5	0.008 7	567.377 3	0.001 8	0.201 8	4.956 3
27	137.370 6	0.007 3	681.852 8	0.001 5	0.201 5	4.963 6
28	164.844 7	0.006 1	819.223 3	0.001 2	0.201 2	4.969 7
29	197.813 6	0.005 1	984.068 0	0.001 0	0.201 0	4.974 7
30	237.376 3	0.004 2	1 181.881 6	0.000 8	0.200 8	4.978 9
31	284.851 6	0.003 5	1 419.257 9	0.000 7	0.200 7	4.982 4
32	341.821 9	0.002 9	1 704.109 5	0.000 6	0.200 6	4.985 4
33	410.186 3	0.002 4	2 045.931 4	0.000 5	0.200 5	4.987 8
34	492.223 5	0.002 0	2 456.117 6	0.000 4	0.200 4	4.989 8
35	590.668 2	0.001 7	2 948.341 1	0.000 3	0.200 3	4.991 5
36	708.801 9	0.001 4	3 539.009 4	0.000 3	0.200 3	4.992 9
37	850.562 2	0.001 2	4 247.811 2	0.000 2	0.200 2	4.994 1
38	1 020.674 7	0.001 0	5 098.373 5	0.000 2	0.200 2	4.995 1
39	1 224.809 6	0.000 8	6 119.048 2	0.000 2	0.200 2	4.995 9
40	1 469.771 6	0.000 7	7 343.857 8	0.000 1	0.200 1	4.996 6
41	1 763.725 9	0.000 6	8 813.629 4	0.000 1	0.200 1	4.997 2
42	2 116.471 1	0.000 5	10 577.355 3	0.000 1	0.200 1	4.997 6
43	2 539.765 3	0.000 4	12 693.826 3	0.000 1	0.200 1	4.998 0
44	3 047.718 3	0.000 3	15 233.591 6	0.000 1	0.200 1	4.998 4
45	3 657.262 0	0.000 3	18 281.309 9	0.000 1	0.200 1	4.998 6
46	4 388.714 4	0.000 2	21 938.571 9	0.000 0	0.200 0	4.998 9
47	5 266.457 3	0.000 2	26 327.286 3	0.000 0	0.200 0	4.999 1
48	6 319.748 7	0.000 2	31 593.743 6	0.000 0	0.200 0	4.999 2
49	7 583.698 5	0.000 1	37 913.492 3	0.000 0	0.200 0	4.999 3
50	9 100.438 2	0.000 1	45 497.190 8	0.000 0	0.200 0	4.999 5

附表 19　复利因子(i=22%)

年份	$(F/P,i,n)$	$(P/F,i,n)$	$(F/A,i,n)$	$(A/F,i,n)$	$(A/P,i,n)$	$(P/A,i,n)$
1	1.220 0	0.819 7	1.000 0	1.000 0	1.220 0	0.819 7
2	1.488 4	0.671 9	2.220 0	0.450 5	0.670 5	1.491 5
3	1.815 8	0.550 7	3.708 4	0.269 7	0.489 7	2.042 2
4	2.215 3	0.451 4	5.524 2	0.181 0	0.401 0	2.493 6
5	2.702 7	0.370 0	7.739 6	0.129 2	0.349 2	2.863 6
6	3.297 3	0.303 3	10.442 3	0.095 8	0.315 8	3.166 9
7	4.022 7	0.248 6	13.739 6	0.072 8	0.292 8	3.415 5
8	4.907 7	0.203 8	17.762 3	0.056 3	0.276 3	3.619 3
9	5.987 4	0.167 0	22.670 0	0.044 1	0.264 1	3.786 3
10	7.304 6	0.136 9	28.657 4	0.034 9	0.254 9	3.923 2
11	8.911 7	0.112 2	35.962 0	0.027 8	0.247 8	4.035 4
12	10.872 2	0.092 0	44.873 7	0.022 3	0.242 3	4.127 4
13	13.264 1	0.075 4	55.745 9	0.017 9	0.237 9	4.202 8
14	16.182 2	0.061 8	69.010 0	0.014 5	0.234 5	4.264 6
15	19.742 3	0.050 7	85.192 2	0.011 7	0.231 7	4.315 2
16	24.085 6	0.041 5	104.934 5	0.009 5	0.229 5	4.356 7
17	29.384 4	0.034 0	129.020 1	0.007 8	0.227 8	4.390 8
18	35.849 0	0.027 9	158.404 5	0.006 3	0.226 3	4.418 7
19	43.735 8	0.022 9	194.253 5	0.005 1	0.225 1	4.441 5
20	53.357 6	0.018 7	237.989 3	0.004 2	0.224 2	4.460 3
21	65.096 3	0.015 4	291.346 9	0.003 4	0.223 4	4.475 6
22	79.417 5	0.012 6	356.443 2	0.002 8	0.222 8	4.488 2
23	96.889 4	0.010 3	435.860 7	0.002 3	0.222 3	4.498 5
24	118.205 0	0.008 5	532.750 1	0.001 9	0.221 9	4.507 0
25	144.210 1	0.006 9	650.955 1	0.001 5	0.221 5	4.513 9
26	175.936 4	0.005 7	795.165 3	0.001 3	0.221 3	4.519 6
27	214.642 4	0.004 7	971.101 6	0.001 0	0.221 0	4.524 3
28	261.863 7	0.003 8	1 185.744 0	0.000 8	0.220 8	4.528 1
29	319.473 7	0.003 1	1 447.607 7	0.000 7	0.220 7	4.531 2
30	389.757 9	0.002 6	1 767.081 3	0.000 6	0.220 6	4.533 8
31	475.504 6	0.002 1	2 156.839 2	0.000 5	0.220 5	4.535 9
32	580.115 6	0.001 7	2 632.343 9	0.000 4	0.220 4	4.537 6
33	707.741 1	0.001 4	3 212.459 5	0.000 3	0.220 3	4.539 0
34	863.444 1	0.001 2	3 920.200 6	0.000 3	0.220 3	4.540 2

续表

年份	(*F*/*P*,*i*,*n*)	(*P*/*F*,*i*,*n*)	(*F*/*A*,*i*,*n*)	(*A*/*F*,*i*,*n*)	(*A*/*P*,*i*,*n*)	(*P*/*A*,*i*,*n*)
35	1 053.401 8	0.000 9	4 783.644 7	0.000 2	0.220 2	4.541 1
36	1 285.150 2	0.000 8	5 837.046 6	0.000 2	0.220 2	4.541 9
37	1 567.883 3	0.000 6	7 122.196 8	0.000 1	0.220 1	4.542 6
38	1 912.817 6	0.000 5	8 690.080 1	0.000 1	0.220 1	4.543 1
39	2 333.637 5	0.000 4	10 602.897 8	0.000 1	0.220 1	4.543 5
40	2 847.037 8	0.000 4	12 936.535 3	0.000 1	0.220 1	4.543 9
41	3 473.386 1	0.000 3	15 783.573 0	0.000 1	0.220 1	4.544 1
42	4 237.531 0	0.000 2	19 256.959 1	0.000 1	0.220 1	4.544 4
43	5 169.787 8	0.000 2	23 494.490 1	0.000 0	0.220 0	4.544 6
44	6 307.141 1	0.000 2	28 664.277 9	0.000 0	0.220 0	4.544 7
45	7 694.712 2	0.000 1	34 971.419 1	0.000 0	0.220 0	4.544 9
46	9 387.548 9	0.000 1	42 666.131 2	0.000 0	0.220 0	4.545 0
47	11 452.809 6	0.000 1	52 053.680 1	0.000 0	0.220 0	4.545 1
48	13 972.427 7	0.000 1	63 506.489 7	0.000 0	0.220 0	4.545 1
49	17 046.361 8	0.000 1	77 478.917 5	0.000 0	0.220 0	4.545 2
50	20 796.561 5	0.000 0	94 525.279 3	0.000 0	0.220 0	4.545 2

附表 20　复利因子(i=25%)

年份	(*F*/*P*,*i*,*n*)	(*P*/*F*,*i*,*n*)	(*F*/*A*,*i*,*n*)	(*A*/*F*,*i*,*n*)	(*A*/*P*,*i*,*n*)	(*P*/*A*,*i*,*n*)
1	1.250 0	0.800 0	1.000 0	1.000 0	1.250 0	0.800 0
2	1.562 5	0.640 0	2.250 0	0.444 4	0.694 4	1.440 0
3	1.953 1	0.512 0	3.812 5	0.262 3	0.512 3	1.952 0
4	2.441 4	0.409 6	5.765 6	0.173 4	0.423 4	2.361 6
5	3.051 8	0.327 7	8.207 0	0.121 8	0.371 8	2.689 3
6	3.814 7	0.262 1	11.258 8	0.088 8	0.338 8	2.951 4
7	4.768 4	0.209 7	15.073 5	0.066 3	0.316 3	3.161 1
8	5.960 5	0.167 8	19.841 9	0.050 4	0.300 4	3.328 9
9	7.450 6	0.134 2	25.802 3	0.038 8	0.288 8	3.463 1
10	9.313 2	0.107 4	33.252 9	0.030 1	0.280 1	3.570 5
11	11.641 5	0.085 9	42.566 1	0.023 5	0.273 5	3.656 4
12	14.551 9	0.068 7	54.207 7	0.018 4	0.268 4	3.725 1
13	18.189 9	0.055 0	68.759 6	0.014 5	0.264 5	3.780 1
14	22.737 4	0.044 0	86.949 5	0.011 5	0.261 5	3.824 1
15	28.421 7	0.035 2	109.686 8	0.009 1	0.259 1	3.859 3

续表

年份	$(F/P,i,n)$	$(P/F,i,n)$	$(F/A,i,n)$	$(A/F,i,n)$	$(A/P,i,n)$	$(P/A,i,n)$
16	35.527 1	0.028 1	138.108 5	0.007 2	0.257 2	3.887 4
17	44.408 9	0.022 5	173.635 7	0.005 8	0.255 8	3.909 9
18	55.511 2	0.018 0	218.044 6	0.004 6	0.254 6	3.927 9
19	69.388 9	0.014 4	273.555 8	0.003 7	0.253 7	3.942 4
20	86.736 2	0.011 5	342.944 7	0.002 9	0.252 9	3.953 9
21	108.420 2	0.009 2	429.680 9	0.002 3	0.252 3	3.963 1
22	135.525 3	0.007 4	538.101 1	0.001 9	0.251 9	3.970 5
23	169.406 6	0.005 9	673.626 4	0.001 5	0.251 5	3.976 4
24	211.758 2	0.004 7	843.032 9	0.001 2	0.251 2	3.981 1
25	264.697 8	0.003 8	1 054.791 2	0.000 9	0.250 9	3.984 9
26	330.872 2	0.003 0	1 319.489 0	0.000 8	0.250 8	3.987 9
27	413.590 3	0.002 4	1 650.361 2	0.000 6	0.250 6	3.990 3
28	516.987 9	0.001 9	2 063.951 5	0.000 5	0.250 5	3.992 3
29	646.234 9	0.001 5	2 580.939 4	0.000 4	0.250 4	3.993 8
30	807.793 6	0.001 2	3 227.174 3	0.000 3	0.250 3	3.995 0
31	1 009.742 0	0.001 0	4 034.967 8	0.000 2	0.250 2	3.996 0
32	1 262.177 4	0.000 8	5 044.709 8	0.000 2	0.250 2	3.996 8
33	1 577.721 8	0.000 6	6 306.887 2	0.000 2	0.250 2	3.997 5
34	1 972.152 3	0.000 5	7 884.609 1	0.000 1	0.250 1	3.998 0
35	2 465.190 3	0.000 4	9 856.761 3	0.000 1	0.250 1	3.998 4
36	3 081.487 9	0.000 3	12 321.951 6	0.000 1	0.250 1	3.998 7
37	3 851.859 9	0.000 3	15 403.439 6	0.000 1	0.250 1	3.999 0
38	4 814.824 9	0.000 2	19 255.299 4	0.000 1	0.250 1	3.999 2
39	6 018.531 1	0.000 2	24 070.124 3	0.000 0	0.250 0	3.999 3
40	7 523.163 8	0.000 1	30 088.655 4	0.000 0	0.250 0	3.999 5
41	9 403.954 8	0.000 1	37 611.819 2	0.000 0	0.250 0	3.999 6
42	11 754.943 5	0.000 1	47 015.774 0	0.000 0	0.250 0	3.999 7
43	14 693.679 4	0.000 1	58 770.717 5	0.000 0	0.250 0	3.999 7
44	18 367.099 2	0.000 1	73 464.396 9	0.000 0	0.250 0	3.999 8
45	22 958.874 0	0.000 0	91 831.496 2	0.000 0	0.250 0	3.999 8
46	28 698.592 5	0.000 0	114 790.370 2	0.000 0	0.250 0	3.999 9
47	35 873.240 7	0.000 0	143 488.962 7	0.000 0	0.250 0	3.999 9
48	44 841.550 9	0.000 0	179 362.203 4	0.000 0	0.250 0	3.999 9
49	56 051.938 6	0.000 0	224 203.754 3	0.000 0	0.250 0	3.999 9
50	70 064.923 2	0.000 0	280 255.692 9	0.000 0	0.250 0	3.999 9

附表 21　复利因子(i=28%)

年份	($F/P,i,n$)	($P/F,i,n$)	($F/A,i,n$)	($A/F,i,n$)	($A/P,i,n$)	($P/A,i,n$)
1	1.280 0	0.781 3	1.000 0	1.000 0	1.280 0	0.781 3
2	1.638 4	0.610 4	2.280 0	0.438 6	0.718 6	1.391 6
3	2.097 2	0.476 8	3.918 4	0.255 2	0.535 2	1.868 4
4	2.684 4	0.372 5	6.015 6	0.166 2	0.446 2	2.241 0
5	3.436 0	0.291 0	8.699 9	0.114 9	0.394 9	2.532 0
6	4.398 0	0.227 4	12.135 9	0.082 4	0.362 4	2.759 4
7	5.629 5	0.177 6	16.533 9	0.060 5	0.340 5	2.937 0
8	7.205 8	0.138 8	22.163 4	0.045 1	0.325 1	3.075 8
9	9.223 4	0.108 4	29.369 2	0.034 0	0.314 0	3.184 2
10	11.805 9	0.084 7	38.592 6	0.025 9	0.305 9	3.268 9
11	15.111 6	0.066 2	50.398 5	0.019 8	0.299 8	3.335 1
12	19.342 8	0.051 7	65.510 0	0.015 3	0.295 3	3.386 8
13	24.758 8	0.040 4	84.852 9	0.011 8	0.291 8	3.427 2
14	31.691 3	0.031 6	109.611 7	0.009 1	0.289 1	3.458 7
15	40.564 8	0.024 7	141.302 9	0.007 1	0.287 1	3.483 4
16	51.923 0	0.019 3	181.867 7	0.005 5	0.285 5	3.502 6
17	66.461 4	0.015 0	233.790 7	0.004 3	0.284 3	3.517 7
18	85.070 6	0.011 8	300.252 1	0.003 3	0.283 3	3.529 4
19	108.890 4	0.009 2	385.322 7	0.002 6	0.282 6	3.538 6
20	139.379 7	0.007 2	494.213 1	0.002 0	0.282 0	3.545 8
21	178.406 0	0.005 6	633.592 7	0.001 6	0.281 6	3.551 4
22	228.359 6	0.004 4	811.998 7	0.001 2	0.281 2	3.555 8
23	292.300 3	0.003 4	1 040.358 3	0.001 0	0.281 0	3.559 2
24	374.144 4	0.002 7	1 332.658 6	0.000 8	0.280 8	3.561 9
25	478.904 9	0.002 1	1 706.803 1	0.000 6	0.280 6	3.564 0
26	612.998 2	0.001 6	2 185.707 9	0.000 5	0.280 5	3.565 6
27	784.637 7	0.001 3	2 798.706 1	0.000 4	0.280 4	3.566 9
28	1 004.336 3	0.001 0	3 583.343 8	0.000 3	0.280 3	3.567 9
29	1 285.550 4	0.000 8	4 587.680 1	0.000 2	0.280 2	3.568 7
30	1 645.504 6	0.000 6	5 873.230 6	0.000 2	0.280 2	3.569 3
31	2 106.245 8	0.000 5	7 518.735 1	0.000 1	0.280 1	3.569 7
32	2 695.994 7	0.000 4	9 624.981 0	0.000 1	0.280 1	3.570 1
33	3 450.873 2	0.000 3	12 320.975 6	0.000 1	0.280 1	3.570 4
34	4 417.117 7	0.000 2	15 771.848 8	0.000 1	0.280 1	3.570 6

续表

年份	$(F/P,i,n)$	$(P/F,i,n)$	$(F/A,i,n)$	$(A/F,i,n)$	$(A/P,i,n)$	$(P/A,i,n)$
35	5 653.910 6	0.000 2	20 188.966 5	0.000 0	0.280 0	3.570 8
36	7 237.005 6	0.000 1	25 842.877 1	0.000 0	0.280 0	3.570 9
37	9 263.367 1	0.000 1	33 079.882 6	0.000 0	0.280 0	3.571 0
38	11 857.109 9	0.000 1	42 343.249 8	0.000 0	0.280 0	3.571 1
39	15 177.100 7	0.000 1	54 200.359 7	0.000 0	0.280 0	3.571 2
40	19 426.688 9	0.000 1	69 377.460 4	0.000 0	0.280 0	3.571 2
41	24 866.161 8	0.000 0	88 804.149 4	0.000 0	0.280 0	3.571 3
42	31 828.687 1	0.000 0	113 670.311 2	0.000 0	0.280 0	3.571 3
43	40 740.719 5	0.000 0	145 498.998 3	0.000 0	0.280 0	3.571 3
44	52 148.121 0	0.000 0	186 239.717 8	0.000 0	0.280 0	3.571 4
45	66 749.594 9	0.000 0	238 387.838 8	0.000 0	0.280 0	3.571 4
46	85 439.481 4	0.000 0	305 137.433 7	0.000 0	0.280 0	3.571 4
47	109 362.536 2	0.000 0	390 576.915 1	0.000 0	0.280 0	3.571 4
48	139 984.046 4	0.000 0	499 939.451 4	0.000 0	0.280 0	3.571 4
49	179 179.579 4	0.000 0	639 923.497 8	0.000 0	0.280 0	3.571 4
50	229 349.861 6	0.000 0	819 103.077 1	0.000 0	0.280 0	3.571 4

附表 22 复利因子($i=30\%$)

年份	$(F/P,i,n)$	$(P/F,i,n)$	$(F/A,i,n)$	$(A/F,i,n)$	$(A/P,i,n)$	$(P/A,i,n)$
1	1.300 0	0.769 2	1.000 0	1.000 0	1.300 0	0.769 2
2	1.690 0	0.591 7	2.300 0	0.434 8	0.734 8	1.360 9
3	2.197 0	0.455 2	3.990 0	0.250 6	0.550 6	1.816 1
4	2.856 1	0.350 1	6.187 0	0.161 6	0.461 6	2.166 2
5	3.712 9	0.269 3	9.043 1	0.110 6	0.410 6	2.435 6
6	4.826 8	0.207 2	12.756 0	0.078 4	0.378 4	2.642 7
7	6.274 9	0.159 4	17.582 8	0.056 9	0.356 9	2.802 1
8	8.157 3	0.122 6	23.857 7	0.041 9	0.341 9	2.924 7
9	10.604 5	0.094 3	32.015 0	0.031 2	0.331 2	3.019 0
10	13.785 8	0.072 5	42.619 5	0.023 5	0.323 5	3.091 5
11	17.921 6	0.055 8	56.405 3	0.017 7	0.317 7	3.147 3
12	23.298 1	0.042 9	74.327 0	0.013 5	0.313 5	3.190 3
13	30.287 5	0.033 0	97.625 0	0.010 2	0.310 2	3.223 3
14	39.373 8	0.025 4	127.912 5	0.007 8	0.307 8	3.248 7
15	51.185 9	0.019 5	167.286 3	0.006 0	0.306 0	3.268 2

续表

年份	$(F/P,i,n)$	$(P/F,i,n)$	$(F/A,i,n)$	$(A/F,i,n)$	$(A/P,i,n)$	$(P/A,i,n)$
16	66.541 7	0.015 0	218.472 2	0.004 6	0.304 6	3.283 2
17	86.504 2	0.011 6	285.013 9	0.003 5	0.303 5	3.294 8
18	112.455 4	0.008 9	371.518 0	0.002 7	0.302 7	3.303 7
19	146.192 0	0.006 8	483.973 4	0.002 1	0.302 1	3.310 5
20	190.049 6	0.005 3	630.165 5	0.001 6	0.301 6	3.315 8
21	247.064 5	0.004 0	820.215 1	0.001 2	0.301 2	3.319 8
22	321.183 9	0.003 1	1 067.279 6	0.000 9	0.300 9	3.323 0
23	417.539 1	0.002 4	1 388.463 5	0.000 7	0.300 7	3.325 4
24	542.800 8	0.001 8	1 806.002 6	0.000 6	0.300 6	3.327 2
25	705.641 0	0.001 4	2 348.803 3	0.000 4	0.300 4	3.328 6
26	917.333 3	0.001 1	3 054.444 3	0.000 3	0.300 3	3.329 7
27	1 192.533 3	0.000 8	3 971.777 6	0.000 3	0.300 3	3.330 5
28	1 550.293 3	0.000 6	5 164.310 9	0.000 2	0.300 2	3.331 2
29	2 015.381 3	0.000 5	6 714.604 2	0.000 1	0.300 1	3.331 7
30	2 619.995 6	0.000 4	8 729.985 5	0.000 1	0.300 1	3.332 1
31	3 405.994 3	0.000 3	11 349.981 1	0.000 1	0.300 1	3.332 4
32	4 427.792 6	0.000 2	14 755.975 5	0.000 1	0.300 1	3.332 6
33	5 756.130 4	0.000 2	19 183.768 1	0.000 1	0.300 1	3.332 8
34	7 482.969 6	0.000 1	24 939.898 5	0.000 0	0.300 0	3.332 9
35	9 727.860 4	0.000 1	32 422.868 1	0.000 0	0.300 0	3.333 0
36	12 646.218 6	0.000 1	42 150.728 5	0.000 0	0.300 0	3.333 1
37	16 440.084 1	0.000 1	54 796.947 1	0.000 0	0.300 0	3.333 1
38	21 372.109 4	0.000 0	71 237.031 2	0.000 0	0.300 0	3.333 2
39	27 783.742 2	0.000 0	92 609.140 5	0.000 0	0.300 0	3.333 2
40	36 118.864 8	0.000 0	120 392.882 7	0.000 0	0.300 0	3.333 2
41	46 954.524 3	0.000 0	156 511.747 5	0.000 0	0.300 0	3.333 3
42	61 040.881 5	0.000 0	203 466.271 8	0.000 0	0.300 0	3.333 3
43	79 353.146 0	0.000 0	264 507.153 3	0.000 0	0.300 0	3.333 3
44	103 159.089 8	0.000 0	343 860.299 3	0.000 0	0.300 0	3.333 3
45	134 106.816 7	0.000 0	447 019.389 0	0.000 0	0.300 0	3.333 3
46	174 338.861 7	0.000 0	581 126.205 8	0.000 0	0.300 0	3.333 3
47	226 640.520 2	0.000 0	755 465.067 5	0.000 0	0.300 0	3.333 3
48	294 632.676 3	0.000 0	982 105.587 7	0.000 0	0.300 0	3.333 3
49	383 022.479 2	0.000 0	1 276 738.264 0	0.000 0	0.300 0	3.333 3
50	497 929.223 0	0.000 0	1 659 760.743 3	0.000 0	0.300 0	3.333 3

附表 23　复利因子(*i*=35%)

年份	(*F*/*P*,*i*,*n*)	(*P*/*F*,*i*,*n*)	(*F*/*A*,*i*,*n*)	(*A*/*F*,*i*,*n*)	(*A*/*P*,*i*,*n*)	(*P*/*A*,*i*,*n*)
1	1.350 0	0.740 7	1.000 0	1.000 0	1.350 0	0.740 7
2	1.822 5	0.548 7	2.350 0	0.425 5	0.775 5	1.289 4
3	2.460 4	0.406 4	4.172 5	0.239 7	0.589 7	1.695 9
4	3.321 5	0.301 1	6.632 9	0.150 8	0.500 8	1.996 9
5	4.484 0	0.223 0	9.954 4	0.100 5	0.450 5	2.220 0
6	6.053 4	0.165 2	14.438 4	0.069 3	0.419 3	2.385 2
7	8.172 2	0.122 4	20.491 9	0.048 8	0.398 8	2.507 5
8	11.032 4	0.090 6	28.664 0	0.034 9	0.384 9	2.598 2
9	14.893 7	0.067 1	39.696 4	0.025 2	0.375 2	2.665 3
10	20.106 6	0.049 7	54.590 2	0.018 3	0.368 3	2.715 0
11	27.143 9	0.036 8	74.696 7	0.013 4	0.363 4	2.751 9
12	36.644 2	0.027 3	101.840 6	0.009 8	0.359 8	2.779 2
13	49.469 7	0.020 2	138.484 8	0.007 2	0.357 2	2.799 4
14	66.784 1	0.015 0	187.954 4	0.005 3	0.355 3	2.814 4
15	90.158 5	0.011 1	254.738 5	0.003 9	0.353 9	2.825 5
16	121.713 9	0.008 2	344.897 0	0.002 9	0.352 9	2.833 7
17	164.313 8	0.006 1	466.610 9	0.002 1	0.352 1	2.839 8
18	221.823 6	0.004 5	630.924 7	0.001 6	0.351 6	2.844 3
19	299.461 9	0.003 3	852.748 3	0.001 2	0.351 2	2.847 6
20	404.273 6	0.002 5	1 152.210 3	0.000 9	0.350 9	2.850 1
21	545.769 3	0.001 8	1 556.483 8	0.000 6	0.350 6	2.851 9
22	736.788 6	0.001 4	2 102.253 2	0.000 5	0.350 5	2.853 3
23	994.664 6	0.001 0	2 839.041 8	0.000 4	0.350 4	2.854 3
24	1 342.797 3	0.000 7	3 833.706 4	0.000 3	0.350 3	2.855 0
25	1 812.776 3	0.000 6	5 176.503 7	0.000 2	0.350 2	2.855 6
26	2 447.248 0	0.000 4	6 989.280 0	0.000 1	0.350 1	2.856 0
27	3 303.784 8	0.000 3	9 436.528 0	0.000 1	0.350 1	2.856 3
28	4 460.109 5	0.000 2	12 740.312 8	0.000 1	0.350 1	2.856 5
29	6 021.147 8	0.000 2	17 200.422 2	0.000 1	0.350 1	2.856 7
30	8 128.549 5	0.000 1	23 221.570 0	0.000 0	0.350 0	2.856 8
31	10 973.541 8	0.000 1	31 350.119 5	0.000 0	0.350 0	2.856 9
32	14 814.281 5	0.000 1	42 323.661 3	0.000 0	0.350 0	2.856 9
33	19 999.280 0	0.000 1	57 137.942 8	0.000 0	0.350 0	2.857 0
34	26 999.028 0	0.000 0	77 137.222 8	0.000 0	0.350 0	2.857 0

续表

年份	(F/P,i,n)	(P/F,i,n)	(F/A,i,n)	(A/F,i,n)	(A/P,i,n)	(P/A,i,n)
35	36 448.687 8	0.000 0	104 136.250 8	0.000 0	0.350 0	2.857 1
36	49 205.728 5	0.000 0	140 584.938 5	0.000 0	0.350 0	2.857 1
37	66 427.733 4	0.000 0	189 790.667 0	0.000 0	0.350 0	2.857 1
38	89 677.440 2	0.000 0	256 218.400 4	0.000 0	0.350 0	2.857 1
39	121 064.544 2	0.000 0	345 895.840 6	0.000 0	0.350 0	2.857 1
40	163 437.134 7	0.000 0	466 960.384 8	0.000 0	0.350 0	2.857 1
41	220 640.131 8	0.000 0	630 397.519 5	0.000 0	0.350 0	2.857 1
42	297 864.178 0	0.000 0	851 037.651 3	0.000 0	0.350 0	2.857 1
43	402 116.640 2	0.000 0	1 148 901.829 3	0.000 0	0.350 0	2.857 1
44	542 857.464 3	0.000 0	1 551 018.469 5	0.000 0	0.350 0	2.857 1
45	732 857.576 8	0.000 0	2 093 875.933 8	0.000 0	0.350 0	2.857 1
46	989 357.728 7	0.000 0	2 826 733.510 7	0.000 0	0.350 0	2.857 1
47	1 335 632.933 8	0.000 0	3 816 091.239 4	0.000 0	0.350 0	2.857 1
48	1 803 104.460 6	0.000 0	5 151 724.173 2	0.000 0	0.350 0	2.857 1
49	2 434 191.021 8	0.000 0	6 954 828.633 8	0.000 0	0.350 0	2.857 1
50	3 286 157.879 5	0.000 0	9 389 019.655 6	0.000 0	0.350 0	2.857 1

附表 24　复利因子(i=40%)

年份	(F/P,i,n)	(P/F,i,n)	(F/A,i,n)	(A/F,i,n)	(A/P,i,n)	(P/A,i,n)
1	1.400 0	0.714 3	1.000 0	1.000 0	1.400 0	0.714 3
2	1.960 0	0.510 2	2.400 0	0.416 7	0.816 7	1.224 5
3	2.744 0	0.364 4	4.360 0	0.229 4	0.629 4	1.588 9
4	3.841 6	0.260 3	7.104 0	0.140 8	0.540 8	1.849 2
5	5.378 2	0.185 9	10.945 6	0.091 4	0.491 4	2.035 2
6	7.529 5	0.132 8	16.323 8	0.061 3	0.461 3	2.168 0
7	10.541 4	0.094 9	23.853 4	0.041 9	0.441 9	2.262 8
8	14.757 9	0.067 8	34.394 7	0.029 1	0.429 1	2.330 6
9	20.661 0	0.048 4	49.152 6	0.020 3	0.420 3	2.379 0
10	28.925 5	0.034 6	69.813 7	0.014 3	0.414 3	2.413 6
11	40.495 7	0.024 7	98.739 1	0.010 1	0.410 1	2.438 3
12	56.693 9	0.017 6	139.234 8	0.007 2	0.407 2	2.455 9
13	79.371 5	0.012 6	195.928 7	0.005 1	0.405 1	2.468 5
14	111.120 1	0.009 0	275.300 2	0.003 6	0.403 6	2.477 5
15	155.568 1	0.006 4	386.420 2	0.002 6	0.402 6	2.483 9
16	217.795 3	0.004 6	541.988 3	0.001 8	0.401 8	2.488 5

续表

年份	(F/P,i,n)	(P/F,i,n)	(F/A,i,n)	(A/F,i,n)	(A/P,i,n)	(P/A,i,n)
17	304.913 5	0.003 3	759.783 7	0.001 3	0.401 3	2.491 8
18	426.878 9	0.002 3	1 064.697 1	0.000 9	0.400 9	2.494 1
19	597.630 4	0.001 7	1 491.576 0	0.000 7	0.400 7	2.495 8
20	836.682 6	0.001 2	2 089.206 4	0.000 5	0.400 5	2.497 0
21	1 171.355 6	0.000 9	2 925.888 9	0.000 3	0.400 3	2.497 9
22	1 639.897 8	0.000 6	4 097.244 5	0.000 2	0.400 2	2.498 5
23	2 295.856 9	0.000 4	5 737.142 3	0.000 2	0.400 2	2.498 9
24	3 214.199 7	0.000 3	8 032.999 3	0.000 1	0.400 1	2.499 2
25	4 499.879 6	0.000 2	11 247.199 0	0.000 1	0.400 1	2.499 4
26	6 299.831 4	0.000 2	15 747.078 5	0.000 1	0.400 1	2.499 6
27	8 819.764 0	0.000 1	22 046.909 9	0.000 0	0.400 0	2.499 7
28	12 347.669 6	0.000 1	30 866.673 9	0.000 0	0.400 0	2.499 8
29	17 286.737 4	0.000 1	43 214.343 5	0.000 0	0.400 0	2.499 9
30	24 201.432 4	0.000 0	60 501.080 9	0.000 0	0.400 0	2.499 9
31	33 882.005 3	0.000 0	84 702.513 2	0.000 0	0.400 0	2.499 9
32	47 434.807 4	0.000 0	118 584.518 5	0.000 0	0.400 0	2.499 9
33	66 408.730 4	0.000 0	166 019.326 0	0.000 0	0.400 0	2.500 0
34	92 972.222 5	0.000 0	232 428.056 3	0.000 0	0.400 0	2.500 0
35	130 161.111 6	0.000 0	325 400.278 9	0.000 0	0.400 0	2.500 0
36	182 225.556 2	0.000 0	455 561.390 4	0.000 0	0.400 0	2.500 0
37	255 115.778 6	0.000 0	637 786.946 6	0.000 0	0.400 0	2.500 0
38	357 162.090 1	0.000 0	892 902.725 2	0.000 0	0.400 0	2.500 0
39	500 026.926 1	0.000 0	1 250 064.815 3	0.000 0	0.400 0	2.500 0
40	700 037.696 6	0.000 0	1 750 091.741 5	0.000 0	0.400 0	2.500 0
41	980 052.775 2	0.000 0	2 450 129.438 1	0.000 0	0.400 0	2.500 0
42	1 372 073.885 3	0.000 0	3 430 182.213 3	0.000 0	0.400 0	2.500 0
43	1 920 903.439 4	0.000 0	4 802 256.098 6	0.000 0	0.400 0	2.500 0
44	2 689 264.815 2	0.000 0	6 723 159.538 1	0.000 0	0.400 0	2.500 0
45	3 764 970.741 3	0.000 0	9 412 424.353 3	0.000 0	0.400 0	2.500 0
46	5 270 959.037 8	0.000 0	13 177 395.094 6	0.000 0	0.400 0	2.500 0
47	7 379 342.653 0	0.000 0	18 448 354.132 4	0.000 0	0.400 0	2.500 0
48	10 331 079.714 2	0.000 0	25 827 696.785 4	0.000 0	0.400 0	2.500 0
49	14 463 511.599 8	0.000 0	36 158 776.499 6	0.000 0	0.400 0	2.500 0
50	20 248 916.239 8	0.000 0	50 622 288.099 4	0.000 0	0.400 0	2.500 0

参考文献

[1] 国家发展改革委,建设部.建设项目经济评价方法与参数[M].3 版.北京:中国计划出版社,2006.

[2] 郭献芳.工程经济分析[M].北京:化学工业出版社,2008.

[3] 刘玉明.工程经济学[M].2 版.北京:清华大学出版社,2014.

[4] 刘晓君.工程经济学[M].3 版.北京:中国建筑工业出版社,2015.

[5] 李慧民.工程经济与项目管理[M].北京:中国建筑工业出版社,2009.

[6] 全国一级建造师执业资格考试用书编写委员会.建设工程经济[M].2017 年版.北京:中国建筑工业出版社,2017.

[7] 全国造价工程师执业资格考试培训教材编审委员会.建设工程造价管理[M].2017 年版.北京:中国计划出版社,2017.

[8] 全国造价工程师执业资格考试培训教材编审委员会.建设工程造价案例分析[M].2017 年版.北京:中国计划出版社,2017.

[9] 全国咨询工程师(投资)职业资格考试参考教材编写委员会.项目决策分析与评价[M].2017 年版.北京:中国计划出版社,2016.

[10] 全国咨询工程师(投资)职业资格考试参考教材编写委员会.现代咨询方法与实务[M].2017 年版.北京:中国计划出版社,2016.

[11]《投资项目可行性研究指南》编写组.投资项目可行性研究指南[M].北京:中国电力出版社,2002.

[12] 徐蓉.建筑工程经济与企业管理[M].北京:化学工业出版社,2012.

[13] 张仕廉.建设工程经济学[M].北京:科学出版社,2014.